快读慢活

陪伴女性终身成长

0~6岁
男孩养育大全

[日] 渡边丰子 编著　张超南 译

江西科学技术出版社
南昌

男孩也需要父母满满的爱

男孩的体质差、发育缓慢。
男孩不听话、太淘气。
养育男孩，太辛苦了！

对于第一次养育男孩的爸爸妈妈来说，一定会有这种感受吧。
和女孩相比，男孩可能会更淘气，更容易受伤、生病。
不过，这并不是绝对的。
不是所有的男孩都是这样。
孩子与生俱来的个性和性别无关。
男孩也需要父母的疼爱。
和较为早熟的女孩相比，男孩会更加依赖妈妈。
对于童年时期的男孩而言，妈妈是至高无上的存在
他们都非常爱自己的妈妈。

到了青春期以后，男孩会将童年时期对妈妈的依赖封藏起来，但是对妈妈绝对的信赖和爱是不会动摇的。

因此，妈妈们，在养育男孩的过程中请打消自己心中的顾虑和不安，尽情地享受这份满满的爱吧！

那么，爸爸又该做些什么呢？

当男孩还在婴儿期的时候，请多花一点儿心思，耐心陪伴儿子，做妈妈强大的后盾，和妈妈齐心协力养育孩子吧！

同时，为了成为儿子成长过程中学习的榜样，请不断努力，和孩子一起成长为更好的自己。

“育儿就是育己”，这句话不仅仅是对妈妈说的，对爸爸同样也是如此。

希望本书能够帮助更多的父母更好地养育男孩，也希望所有的男孩都能健康茁壮地成长。

日本渡边医院院长
渡边丰子

目录

PART 1

为什么男孩是这样的
男孩和女孩有什么不同

PART 2

0~18 个月
男孩的成长发育特点

PART 3

很在意，但又不太明白

男孩生殖器的护理和如厕训练

PART 4

享受养育男孩的过程

养育聪明、健康、全面发展的男孩

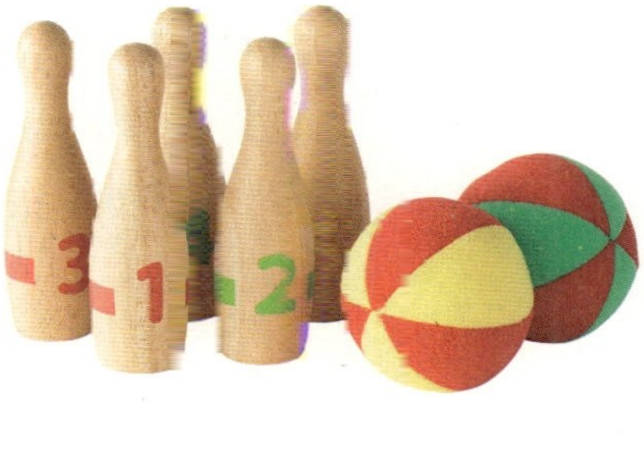

PART 5

对于男孩的叛逆和反抗无计可施

如何应对男孩的叛逆期

PART 6

0~6 岁男孩

意外事故应对指南和常见病护理

本书说明：

1. 在表示孩子年龄时，2 岁之前统一用月龄表示，如“19 个月”；有些段落或单个页面同时出现 2 岁之前和 2 岁之后时，为方便阅读，统一表述。

2. 在表示婴儿的体重时，当体重≥ 10.0kg，统一用“kg”表示；当体重 < 10.0kg，统一用“g”表示。

PART 1

为什么男孩是这样的

男孩和女孩有什么不同

PART1 参考文献 / 日本津守式婴幼儿精神发育问卷调查

性别在受精的那一刻就确定了

Y 染色体说："变成男孩吧！"

男孩为什么会是男孩呢？看似复杂的问题却可以用很简单的一句话来回答。其实性别在受精的那一刻就已经确定了，而决定性别的，正是精子。

精子和卵子中，都分别含有携带不同遗传信息的 23 条染色体，其中决定性别的染色体被称为性染色体。性染色体包括 X 染色体和 Y 染色体。精子有两种类型，Y 精子和 X 精子。Y 精子携带着决定性别为男性的 Y 染色体，X 精子携带着决定性别为女性的 X 染色体。而卵子只有一种，即携带着 X 染色体的 X 卵子。如果 X 卵子与 Y 精子结合，那么受精卵的染色体是 XY，孩子的性别就是男性。而如果 X 卵子与 X 精子结合，受精卵的染色体是 XX，那么孩子的性别就是女性。

男孩的生理结构并非是在受精的那一瞬间就完全发育成形的。在受精 2~3 个月后，携带 XY 染色体的胎儿会发生巨大的变化。随着雄性激素的产生，会逐渐形成男性的生殖器官，此时胎儿的身体才真正拥有男性的生理特征。而携带 XX 染色体的胎儿会自然发育成女性。这样也就可以理解为人类的"出厂默认设置"其实是女性。

如何看懂产检 B 超单？

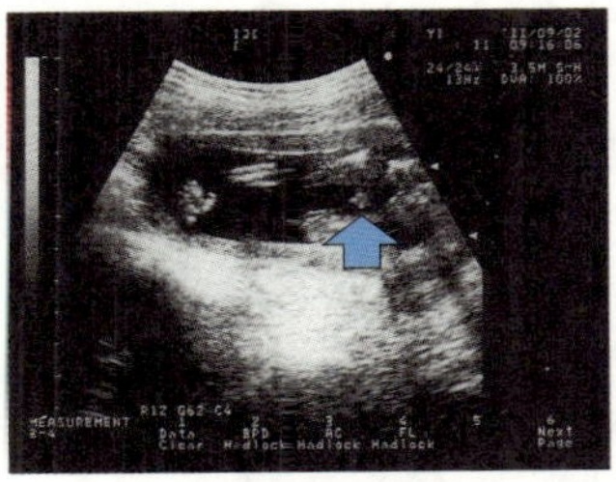

16 周。上面和下面两处白色的地方是胎儿的大腿，中间小小的凸起就是阴茎。

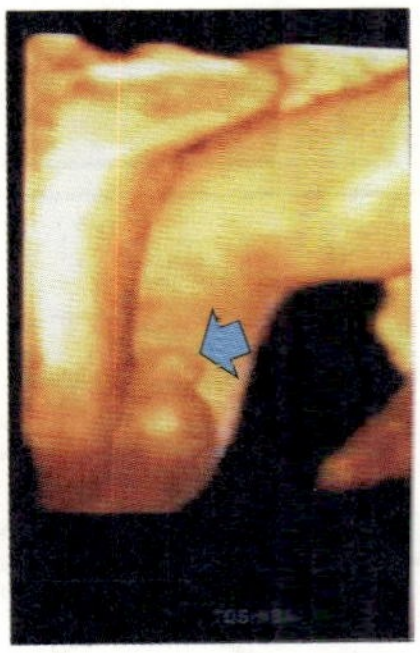

16 周。张开双腿的时候，可以清楚地看到阴茎。

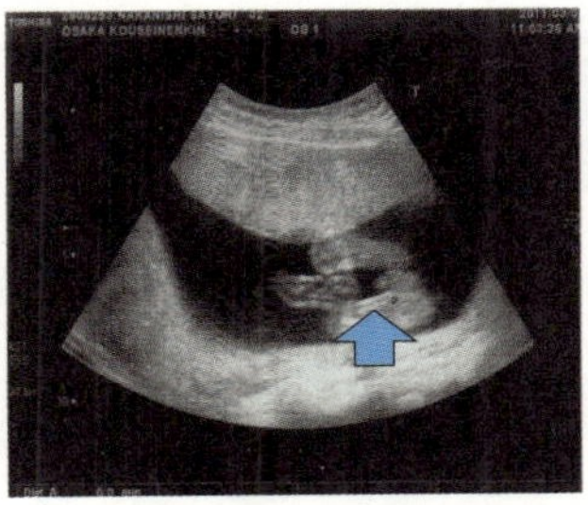

19 周。可以清楚地看到阴囊和阴茎。

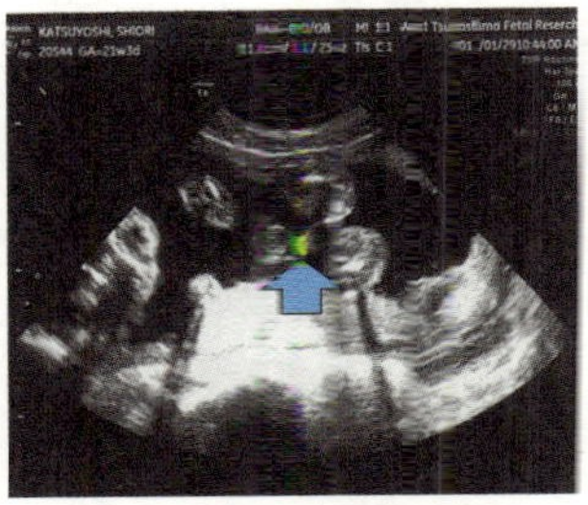

21 周。从下往上是睾丸和阴茎。

男孩如何成长为男人

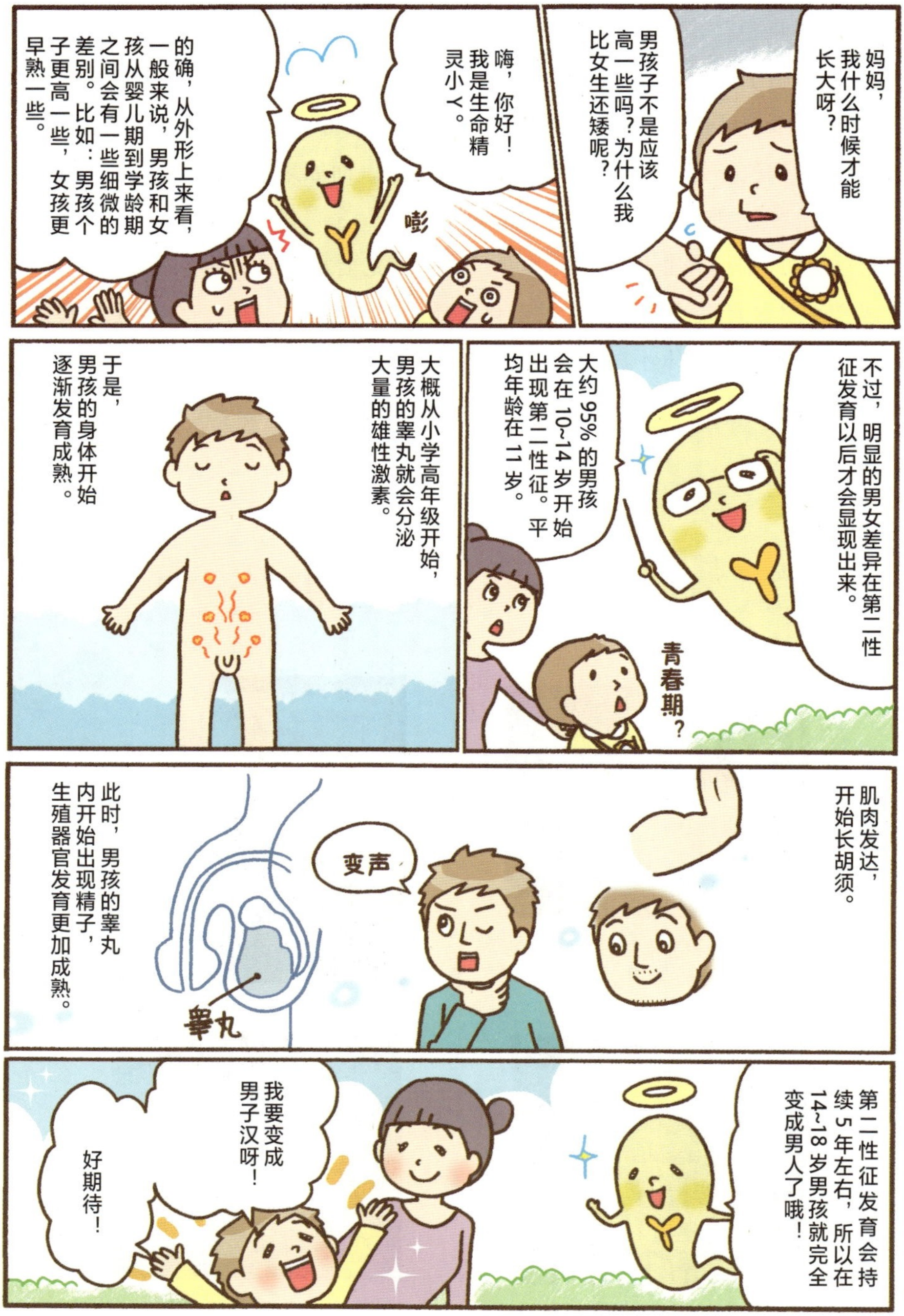
妈妈，我什么时候才能长大呀？
男孩子不是应该高一些吗？为什么我比女生还矮呢？
嗨，你好！我是生命精灵小Y。
嘭
的确，从外形上来看，一般来说，男孩和女孩从婴儿期到学龄期之间会有一些细微的差别。比如：男孩个子更高一些，女孩更早熟一些。
不过，明显的男女差异在第二性征发育以后才会显现出来。
大约 95% 的男孩会在 10~14 岁开始出现第二性征。平均年龄在 11 岁。
青春期？
大概从小学高年级开始，男孩的睾丸就会分泌大量的雄性激素。
于是，男孩的身体开始逐渐发育成熟。
肌肉发达，开始长胡须。
变声
此时，男孩的睾丸内开始出现精子，生殖器官发育更加成熟。
睾丸
第二性征发育会持续 5 年左右，所以在 14~18 岁男孩就完全变成男人了哦！
我要变成男子汉呀！
好期待！

让男孩变成男人的雄性激素

你知道生长、发育、成熟三者的区别吗?

生长是指个子长高、体重增加等体格上的变化。

发育是指走路、说话等能力的掌握。

而所谓成熟，是指人体已经能够产生精子或卵子，因此成熟的关键是激素。

在生长和发育阶段，男女差异其实并不明显，而到了成熟阶段，男女差异就会变得非常明显。人的大脑会在人体生长的不同阶段，向睾丸（或卵巢）下达指令：“分泌雄性激素（或雌性激素）吧！”而分泌的激素会作用到骨骼、肌肉以及大脑等全身各处。例如，对于男孩来说，在胎儿期分泌的雄性激素不仅可以促进阴茎的形成，还可以让胎儿的大脑变成“男性的大脑”。这就是很多男孩天生喜欢汽车和超级英雄的原因。

加上胎儿期的激素爆发，男孩一生会经历 4 次大量的激素爆发期，而女孩只会在青春期经历 1 次激素爆发期。

男孩一生中会经历 4 次大量的雄性激素爆发期

胎儿期 2 次

男孩在胎儿期会有 2 次雄性激素大量分泌的时期。一次是 2~3 个月时，此时分泌大量的雄性激素，会促进外生殖器官的形成。另外一次是 8~10 个月时，这时分泌大量的雄性激素会使阴茎变大。

出生后 2~6 个月

这个时期，睾丸也会分泌大量的雄性激素。不过尚不明确此时分泌雄性激素的原因。虽然这个时期男孩会有明显的生长与发育，但是外形上尚未有成熟的迹象。

青春期（12~20 岁）

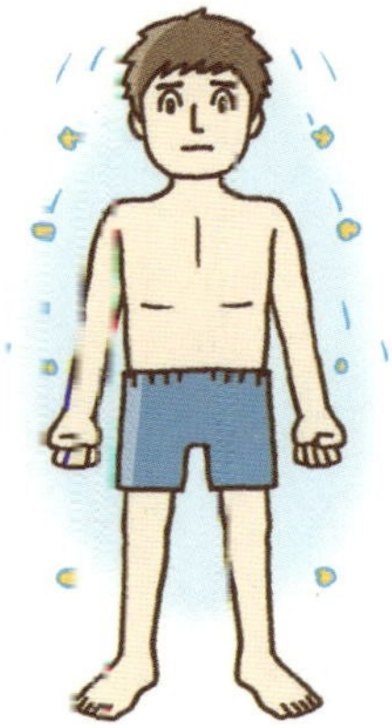

除生殖器官以外，男女差异开始明显地显现出来（第二性征）。男性特征逐渐变得明显，最初是睾丸变大，长出胡须、肌肉变得发达，声音变得低沉等。当睾丸内开始出现精子后，男孩便真正地发育成熟。

男孩和女孩有什么不同?

生长发育

6 岁之前，男孩和女孩的生长曲线基本一致

新生儿单看外表往往很难分辨男女，这是因为孩子出生时的体重、身高和发量，受个体差异的影响非常大，而与性别差异无关。

抱起刚出生的男婴，也许会感觉其骨骼更硬朗、身体更结实，和柔软的女婴相比，结实的肉肉更有弹性。其原因与雄性激素有关。不过此时的性别差异并不是那种一眼就能看出来的明显差异，而是“被你这么一说，好像还真是如此”之类在某种特定的心理作用下才能感受到的差异。

0~6 岁男孩和女孩的身高与体重增长趋势基本相同

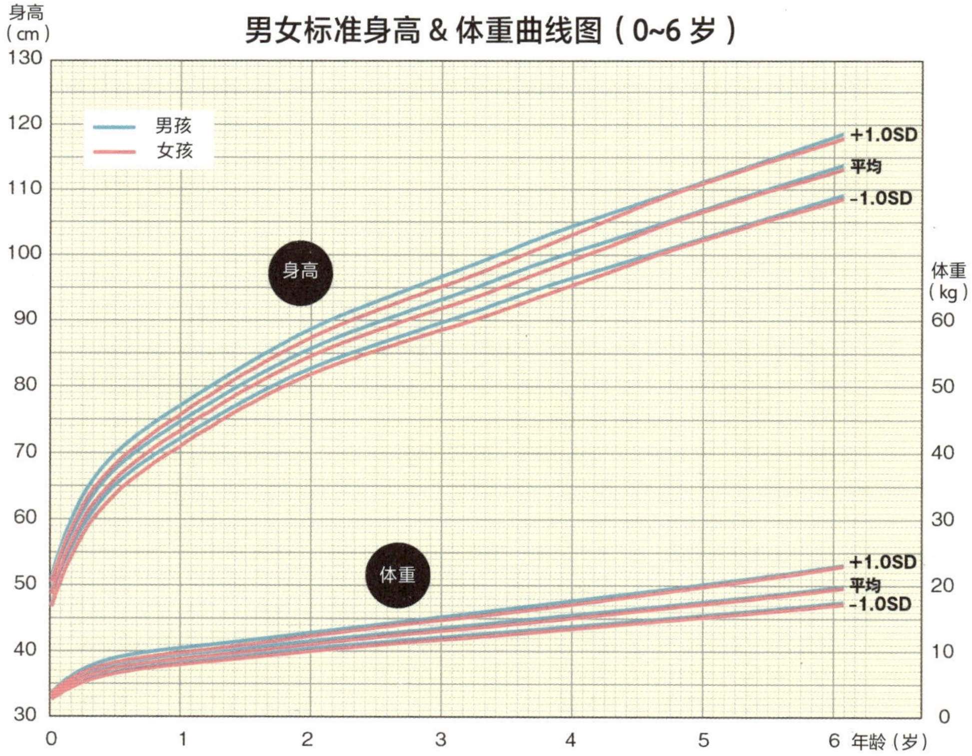

整体来看，新生儿体重和身高的平均值，的确是男孩比女孩更高一些，但差别非常小。之后男女的身高体重生长速度也基本一致。可以说，0~6 岁男孩和女孩的生长趋势基本相同。

和女孩相比，男孩的青春期来得更迟

男女标准身高 & 体重曲线图（0~18 岁）

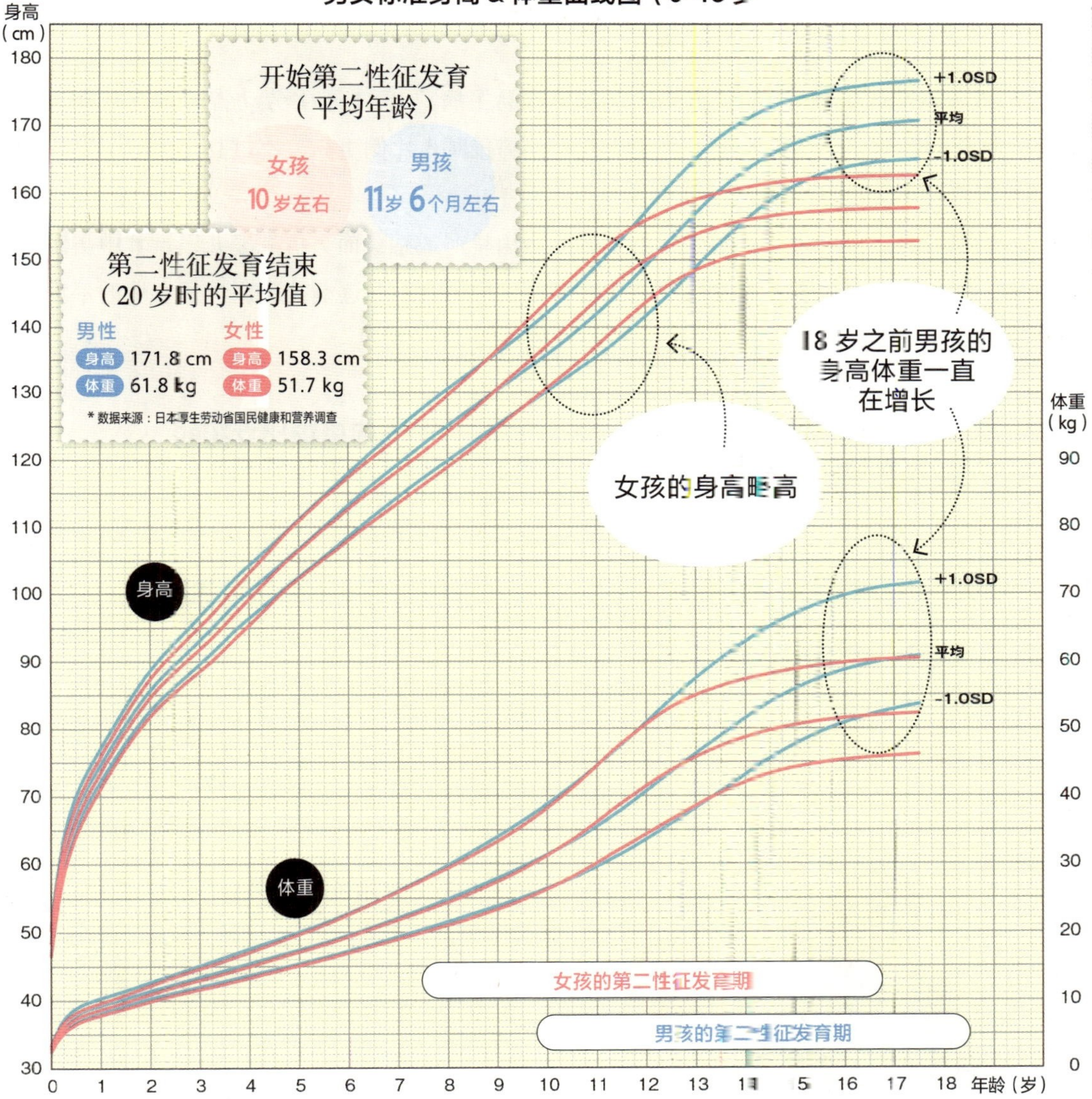

如图所示，无论男孩女孩都会经历两个身高快速增长期。第一个是出生后到 1 岁左右，第二个是青春期（第二性征发育期）。女孩会更早地进入青春期，因此小学高年级的女生身高更高一些。男孩的身高快速增长期平均在 13~15 岁之间，到了中学以后，男孩的身高通常会超过女生，变得更高一些。除去个体差异，从整体来看会发现男孩的身高普遍更高。在青春期结束后，男女的身高基本都不会再发生变化。

男孩和女孩有什么不同?

易生病程度

男孩比女孩更容易生病吗?

在医院就诊、住院的男孩更多

很久以前人们就常说:“男孩比女孩更容易生病。”日本厚生劳动省的调查数据显示,在医院就诊、入院以及死亡的婴幼儿中,男孩所占比例更高。不过其原因除了生病以外,还有很多是意外事故。

在医疗技术尚不发达的过去,的确有很多因早产或感染而夭折的婴儿,且其中男婴居多。然而在医疗技术相对发达的现代社会,这种男女差异逐渐消失。但是女性的平均寿命要高于男性,因此,或许还是女性的身体更健康一些吧!

男性的平均寿命比女性短 6 年左右

2020 年日本男女平均寿命

男 81.64 岁

女 87.74 岁

为何男孩比女孩的出生率要高?

2011 年日本男女出生比例

女 100 人 : 男 105.02 人

无论是 100 年前还是现代社会,新生儿的男女比例中都是男孩占比更高。虽然也有人认为,体质较差的男孩在婴幼儿时期容易夭折,成人后的男女比例其实是差不多的,但是在医疗技术发达的现代社会,男女差异便会凸显出来。

1911 年日本男女出生比例

女 100 人 : 男 104.00 人

* 数据来源:日本厚生劳动省人口动态调查

男孩更容易患病，发生意外事故的概率也更大

人们往往认为“到医院就诊、住院的男孩更多是因为男孩的体质更差”。但是如果仔细分析数据就会发现，导致 0~9 岁男孩死亡的主要原因是交通事故或其他意外事故。与其说是男孩体质更差，倒不如认为是因为男孩活泼爱动，发生意外事故的概率更大。

有些疾病的确是在男孩身上更常见，但是同样也有一些疾病在女孩身上更常见。其实无论是男孩还是女孩，婴儿期本来就都很容易生病。没必要孩子一发热，就觉得是体质差导致的。

到医院就诊的儿童患者中，男孩居多

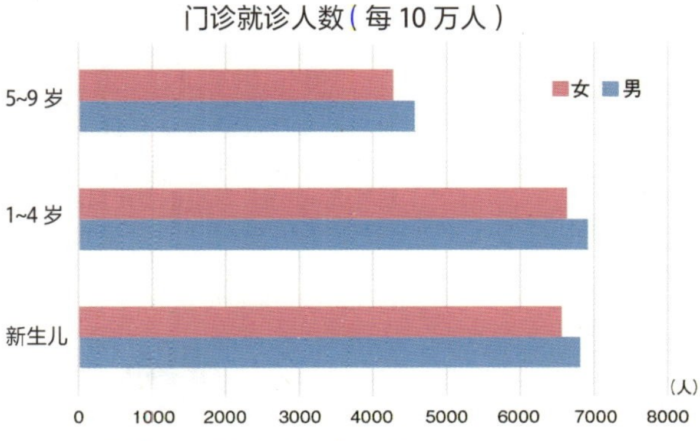

＊数据来源：日本厚生劳动省人口动态调查

不同疾病男女的差异

特应性皮炎

婴幼儿时期患者多为男孩，但到 3 岁左右，男女患者人数的差距开始变小。进入小学后，通过体检发现特应性皮炎患者的男女人数基本相同。随着年龄的增长，男女患者的人数都会逐渐减少。

支气管哮喘

不同时期，男女患者的占比不同。婴幼儿时期，男孩较多。从青春期到生育期，女性患者居多，而且之后也一直都是女性患者居多。

先天性肥厚性幽门狭窄

先天性肥厚性幽门狭窄是由于幽门环形肌肥厚或水肿所致的输出道梗阻。往往在婴儿出生后 2~3 周出现症状，表现为喷射状水状呕吐。男女婴儿患病比例为 4 : 1 或 5 : 1，男婴患者较为多见 （参考 P196）

髋关节脱位

因为骨盆的形状和关节的软硬度存在男女差异，所以女性更容易罹患该病。若女婴出生时为异位胎位生产或有家族史，则罹患该病的风险会很高。可以通过正确的怀抱姿势和正确换纸尿裤的方法进行预防。

男孩和女孩有什么不同?

运动能力和社交能力

男孩更擅长运动，女孩更擅长与人交往?

调查数据显示男女并无明显的差异

如果女孩说话早，有些人就会认为女孩更擅长语言表达；如果男孩很早就会走路，有些人就会认为这是因为男孩本来就活泼好动。不过并没有明确的数据能够证明在运动能力、社交能力、语言表达能力等方面存在的差异与性别有关。那些关于男孩更擅长运动、女孩的语言发育更早等说法只不过是主观感受而已。也许是男孩更喜欢运动类的游戏，女孩更喜欢安静的游戏，因此人们才会错把男女喜好的不同当成是发育特点的不同。

男孩活泼好动，女孩成熟稳重？！

女孩更喜欢说话，语言发育会更早?

虽然有些女孩的语言发育较早，但并没有明确的数据能够证明这一说法。也有研究者认为，之所以会有这种性别差异，是因为父母更愿意跟女孩聊天和交流。

男孩喜欢超级英雄和武器玩具是因为雄性激素?

男孩一般都会热衷于超级英雄，手里经常拿的玩具也都是机器人、小汽车等机械类玩具。有研究者认为，当男孩还在胎儿期时期就已经形成了男性的行为意识和思维模式。

女孩安静温顺、听话懂事

有这样的女孩，也有这样的男孩。与其说是性别差异，倒不如说是大人的主观感受以及对孩子的社会角色期望不同。

男孩活泼好动、不听话

带着男孩去超市，只要一松手他就会乱跑，家长必须好好看管。很多人都觉得养育男孩很辛苦，但其实很多女孩同样也会让家长感到精疲力竭。

在身体、心智和语言发育等方面，男女并无差异

被禁止做某事时，会去看大人的表情
（10 个月左右）

能独立行走
（1 岁 3 个月左右）

看绘本时，能够指出自己认识的东西
（1 岁 3 个月左右）

能从台阶上跳下来
（1 岁 8 个月左右）

和小朋友手拉手
（1 岁 9 个月左右）

会逐层地爬楼梯
（2 岁 6 个月左右）

能独自看绘本
（2 岁左右）

会骑三轮车
（3 岁左右）

能够识字
（6 岁左右）

会骑带辅助轮的自行车
（6 岁左右）

男孩和女孩有什么不同？

生活技能

3 岁以后，逐渐出现性别差异

在婴儿期，孩子吃饭、穿衣服、大小便等日常基本的活动行为全都需要在大人的照顾下完成。但是从两三岁开始，他们就可以在大人的帮助下开始渐渐学会自己完成一些事情。在 3 岁以后，孩子开始进入能够掌握生活技能、培养生活习惯的独立时期，此时性别差异会逐渐显现出来。但是，生活技能和生活习惯的顺利掌握与父母的处理方法、环境的影响有很大关系，比如：如果孩子表现得好，一定要及时夸奖；不能因为孩子做得慢，就急忙替孩子做；孩子做得不好的时候，也不要训斥等。

家有儿女的妈妈这样说

男孩不独立，是因为父母太过溺爱了吗？

“女儿很乖巧，可总感觉儿子太娇气。想让他养成独立的生活习惯，可他总是一有事情就让妈妈帮忙做。”

女孩总会把脱下来的衣服乱扔

“5 岁的儿子会按照幼儿园里老师教的把衣服叠整齐，但是快 7 岁的女儿却不爱叠衣服，脱下来后总是到处乱扔。”

男孩更好教育一些

“我儿子不夜啼，见到陌生人也不害羞，进行如厕训练也很轻松。但女儿总是注意力不集中，教她掌握生活技能很辛苦。”

女孩更爱干净

“我家是一对龙凤胎，女儿喜欢刷牙、洗脸、洗澡。但儿子就没有那么喜欢干净了，有时衣服脏了也毫不在乎。”

男孩女孩的“独立时期”明显不同

刷牙漱口、擤鼻涕、洗脸、洗澡后自己用毛巾擦身体等行为，男孩能独立完成的时间要比女孩稍微晚一些。

男孩和女孩有什么不同？

表现力和想象力

男孩的表现力和想象力会相对较弱吗？

雄性激素会让男孩更加男性化

其实所有胎儿的大脑原本都是“女性的大脑”。但如果是男孩的话，胎儿在 6~24 周时，会分泌出一种被称为睾丸素的雄性激素，使胎儿的骨骼、肌肉、大脑等变得男性化。雄性激素的分泌，使男女在外形、气质、爱好等方面产生了差异。不过男孩粗心、女孩细心这些特征并不是与生俱来的。孩子的性格、行为方式等特点会受环境、周围人的态度等后天因素的影响。

明明是男孩，可为何会这样？

一个人安静地玩耍

对热衷的东西注意力会非常集中，也是男孩子常见的一种行为模式。一个人安静地玩耍绝对不是一件坏事。但是在室外玩耍也是非常重要的，家长要多带男孩到室外玩耍。

好像很喜欢毛绒玩具和过家家

有的男孩喜欢软软的毛绒玩具和过家家游戏，有的女孩喜欢运动量大的游戏。请不要在意游戏的类型，让孩子多体验各种不同的游戏吧！

虽然会害怕陌生人，但是更愿意亲近女性

女性的声音温柔清脆，照顾婴儿也更加贴心周到。对于孩子来说，会更容易亲近和妈妈一样的女性。不仅是男孩，女孩也同样对女性更有亲近感。

一直看妈妈化妆

孩子都很喜欢妈妈，与其说是喜欢妈妈化妆，倒不如说是喜欢“妈妈做的事情”。男孩也会一直看妈妈化妆，甚至想去模仿。完全没必要为此担心。

什么时候开始，男孩和女孩会具有各自的表现力和想象力？

喜欢推倒搭好的积木

男孩女孩都是 3 岁左右

孩子初步形成空间意识的时期，男女基本没有性别差异

3 岁左右的孩子，会把积木垒高，推倒，再垒高，再推倒。在不断推倒积木又重新搭建的过程中，孩子会通过与周边事物不断互动而形成认知，理解大小、重量和空间的概念。

用积木建造过家家游戏里的“家”

男孩女孩都是 3 岁 ~3 岁半

无论男孩女孩都差不多会在同一时期开始在游戏中运用自己的想象

当小朋友开始会利用积木玩想象类的游戏后，在搭积木的时候就会加入一些自己的想象，搭出来的积木自然也会更加丰富多样。

看到漂亮的东西时，会感叹“真漂亮！”

男孩 3 岁 ~3 岁半

女孩 3 岁半左右

其实，男孩会更早地喜欢漂亮的东西

一般会觉得女孩会更早地关注漂亮的东西，但其实是男孩更早一些。

用沙子做隧道

男孩 3 岁半 ~4 岁半

女孩 4 岁 ~5 岁半

即便是模仿类的游戏，男孩似乎也更喜欢在室外玩？

和女孩相比，男孩会更早地喜欢用沙子玩模仿类的游戏。难道是因为男孩都喜欢在室外玩耍吗？

用剪刀玩一些简单的手工游戏

男孩 3 岁半 ~5 岁左右

女孩 3 岁半 ~4 岁半左右

女孩的手指更灵巧一些

3 岁以后，小朋友开始会使用剪刀。和男孩相比，女孩会更擅长剪纸等精细动作。

画出花朵、人物、汽车等自己想象中的东西

男孩女孩都是 3 岁半 ~5 岁

男孩喜欢画汽车、机器人等机械类的东西

小朋友会逐渐利用圆、直线等画一些简单的画。女孩更喜欢画花朵、人物，男孩更喜欢画火车、汽车等。

1～3岁

虽然男孩和女孩在绘画时喜欢画的东西不一样，但在3岁以前，他们的绘画风格没有太大差异。

1岁

这个时期的小朋友会开始学握蜡笔。不过基本都是涂鸦，不会画特定的形状，只是画些简单的点和线。

女孩

点和线都画得很有力量感。

男孩

在画纸上使劲地用蜡笔进行涂鸦。

2岁

掌握了蜡笔的握法，虽然握得还不够稳当，但已经可以熟练地画圆了。

女孩

粉色的圆是苹果。仔细观察，确实能够看出苹果上面还有果柄。

男孩

奇特的线条其实是孩子非常喜欢的玩偶或者卡通人物吧?

女孩

是花儿吧? 色彩鲜艳，线条舒展自由。

男孩

虽然看起来有些凌乱，但其实画的是圆形。分别使用了蓝色、黑色和棕色。

3岁

开始会画一些比较复杂的图案。女孩使用的色彩会更丰富一些。

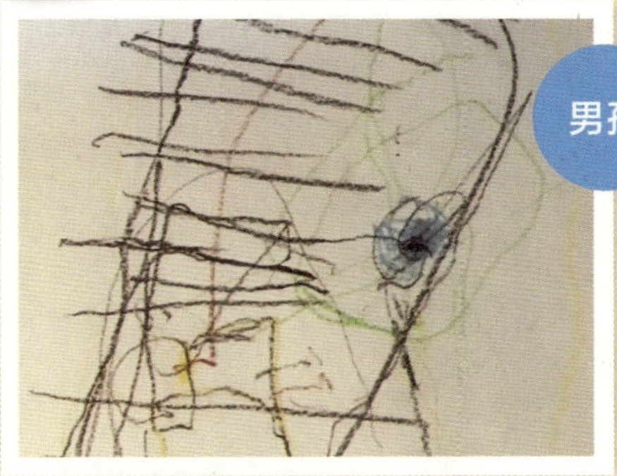

幽灵。确实能够感觉到幽灵的恐怖感。

宠物狗。可以看到大大的耳朵垂下来。

蚂蚁、蝗虫、螳螂。如果让男孩自由绘画的话，很多男孩都会选择画昆虫等动物，而不是人物。

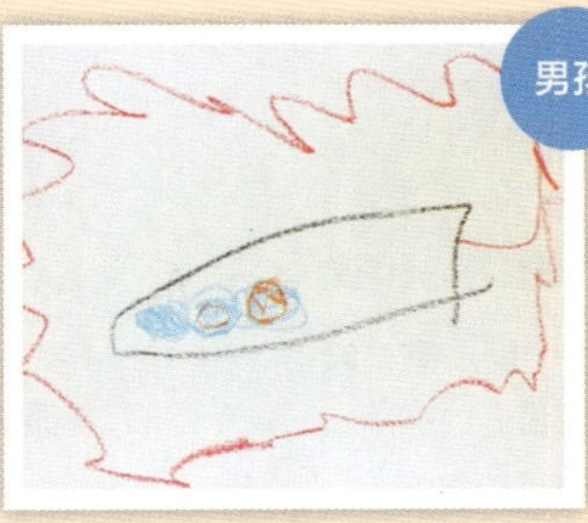

火箭。从周围喷射出来的火苗可以判断出这是火箭。

面包超人。应该是最喜欢的动画片里的角色。画得非常像。

排成一排的人。认真地画出了所有人的眼睛、鼻子和嘴巴。

使用的颜色非常丰富，整幅画看起来特别鲜艳。

手和脚直接画在脸上，小朋友称为“头足人”。3~5 岁的小朋友会有自己独特的想法。

4～6岁

在这个阶段，男孩和女孩的绘画风格开始出现差异。比如男孩更喜欢画动物、物体，使用的色彩更加简洁，更喜欢画俯视图、远景图。

女孩

4岁。画的是妈妈、爸爸和自己。最大的那个是自己。

5岁。画的是商店。在周围贴上贴纸，看起来非常可爱。

男孩

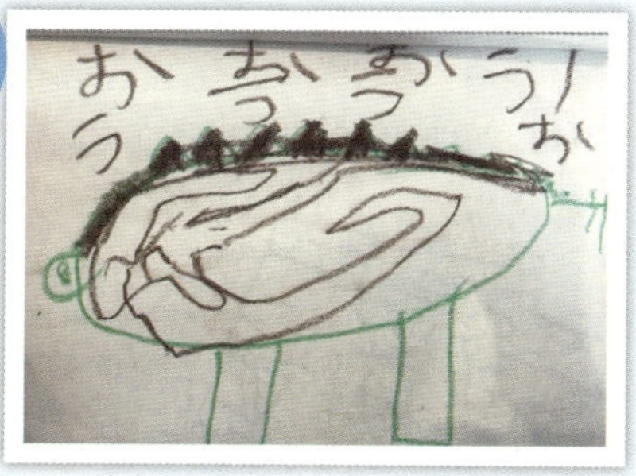

4岁。剑龙正在下蛋。写出“啊、啊、噢、噢”来表现剑龙下蛋时的痛苦。

4岁。昆虫。有锹形虫、蝴蝶等。小朋友很认真地观察了动物。

4岁。夏威夷火山爆发。是在电视上看到的吧？

4岁。画的是“我最喜欢的人”。画中是正在洗澡的妈妈。

5 岁。画的是和妈妈一起去公园玩耍。

5 岁。画的是在幼儿园室外玩耍。通过大大的太阳，可以判断是女孩画的。

5 岁。画的应该是在野餐吧。两个人非常亲近地坐在一起。

5 岁。右侧是“火车头托马斯”，中间是托马斯的朋友“托比”，左侧是甜甜圈形状的云朵。

5 岁。画的是到水族馆游玩。中间灰色的动物是海狮。

5 岁。画的是在幼儿园烤红薯。中间红色的长方形上是“正在包红薯的我”。

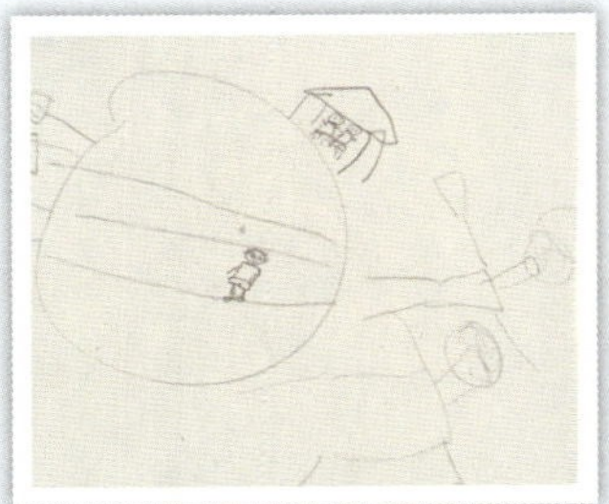

5 岁。画的是运动会。是这位小画家非常喜欢的、被表扬“画得很棒”的画。

5 岁。画的是在幼儿园郊游挖红薯的情形。

6 岁。画的是地牢游戏。还写有“牢房”“士兵”“厕所”等文字。

PART 2

0~18 个月

男孩的成长发育特点

0~18个月 3 种不同体格男孩的发育特点

标准型

身高、体重都处于生长曲线的中间位置。但是进入青春期后，体格类型会发生较大的变化。婴儿期的体格类型，并不代表长大后的体格类型。

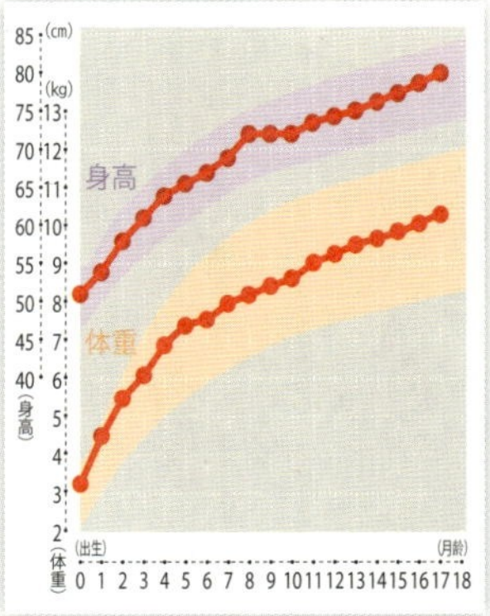

新生儿

身高 51.0 cm
体重 3258 g

18个月

身高 79.8 cm
体重 10.3 kg

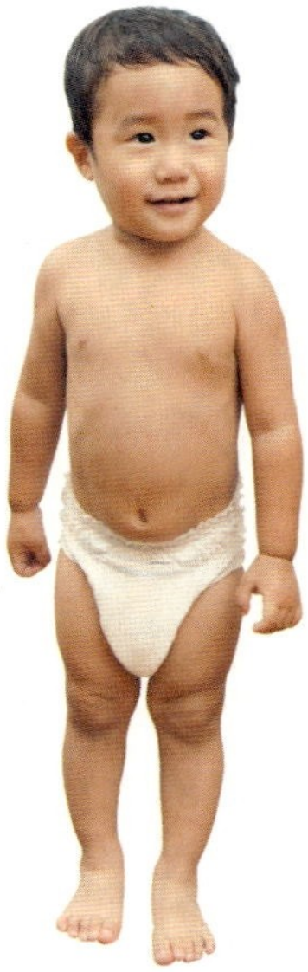

壮硕型

虽然体重增加略微偏离了生长曲线，但只要按照生长曲线的趋势增长，就不需要担心。让孩子多活动身体，体重增长就会慢慢减缓。

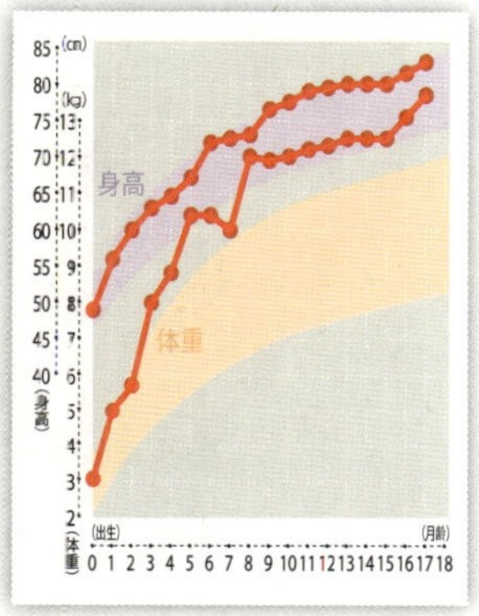

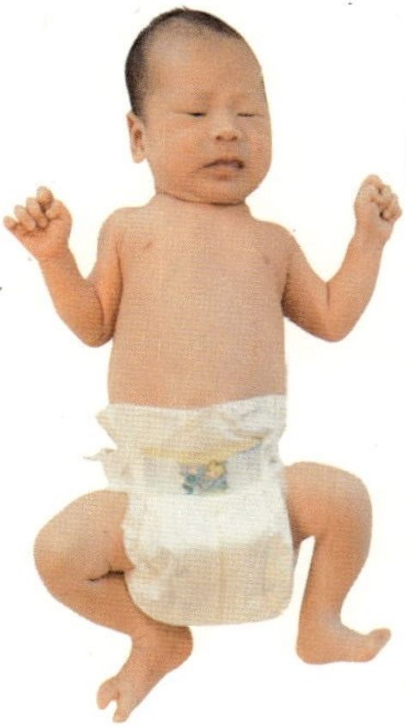

新生儿

身高 49.0 cm

体重 3072 g

18个月

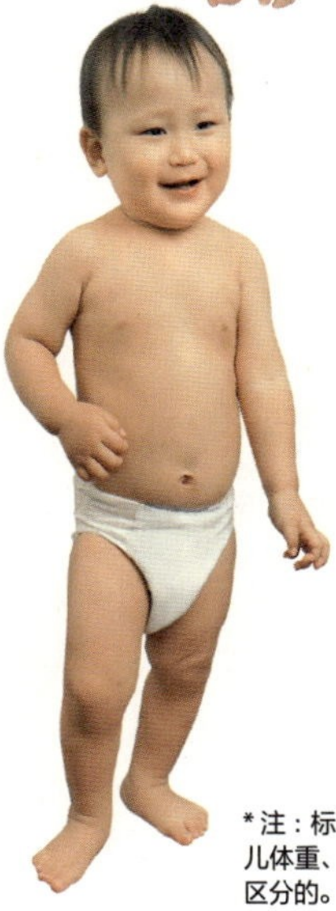

身高 83.0 cm

体重 13.7 kg

纤瘦型

这种体格的孩子往往刚出生时体格较大，但后面发育较为缓慢。只要孩子的身高和体重能够按照自己的节奏增长，就认为是发育正常。

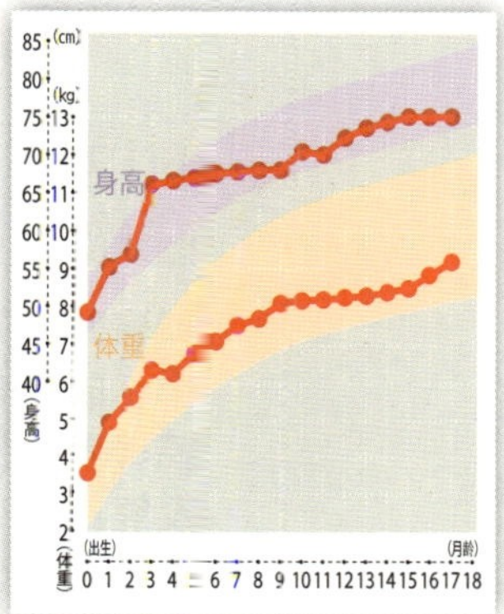

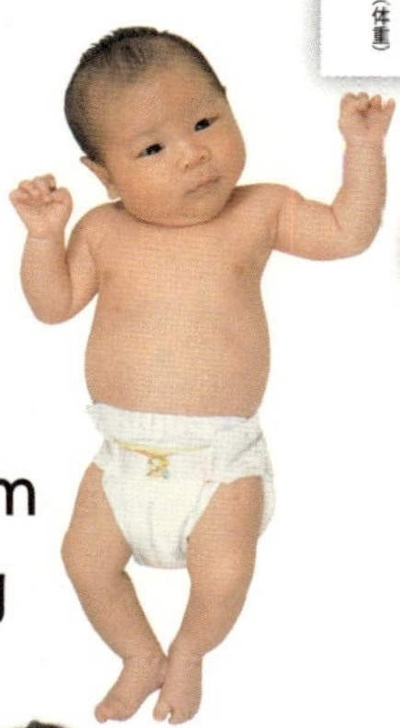

新生儿

身高 49.4 cm

体重 3570 g

18个月

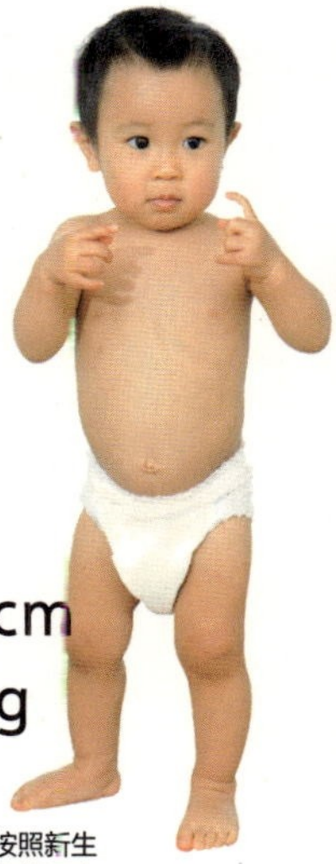

身高 75.0 cm

体重 9200g

*注：标准型、壮硕型、纤瘦型三种体格的划分并非按照新生儿体重、身高来区分，而是基于0~18个月的整体发育情况来区分的。

新生儿 反复睡着、醒来，会一直盯着大人的脸

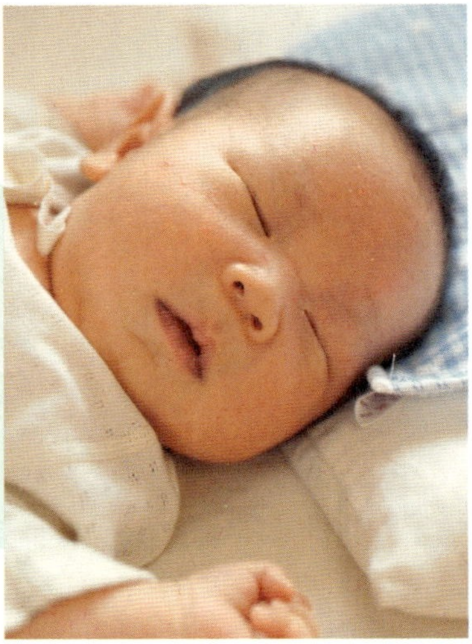

每 2~3 个小时醒来一次，如此反复

新生儿还不能睡整觉。每 2~3 个小时就会醒来一次，每次吃完母乳后很快又会入睡，如此反复。

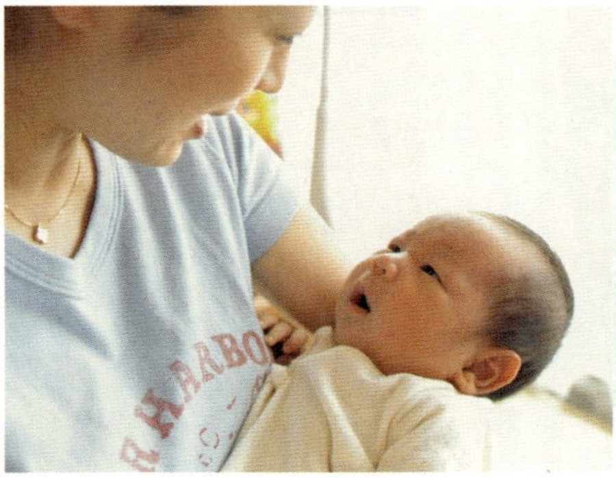

一直盯着妈妈的脸

新生儿的视力较差，只能模糊地看到 20 厘米之内的东西。此时他会一直盯着某个地方看。当妈妈把他抱在怀中，脸贴近他时，他便会一直盯着妈妈。

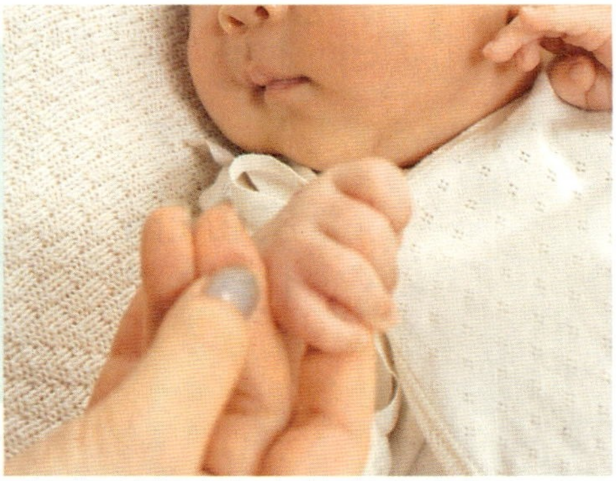

会用力握紧小手

当大人把自己的手指放到新生儿手掌里的话，孩子的小手会立刻握紧。这是新生儿原始的“抓握反射”，2~3 个月后便会逐渐消失。

标准型

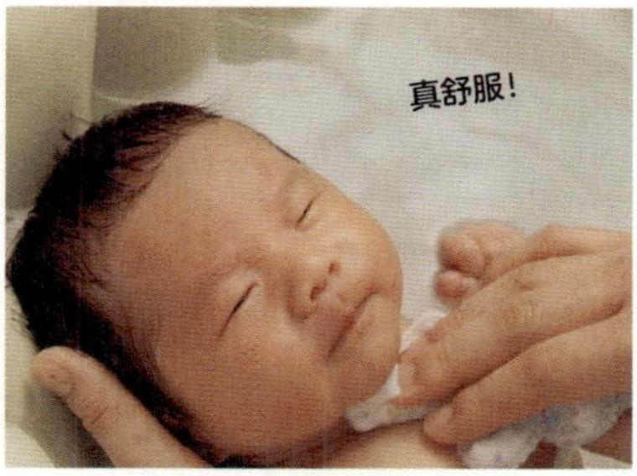

洗澡时会很享受

大概是因为洗澡很舒服吧，把他一放到澡盆里，就会露出这种享受的表情，真是太喜欢洗澡了。如果把他从澡盆里抱出来，可能会立刻大哭。

每天需要喂10次奶左右。哭闹的时候，会用力地蹬腿，哭声很洪亮。新生儿睡觉时会翻白眼，有些妈妈对此比较担心，但其实这种现象对于新生儿来说非常常见。

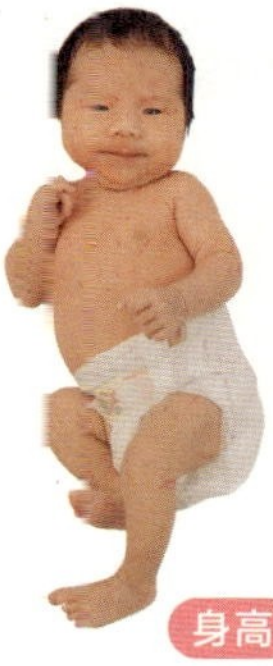

身高 51.0 cm
体重 3258 g

壮硕型

已经开始吃手指了？！

在浅睡眠或者想吃奶的时候，会不自觉地把手放在嘴边，偶尔还会吮吸手指头。

妈妈在产后就立刻住院了，因此孩子习惯了用奶瓶喝奶。虽然在妈妈出院后他也会吃母乳了，但还是更喜欢用奶瓶。每次喂奶时，都是让他先吃母乳，再用奶瓶喝奶。希望用这种方法让他逐渐习惯母乳。

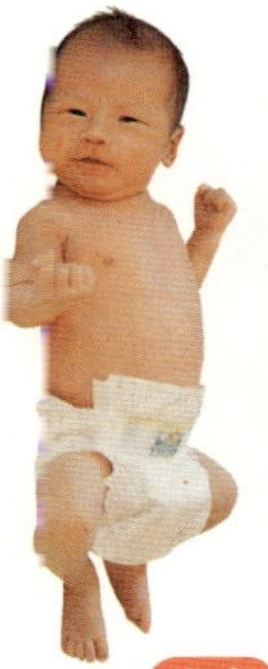

身高 49.0 cm
体重 3072 g

纤瘦型

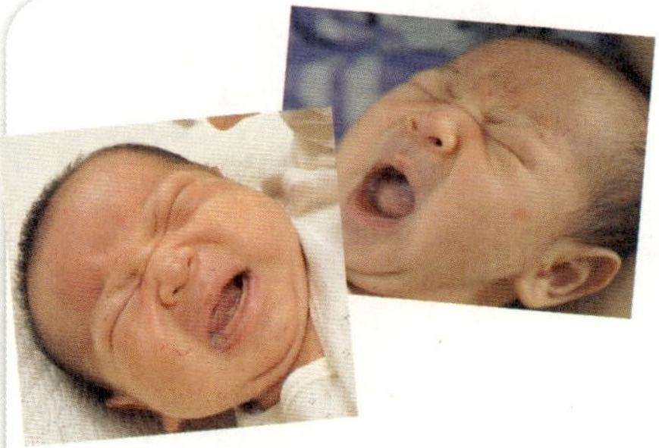

表情变化非常丰富

打哈欠、大声哭闹，脸上的表情非常丰富，作为父母怎么看都看不够，并且无论是哪种表情都让人感觉非常治愈。

从出生第一天就一直吃母乳，每次吃饱后马上就能睡着。醒来的时候，会一直睁大眼睛，仿佛在观察周围。有时会突然放声大哭，仿佛是被吓着了。

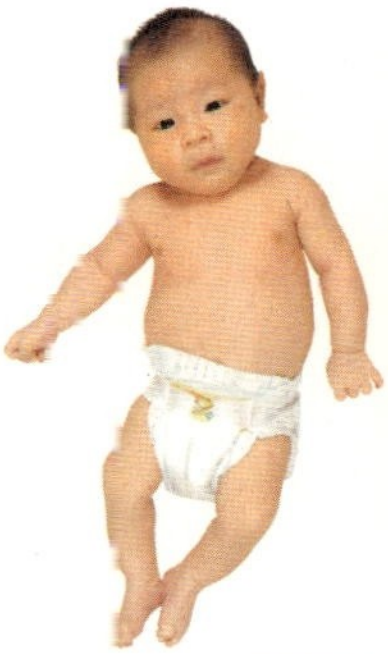

身高 49.4 cm
体重 3570 g

1 个月 吃奶、睡觉逐渐形成规律

眼睛会追随玩具

在 1 个月大的婴儿眼前慢慢左右晃动玩具时，他的眼睛会跟着玩具一起转动。只是转动的范围较小，大概在 100 度的范围内。

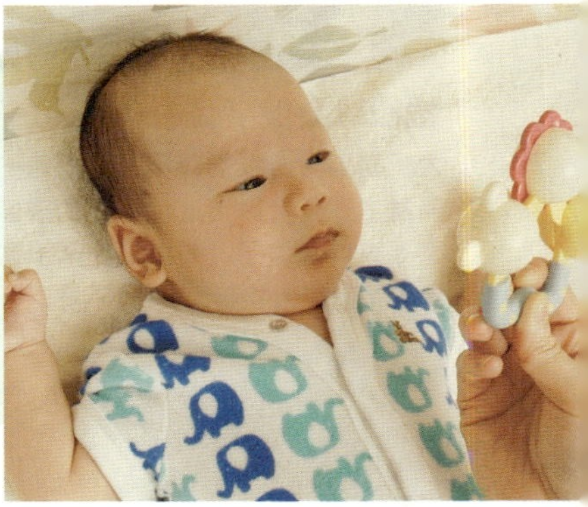

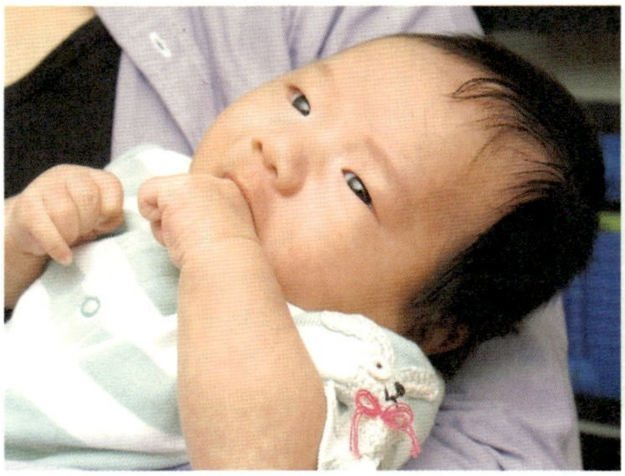

会把手指或拳头放在嘴边吮吸

会吮吸自己的手指或拳头。刚开始可能只是偶然间不小心碰到了嘴边的手指或拳头，慢慢地就会自己主动地把手放到嘴巴里吮吸。

能够模仿妈妈的表情

能够看清楚 30 厘米之内的东西。如果妈妈把脸靠近，对着他张大嘴巴或者伸出舌头，他可能还会模仿大人的表情。

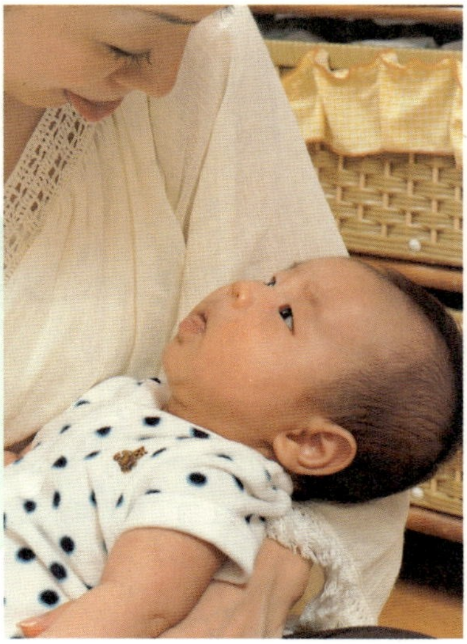

标准型

会一直盯着有声音的地方看

让他反应最大的是听到清脆的摇铃声。他会目不转睛地盯着有声音的地方。

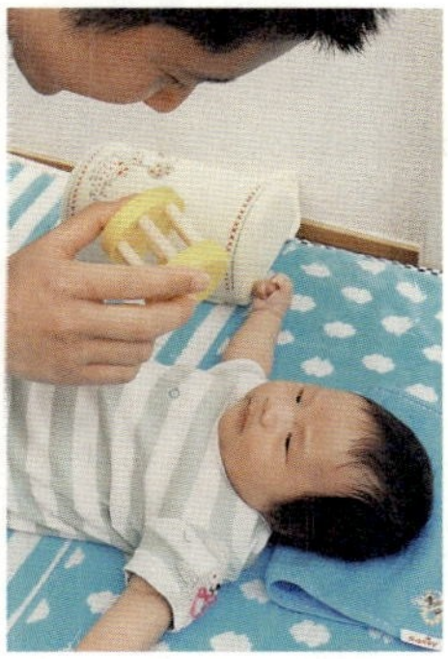

开始对周围的事物产生兴趣，比如会一直盯着有声音的地方，会模仿妈妈做鬼脸吐舌头等。特别喜欢被爸爸抱着，大概是因为被爸爸抱着非常有安全感、也很放松，所以爸爸抱着的时候睡得更香。

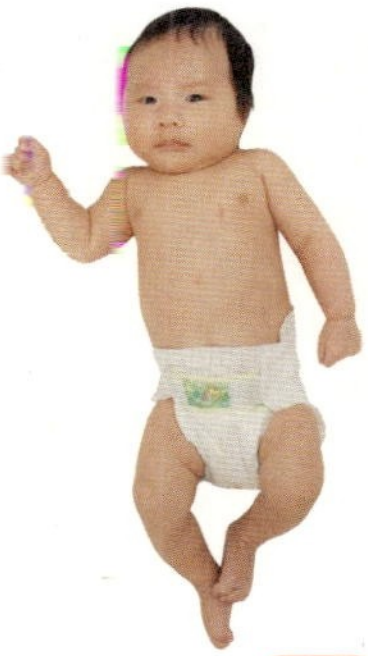

身高 54.0 cm
体重 4500 g

壮硕型

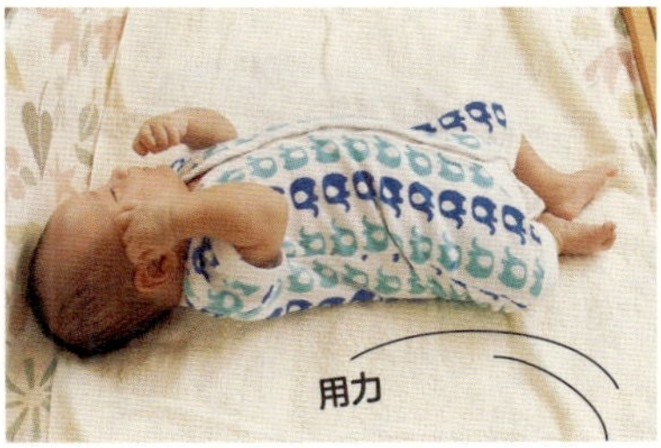

会积极地活动身体

会不断地扭动四肢，还会用力地挺直背部。躺在婴儿床上十分活跃，不断做各种动作，根本停不下来。

大人把脸靠近和他说话时，他就会盯着大人的眼睛看，有时还会发出非常可爱的声音回应大人，仿佛在和大人聊天。如果转动旋转床铃，他会很好奇地一直盯着看。

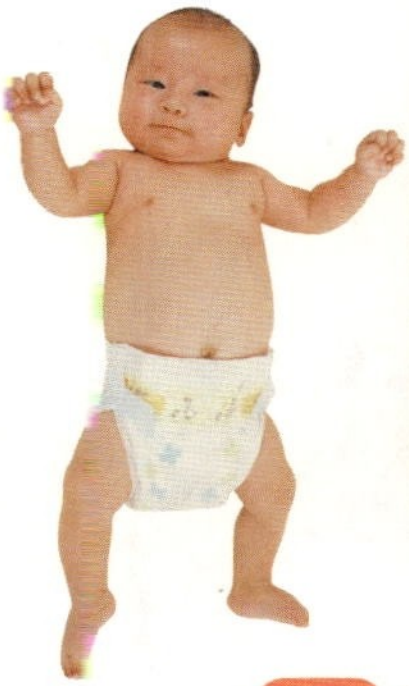

身高 56.0 cm
体重 5000 g

纤瘦型

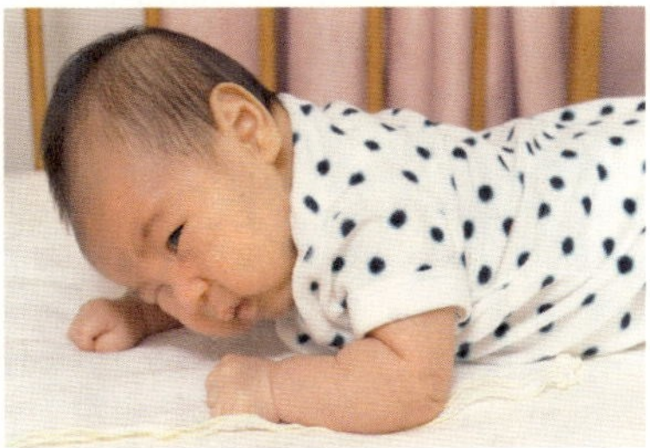

练习俯卧抬头

每天都会做一些俯卧抬头练习。虽然只有 1 个月大，但是已经可以像图中一样稍微将头抬起来了。

当大人靠近他说话时会一直盯着大人看。和大人对视时还会微笑。生活作息逐渐形成规律，可以连续睡 3~4 小时了。母乳喂养很顺利，但是吃完奶后会吐奶，比较让人担心。

身高 55.4 cm
体重 4980 g

2 个月 能够发出"啊——呜——"的声音，会微笑

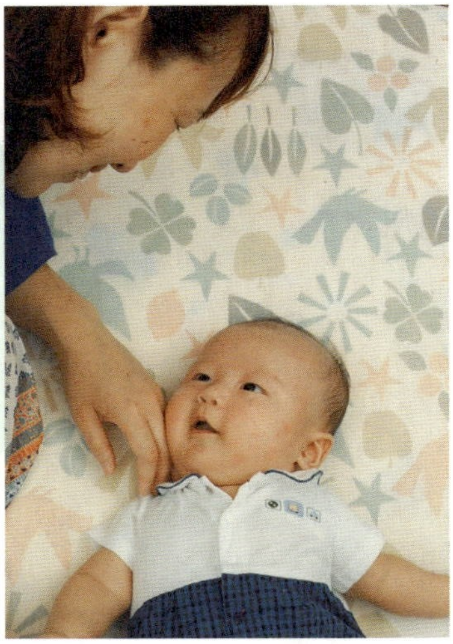

会和大人对视，发出"啊——呜——"的声音

会发出"啊——呜——"的声音。听到大人说话时，会一直盯着看大人的眼睛，然后发出"啊"的声音来回应，好像在和大人聊天一样。

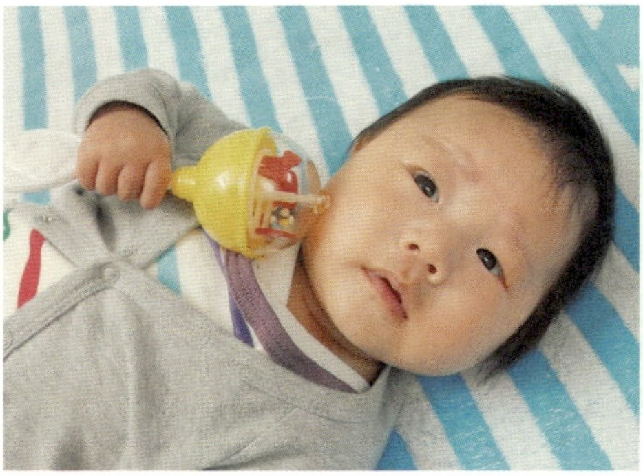

能够握住细手柄的摇铃

这个时期，孩子的抓握力逐渐形成。多让他拿一些容易抓握的细手柄摇铃或玩具，他很快就能学会如何抓握东西。

扶着头部时，也能竖抱

有些婴儿已经可以稍微直立颈部了。轻轻用手扶住他的后脑勺或者颈部，就可以将他竖抱起来。

标准型

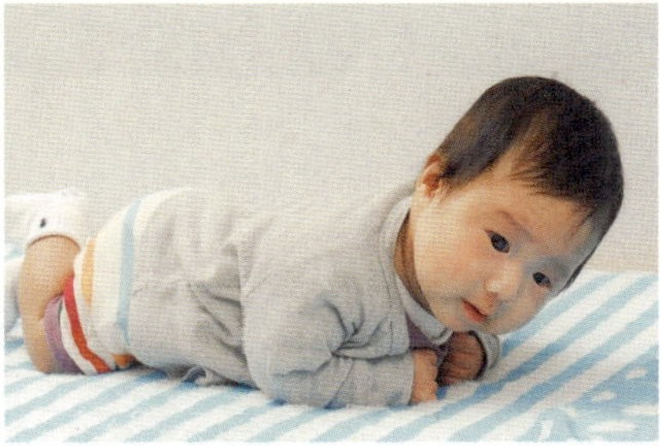

脖子越来越有力气

做俯卧抬头训练时，可以维持几秒钟。心情好的时候，头会抬得更高。

哭声不同，孩子表达的需求也各不相同。如果哭闹时声音细小，没有眼泪，表示他想让人抱抱。而如果他一边大哭一边像吹泡泡一样撅起嘴巴，则表明他饿了。

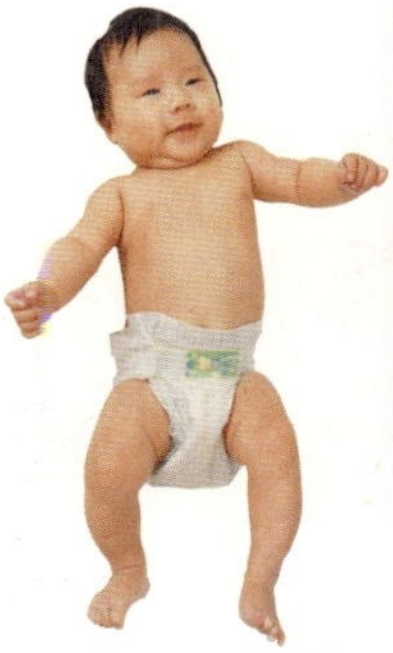

身高 58.0 cm

体重 5500 g

壮硕型

看到镜中的自己会出神

最近很喜欢看镜子。只要把镜子拿到床边，他就会一直盯着看。难道是看着镜中的自己觉得太可爱，被迷住了？

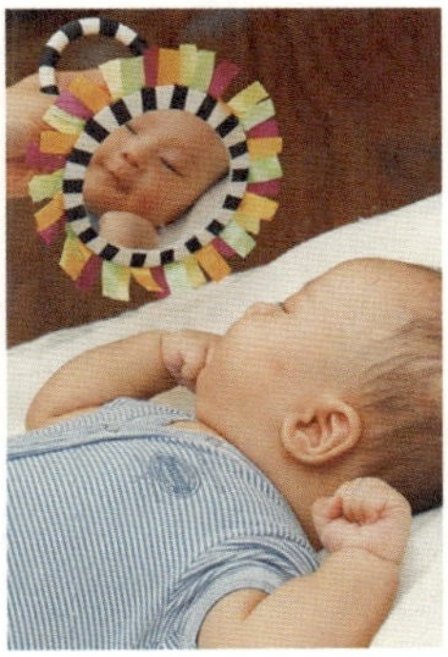

之前不习惯吃母乳，更习惯用奶瓶喝奶，现在逐渐可以吃更多母乳了。表情开始变得丰富起来，会微笑，还会很好奇地盯着玩具看。在做俯卧抬头训练时，可以稍微地抬起头。

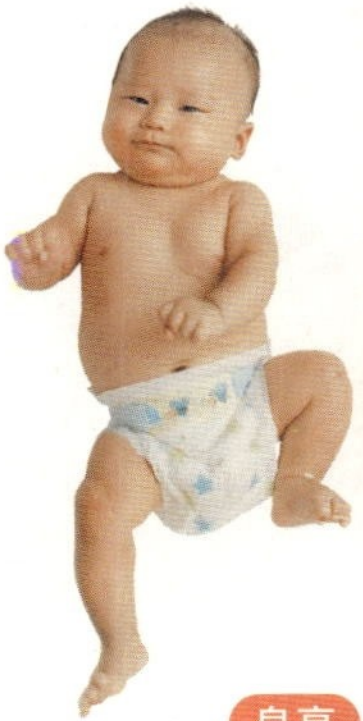

身高 60.0 cm

体重 5700 g

纤瘦型

用力地挥舞手脚

醒着的时候，会一直拳打脚踢，挥动四肢。力气特别大，在喂奶或者抱着的时候，都会被他踢到，感觉很疼。

表情变化逐渐丰富起来。当摸他的小脸蛋或者和他说话时，都会笑。也许是每次都会吃很多母乳，喂奶的次数逐渐减少了。困的时候一般会哭闹，而且总要抱着哄睡。

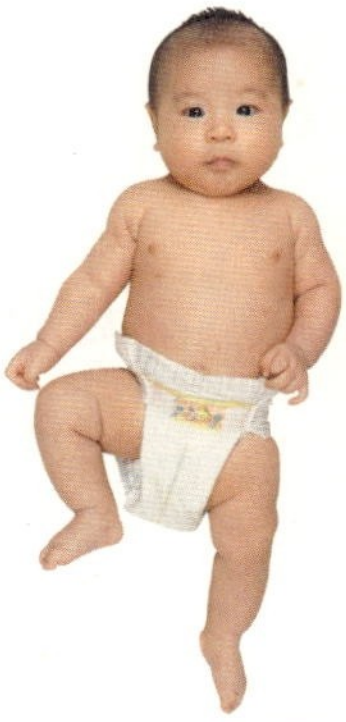

身高 57.0 cm

体重 5600 g

3个月 会被逗笑，抓握能力逐渐增强

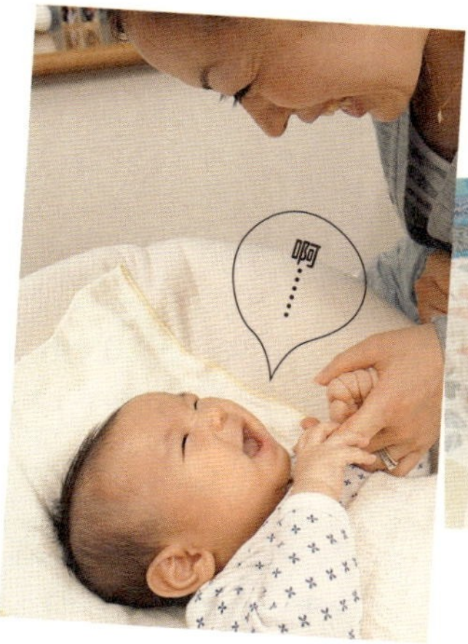

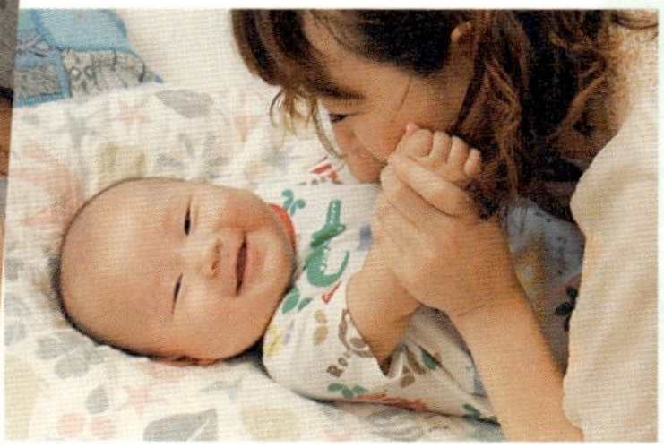

和他说话时，会微笑回应

当孩子心情好的时候大人和他说话，他会微笑着回应大人。挠他胳肢窝或者摸他的小脸蛋的时候，有时还会笑出声来。

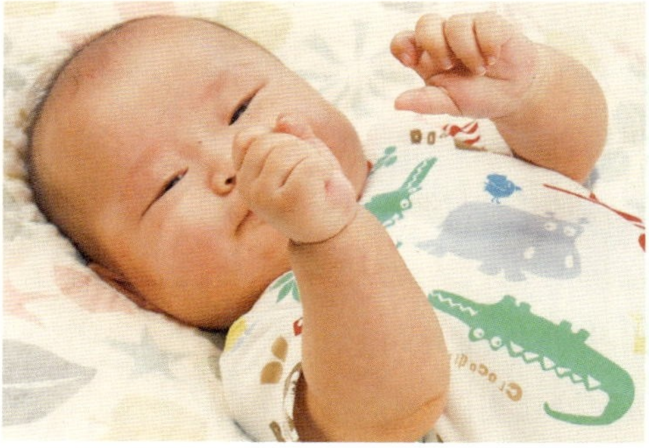

一直观察自己的手

偶然看到自己的手时，会一直盯着看，仿佛在想：“这是什么东西呢？”这个阶段的婴儿还意识不到手是他自己身体的一部分。

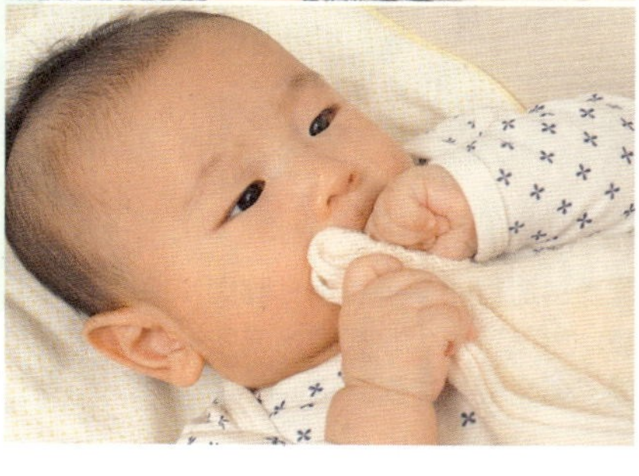

逐渐可以抓握东西

随着抓握能力逐渐增强，他会开始去抓一些容易抓握的玩具，并仔细观察。还会把毛巾放到嘴巴里舔。

那是什么？会一直盯着某个东西看

做俯卧抬头训练时，坚持的时间越来越长了。抬起头后视线范围变广，会十分兴奋。若是发现了自己喜欢的东西，就会一直盯着看。

生活作息逐渐形成规律，更方便外出了。白天带他去儿童乐园时，看到其他小朋友会一直盯着看，还会想要用手去摸。已经开始懂得表达自己的想法了，有时看到自己喜欢的玩具会伸手去拿。

标准型

身高 61.0 cm

体重 6100 g

能够自己晃动摇铃

戴上手腕式摇铃，会自己玩了。虽然并不是有意识的，但已经能够摇动摇铃让它发出声音，还会盯着摇铃看。

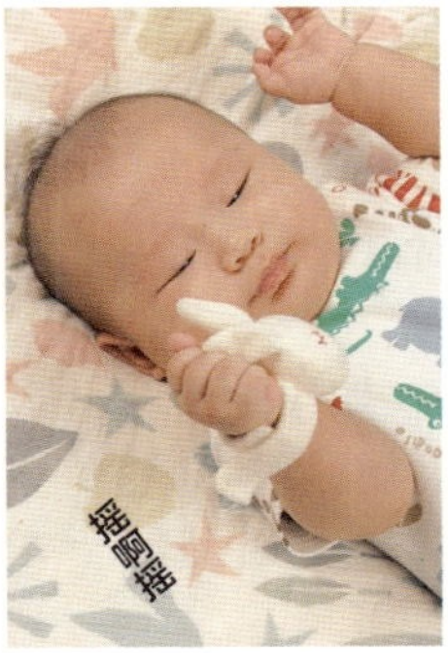

颈部可以直立了。竖抱的时候，头部不会左右晃动，大人无须再用手扶住他的颈部。活动身体时力气很大，会很用力地挺直上半身，或是扭动腰部，仿佛在为学习翻身做准备。

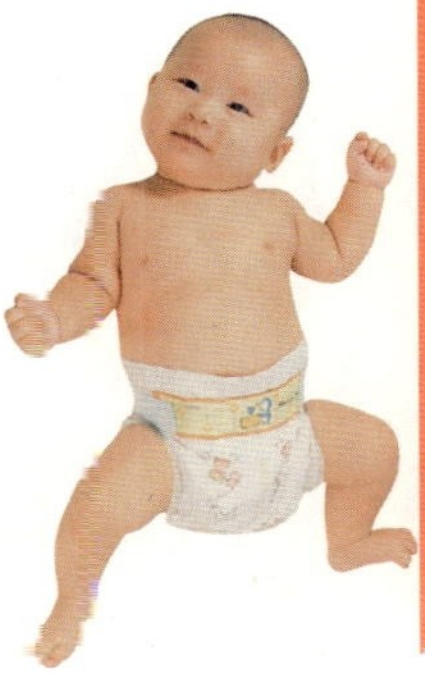

壮硕型

身高 63.0 cm

体重 8000 g

喜欢被人扶着站立

喜欢被竖抱，试着扶着他站起来，结果发现他特别喜欢，还不断地蹬着两只小脚，特别开心的样子。

晚上可以睡整觉了，独自玩耍的时间也变长了。把他放在爬行垫上，可以一个人安静地玩1小时左右。在他心情好的时候和他说话，他还会一边笑着一边“啊——呜——”地做出回应。

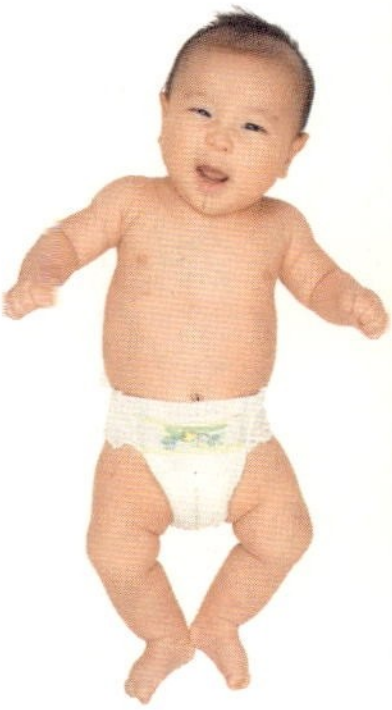

纤瘦型

身高 66.0 cm

体重 6350 g

4个月 颈部可以直立，有些孩子开始会翻身

颈部结实有力

拉起孩子的双手时，如果他的颈部能够稳稳地跟随身体移动，则说明孩子的颈部已经可以直立。这个时候无论是什么样的姿势，他都可以自由地转动头部。

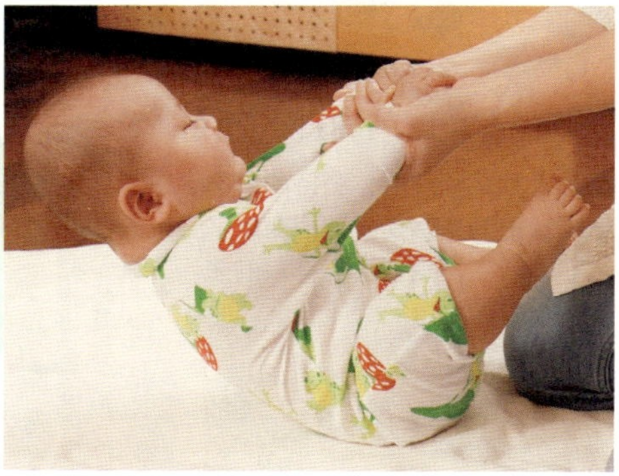

坐姿越来越稳

颈部可以直立了，如果给予背部和两肋支撑，就能够稳稳地坐着。开心的时候，还会不断地挥舞手脚。

学会翻身后，终于不用一直躺着了

有些婴儿学会俯卧位玩耍后，没过多久就能够翻身了。最开始只会往比较容易的方向翻身，后来慢慢地左右都能轻松翻身了。

独特的匍匐前进的方式

为了拿到想要的玩具，努力先把身体蜷缩起来，再把脸蹭在床上，一点一点往前移动，这大概就是所谓的匍匐前进的预备阶段吧。

标准型

从4个月开始，终于不再像以前那样一到傍晚就无休止地哭闹，现在能逐渐开始一个人玩耍了。学会翻身后，又学会了匍匐移动，非常开心。在很长一段时间内，会经常匍匐着玩耍。

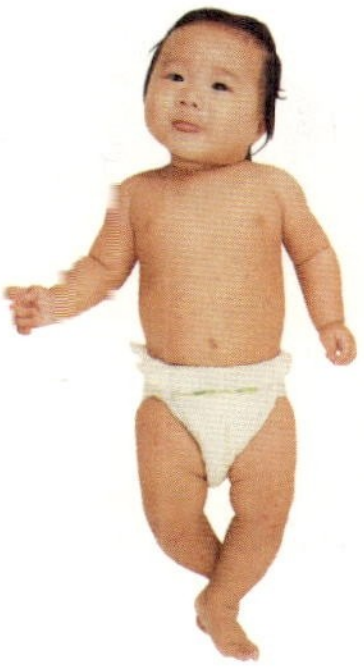

身高 62.5 cm
体重 6700 g

想坐摇摇椅等调节心情

只躺在床上已经满足不了他了，会想要换不同的地方玩，比如摇摇椅、婴儿床，或者在地板上打滚玩耍。

壮硕型

4个月时体重约9 kg，纸尿裤也已经换成L号了。外出时，陌生人见到他都会感叹道：“孩子长得真好呀！”已经会翻身了，不管手里拿着什么玩具都会放进嘴巴里舔一舔。

身高 64.6 cm
体重 8840 g

双手握在一起，一个人玩耍

早晨起床后把他放在摇摇椅上，他就会把双手握在一起玩，或者把手放进嘴巴里舔，一个人玩得特别开心。

纤瘦型

晚上8点左右入睡，一般夜里醒一次后，可以一直睡到第二天早晨。白天睡觉的时间也都很固定，已经形成了规律的作息习惯。在练习翻身的时候，有时双脚上扬或者身体弯曲，需要大人的帮助，但应该很快就能独立翻身了。

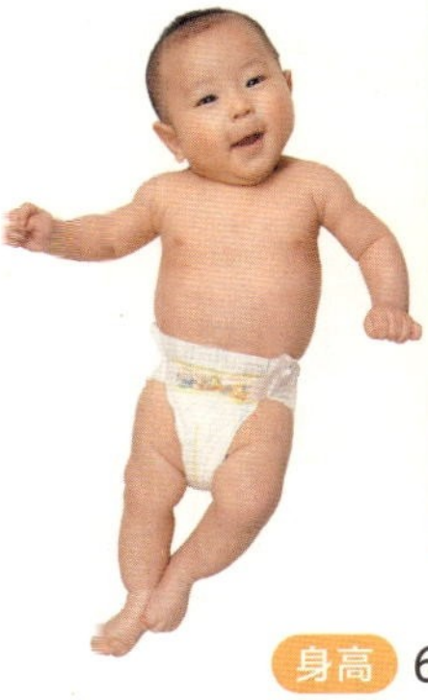

身高 66.5 cm
体重 6500 g

5个月 开始添加辅食，尝试不同食物

先从适应辅食开始

可以开始添加辅食了。最初可能会用舌头把辅食向外顶，但这个时候添加辅食的主要目的是让孩子适应除母乳、奶粉以外的其他食物。不要着急，慢慢来吧。

有支撑的情况下，可以坐立

在有支撑的情况下，可以坐立。但是 5 个月大 的婴儿腰部力量还不足以支撑上半身，很容易突然向前或者向后歪倒，一定要小心。

从后面叫孩子时，他会回头看

颈部可以自由地转动了，当听到后面有声音时会回头看。即便是很小的声音，他也能听到并回头看。

标准型

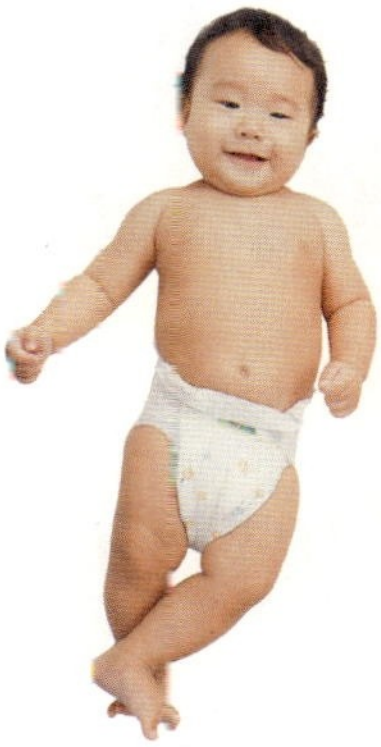

身高 65.5 cm
体重 7420 g

辅食添加很顺利。第一次吃辅食就很开心地张大嘴巴。后面越来越习惯，吃辅食的时候就像个小猛兽一样，一边前倾着身体一边“吧唧吧唧”地发出声音大口吃。这个阶段能够连续翻身，为了拿到玩具，还会在房间里到处翻滚。

变身为超人咯

特别喜欢和大人互动的游戏。当爸爸举起他玩举高高的游戏时，会开心地大笑。

壮硕型

身高 67.0 cm
体重 10.4 kg

无论手里抓到什么东西都会立刻往嘴里放。比如玩具、妈妈的衣服，只要是感兴趣的东西，都会伸手去抓。第一次吃辅食就吃得特别香，一点都不排斥。最喜欢吃胡萝卜等根茎类蔬菜。

对眼前的东西都很感兴趣

对眼前所有的东西都非常感兴趣！就连放在桌子中间的玩具都会使劲地伸手去拿，最后终于成功拿到。

纤瘦型

身高 67.0 cm
体重 6800 g

大概是开始长牙了，牙龈很痒，特别喜欢咬磨牙棒。还不太会翻身，让他趴着时，可以自己玩一会儿。如果看到眼前有喜欢的玩具，会想办法把垫在玩具下方的毛巾拉过来，这样就能拿到玩具了。

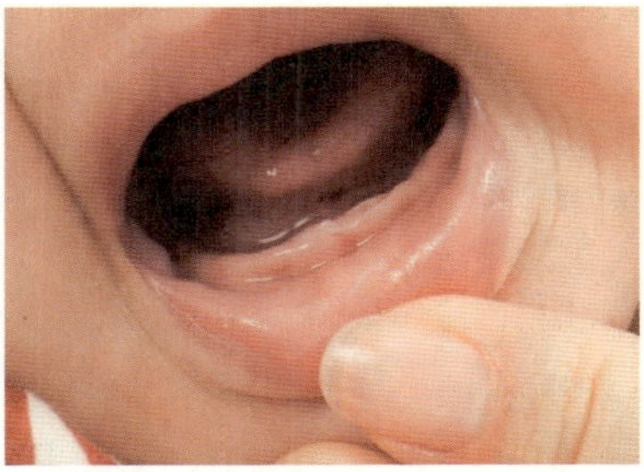

长牙了

喂奶时妈妈感觉乳头有点疼，掰开他的嘴巴一看，发现长出了一颗牙，此时还只能隐约看到一点点牙尖。

6个月 坐姿越来越稳，有些孩子可以匍匐爬行

有些孩子已经可以坐着玩耍

坐姿越来越稳了。有些孩子在没有支撑的情况下只能独自坐一会儿，而有些孩子则可以完全自己独立坐着玩。每个孩子的发育情况不同，会存在个体差异。

会主动寻找从视线中消失的玩具

月龄小的孩子，如果玩具从视线中消失，他很快就会忘记，但6个月的孩子会开始努力去寻找。“东西不见了，大概是落在哪儿了吧”，孩子会逐渐开始懂得一些事物之间的因果关系。

拿到玩具后会先咬一口确认一下

看到玩具，首先会观察一番，然后便会伸出手去拿玩具，还会把手里的玩具放入嘴巴咬一咬。这是婴儿主动探索外界事物的一种方式。

标准型

喜欢到处爬行

5个月大的时候只会匍匐前行，这个月已经成功学会爬行。活动范围比以前大了很多，喜欢在房间到处爬。

前几天还在为他能够独自坐立而欣喜万分，结果没过几天他就学会了爬行和扶着站立了。现在他喜欢在房间里到处爬，为了防止受伤，我特意给桌角装上了防撞角。现在夜里老爱哭闹，3小时左右就醒一次，真让人头疼。

身高 67.0 cm

体重 7550 g

壮硕型

练习站立时非常开心

大人用双手扶着孩子的腋下，他就会两腿直直地站立。他露出笑容，大概是十分喜欢这种双脚站立的感觉吧。

腰部力量增强，可以坐得很稳当，基本上不会再歪倒了。而且已经会慢慢地匍匐前行。如果注意观察的话，就会发现虽然很慢，但孩子确实是在一点一点地前进。

身高 72.0 cm

体重 11.0 kg

纤瘦型

特别喜欢拉自己的腿

还不会翻身。仰卧着玩的时候，特别喜欢用手拉着抬起的腿。应该很快就会翻身了吧？！

可以自己独立坐一会儿，但是很容易向前歪倒，坐立时还需要支撑。当叫他的名字时会回头看，好像能听懂自己的名字一样。辅食添加很顺利，无论给他吃什么都很喜欢。

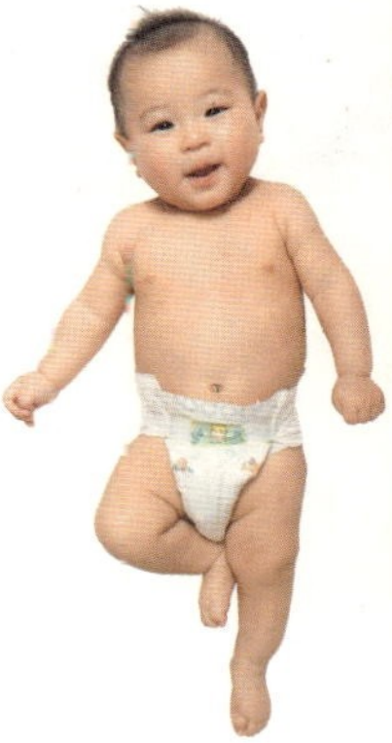

身高 67.5 cm

体重 7100 g

7个月 每天添加 2~3 次辅食，有些孩子已经会用杯子喝水

能用吸管杯或水杯喝水

此时，越来越多的孩子已经会用学饮杯或吸管杯喝水，甚至有的婴儿在大人的帮助下还能够用水杯喝水。最初喝水时可能会洒出来，但渐渐地就学会了。

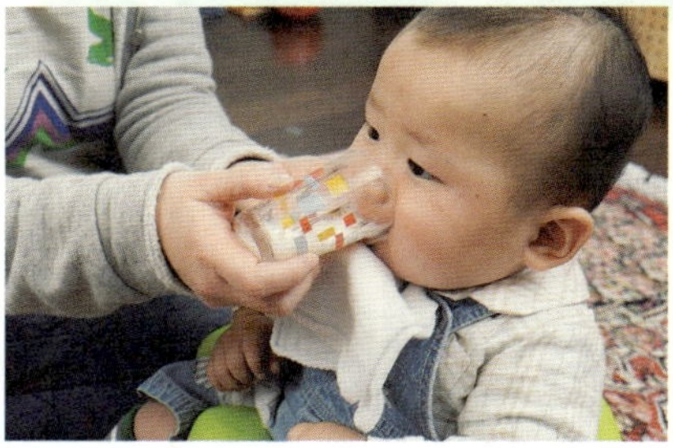

会用力紧握玩具表示反抗

开始会有“不喜欢别人拿走我的东西”这种自我意识，如果别人要拿走他的东西，他会紧紧地握住玩具以示反抗。

会通过哭闹表达自己的不愿意

这个时期已经能够清楚地表达自己的想法。会用哭闹的方式来表达自己的“不愿意”，比如当他不想一个人玩的时候，或者让他坐下来他却不愿意的时候。

标准型

可以自己扶着东西慢慢走动

可以自己扶着东西慢慢走动，活动范围又变大了。每一步都走得很稳当，可以慢慢向前走动。

看不到妈妈的时候，会哭闹着要找妈妈。开始认人，并且对事物的理解也越来越多了，感情逐渐变得丰富起来。特别喜欢扶着婴儿护栏时而站立时而坐下的屈膝运动游戏。

身高 69.0 cm
体重 7980 g

壮硕型

喜欢玩躲猫猫游戏

把毛巾盖在他的脸上说着“不见啦不见啦”，然后一边说“咦”，一边把毛巾拿开，就会看到他露出充满惊喜的笑脸。

会发出“咿咿呀呀”的声音，也许是在为语言表达做准备。对日用品等身边的东西越来越感兴趣，表情也变得更加丰富。喜欢把勺子、碗等厨房用品当作玩具玩。

身高 72.5 cm
体重 11.5 kg

纤瘦型

会一直盯着闪闪发亮的镜子看

以前给他看镜子时，他只会笑，现在会自己拿着镜子玩了。他拿着镜子，时而靠近自己的脸庞时而又远离，非常喜欢这个闪闪发亮的玩具。

喜欢看儿童节目，给他设定了观看时限，结束的时候如果我不在旁边的话，他就会发出“咿咿呀呀”的声音，仿佛是在告诉我“放完了”，让我非常吃惊。一天吃两次辅食，但是饭量时大时小，令人苦恼。

身高 67.7 cm
体重 7520 g

8 个月 可以匍匐爬行，会爬向自己感兴趣的东西

爬着追逐喜欢的玩具

很多婴儿会开始匍匐前进或爬行去拿自己感兴趣的玩具。如果大人移动玩具，他就会追着玩具爬行。

开始会用双手一起拿东西

手指精细动作发展得越来越好，逐渐会用双手一起拿东西。能够用双手牢牢地抓住带手柄的杯子或吃辅食的勺子。

特别喜欢制造声音

很喜欢拿着手里的玩具相互对敲，或者用玩具敲打桌子发出声音。如果拿到能发出声音的玩具会玩得特别开心。

标准型

刚满月时就已经开始认人了，现在只要见到人就会笑。开始会叫“妈妈”“爸爸”了。已经能够独自站立，虽然只能坚持几秒钟的时间。这个阶段，身心都在快速成长。

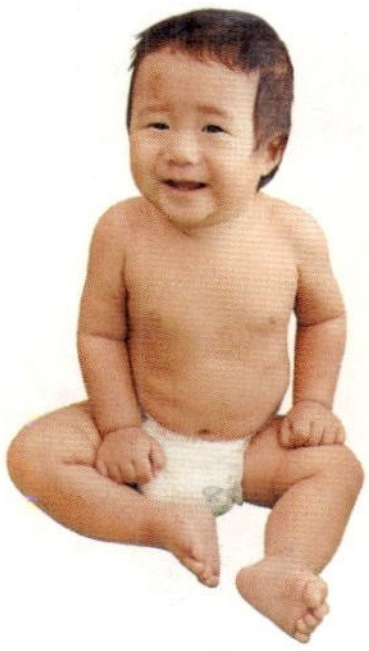

身高 72.0 cm
体重 8200 g

利用窗帘玩躲猫猫游戏

开始会学着妈妈，利用窗帘玩躲猫猫游戏。如果配合着他说“不见啦不见啦”，他就会特别开心。

壮硕型

如果妈妈双手扶着他的腋下，他会跳起来或者交替地迈出双脚，像在学习走路一样。能够使用吸管杯喝水了。最开始会咬紧吸管，但掌握了使用方法之后，就能轻松喝水了。

身高 73.0 cm
体重 12.0 kg

安静地吃手里拿着的零食

可以自己用手拿着婴儿饼干。紧紧地将饼干握在手里，很享受吃零食的时光。

纤瘦型

一天吃两次辅食。很喜欢吃辅食，基本不挑食，无论给他吃什么都能吃完。可以在有支撑的情况下站立。也许是因为喜欢视线的变化，扶着他站立的时候，他会兴奋地一直跺脚。

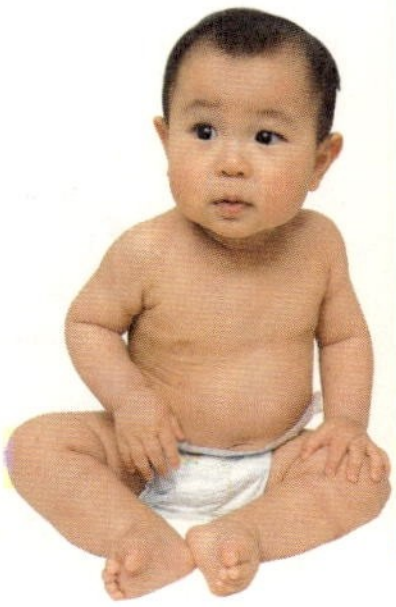

身高 68.0 cm
体重 7700 g

听到“不可以”后放声大哭

被妈妈发现在玩弄手机并被阻止后，看着妈妈的脸会放声大哭。即便听不懂妈妈在说什么，但是通过语气大概也能明白是被禁止的意思。

9个月 从爬行到扶着站立，活动范围越来越广

能够扶着沙发，借助臂力慢慢站起来

孩子腿部力量还不足，但他们能够用手扶着沙发，借助臂力慢慢站起来。最初用脚尖站立，不太稳当，但后来慢慢就会用脚部整体的力量来支撑身体的重心。

伸手向他要玩具时，他会把玩具递过来

当大人伸出手表示想要他的玩具时，他会把手中的玩具递过来。但是如果他正在专心地玩耍，叫他也不会有反应。

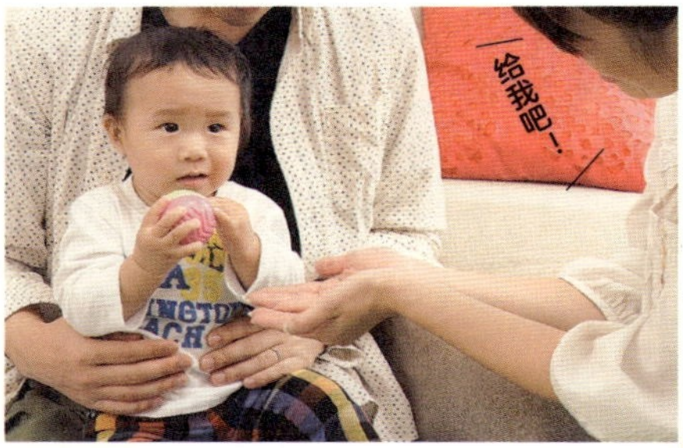

嘴部周围肌肉发达，能吹响喇叭了

嘴部周围的肌肉已发育完整，可以有力地吸气、吐气。不久之前还只能用舌头舔喇叭，现在已经能够吹出声音了。

标准型

虽然时间很短，但能够独自站立了

本以为他在专心玩耍呢，但没想到他突然就站起来了，着实非常惊讶！从那以后，经常会一有兴致就突然站立起来。

全身的肌肉力量都在增强，可以很轻松地爬到沙发上。好奇心越来越强，会伸手去拿自己的照片。如果大人爬行追逐他的话，他会高兴地哈哈大笑。情感表达也越来越丰富了。

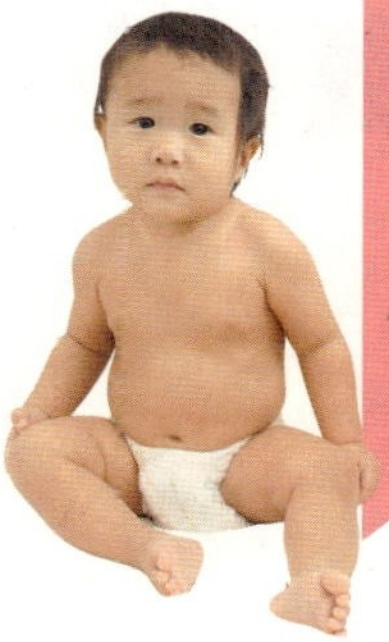

身高 72.3 cm

体重 8420 g

壮硕型

爬到电视柜旁边玩柜门

可以自己打开电视柜的柜门。喜欢到处爬，为了避免受伤，家里做了周全的防撞措施。

9个月体检时，医生说："看着像1岁半的小孩一样。"之前确实一直感觉他比同月龄的孩子体格大，但没想到竟然比实际月龄大了9个月！声音也很大，能够发出"bu""ba"的音节，经常会兴致勃勃地和大人说话。

身高 76.5 cm

体重 12.5 kg

纤瘦型

能够用吸管杯喝水

刚9个月大时就会用吸管杯喝水了。第一次给他尝试，没想到他一下子就喝了很多水，让人大吃一惊。

本以为他是扶着矮桌子站了起来，没想到随后竟然扶着桌子往前走。还能扶着椅子站起来，甚至推着椅子向前走。开始有自己的想法了。在他吃零食时递给他杯子喝水，如果不想喝的话会用手把杯子推开。

身高 68.5 cm

体重 8100 g

10个月 从扶着站立过渡到扶着走路，有的孩子已经学会走路

好奇心让他学会了扶着走路

从扶着站立，到逐渐迈开脚步，开始扶着走路。其动力是对远处的东西产生的好奇心和想要去触摸的欲望。

有的孩子腰腿强壮，能够稳稳地站立

这个时期的孩子非常喜欢推着学步车在家里到处走动和玩耍。有的孩子腰腿强壮、背部肌肉发达，可以稳稳地站立。

会用拇指和食指拿东西

开始会用拇指和食指捏取细小的东西。相比于以前只能用拇指和其他手指抓东西，说明孩子的指尖神经已经发育成熟，精细动作能力有了很大的发展。

上图是用拇指和其他手指抓取东西。
左图是用拇指和食指捏取东西。

能够推开推拉门

学会推动推拉门后，又成功解锁了新的活动区域。他把手放到门缝里，然后慢慢地把门推开。

这个时期的孩子特别喜欢模仿。若是妈妈一边说着“哎呀”一边将身体歪倒，他马上会去模仿妈妈。当爸爸给他做扔皮球的示范时，他也会学着去做。虽然动作不太灵活，但也渐渐掌握了皮球的玩法。

标准型

身高 72.6 cm

体重 8610 g

对电线情有独钟

一看到电线，就会不停地拉扯。于是，绞尽脑汁隐藏电线的父母和拼尽全力寻找电线的孩子，展开了一场较量。

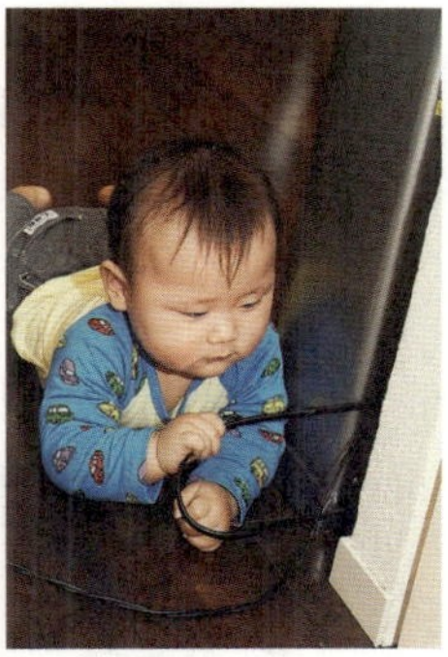

以前特别温顺乖巧，最近开始有自我意识了。想睡觉的时候，会哭闹着要到妈妈身边。这种撒娇行为越来越多，能够感觉到他的心智也在不断地成长。双手扶着台阶会跃跃欲试地想要站起来，应该很快就会扶着站立了吧。

壮硕型

身高 77.5 cm

体重 12.1 kg

反复地扔球、捡球

会单手扔皮球。扔完后会爬着捡回来，然后再继续扔，很喜欢这样玩皮球。

学会爬行之后，便开始尝试扶着物体走路，活动范围进一步变大。当看到自己喜欢的东西时，会爬过去努力拿到它。经常会从垃圾桶或者包里面翻东西出来，很让人头疼。这个阶段手指也变得灵活起来，能够用手拿着饼干自己吃。

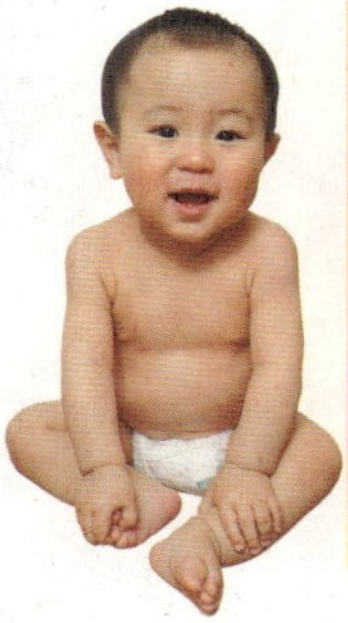

纤瘦型

身高 72.4 cm

体重 8180 g

11个月 手指更灵活，感情更细腻

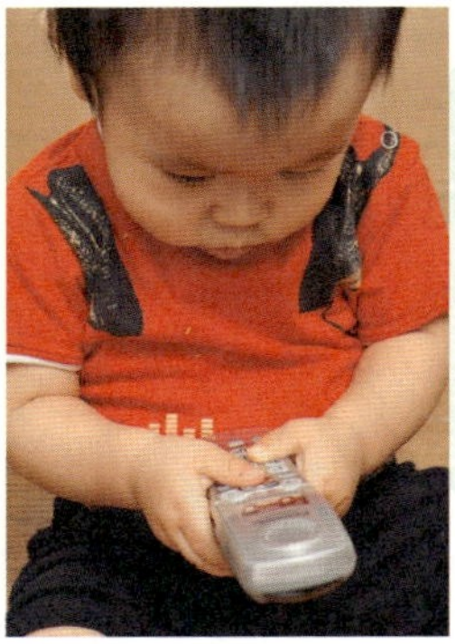

很喜欢按开关！

指尖开始会用力了。对遥控器、手机等很感兴趣，会不停地按开关和按钮。

独自占有最爱的妈妈

看到妈妈在抱小狗时，会让妈妈抱自己。这种嫉妒心理表明了孩子的心智在不断地发育成熟。

身体向前倾，想要走路

即将学习走路的预备阶段。一坐到学步车上，想走路的本能使他不自觉地前倾上半身。此时还处于刚开始练习的阶段。

标准型

积极主动地整理自己的东西

把积木等玩具收拾到喜欢的玩具车座位下面。不想玩玩具的时候，能够自己主动整理玩具了。

开始能够理解一些词语的意思。前几天听到他叫了一声“爸爸”。当时还以为只是无意间发出的声音，但是后来发现他一边叫着“爸爸”，一边朝着爸爸走过去，看来应该是明白了“爸爸”这个词语的意思。开始想要自己吃饭，有自我意识了。

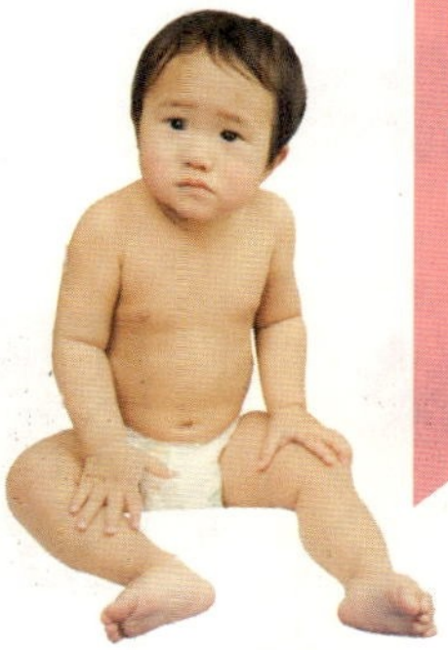

身高 73.5 cm
体重 9020 g

壮硕型

扶着东西能够轻松地站立

能够扶着高度适中的柜子轻松地站起来。以前根本触摸不到的地方终于变成了他玩耍的地盘。这个阶段的孩子比较好动，以防危险，大人需要在一旁看管。

能够清楚地表达自己的想法。当哥哥或姐姐靠近他的脸，或者给他看不喜欢的玩偶时，他会用手使劲地推开。越来越会撒娇了，想睡觉或是想撒娇的时候，都会爬到妈妈身边让妈妈抱。

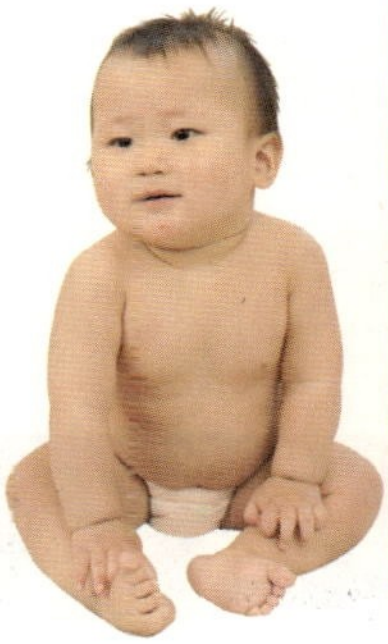

身高 79.0 cm
体重 12.2 kg

纤瘦型

开始对同龄的小朋友感兴趣

5 个月大时在游乐场认识的小伙伴来家里玩。之前都是各玩各的，现在渐渐懂得和对方一起玩了。

能够更好地和大人沟通、互动了。比如，当对他说“真是个乖孩子呀”的时候，他会去学着大人抚摸自己一样去抚摸小狗。开始明白“给我”“给你”这种传递性动作的含义，在妈妈晾晒衣服的时候，会帮忙递夹子。

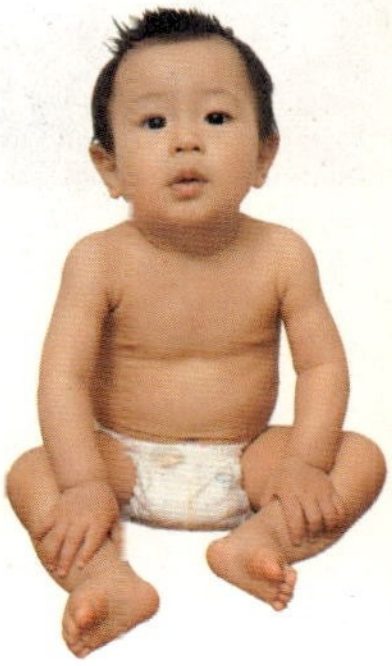

身高 71.0 cm
体重 8200 g

12个月 能够独自站立，会用蜡笔涂鸦

身体平衡能力得到了很好的发展，能够踢球了。

坐着能够自己站起来，但是很快就会失去平衡。

12个月之前就学会走路了，每天都会出去散步一次。

无论是扶着走路还是独立走路，每个孩子都有自己的发育进程

这个阶段越来越多的孩子可以独自站立，但是无论是扶着站立，还是可以独立走路，每个孩子的发育进程都不一样，没有必要拿自己的孩子和其他孩子作比较。

懂得如何操作汽车玩具

已经学会汽车玩具的操作方法，很喜欢自己驱动汽车。驱动汽车玩具时，需要肩膀、手肘、手腕等多个身体部位的共同协作才能完成动作。

开始手握蜡笔进行涂鸦

开始学习用蜡笔涂鸦。最初只是用蜡笔在纸上画点，后来逐渐地学会画直线、曲线。

标准型

能够拧开比较松的盖子

如果预先把瓶盖拧松，再递给他的话，他就完全可以自己拧开，也可以朝相反的方向拧紧。

听到儿歌会配合音乐节奏做相应的动作。比如，若是听到大人唱“点点头”，他就会配合着歌声点头。这个阶段能够自己用杯子喝水了，还会和大人干杯。当他坐着玩弄手机时，就像一个小大人一样。

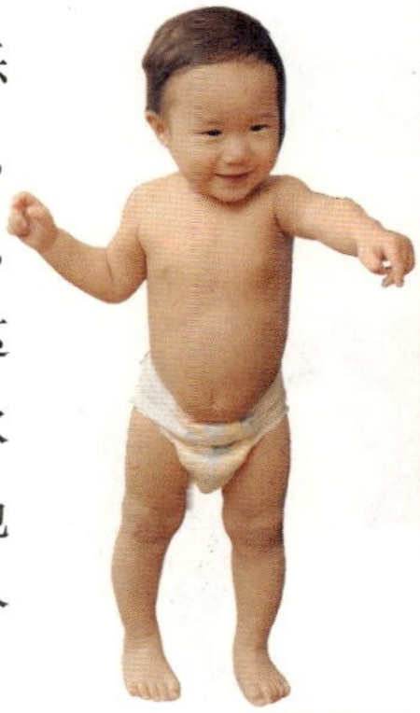

身高 75.0 cm
体重 9500 g

壮硕型

热衷于爬楼梯

非常喜欢爬楼梯，可以一直向上爬。楼梯下面没有安装保护措施，家长必须在一旁保护。

越来越喜欢模仿，“非要妈妈不可”的情绪表达也越来越强烈。白天的时候特别喜欢黏着妈妈，妈妈去卫生间的时候，也要一直在门口等着。脚部力量越来越大，坐着的时候可以直接站立起来。也能够自己拿着勺子吃辅食了。

身高 80.0 cm
体重 12.5 kg

纤瘦型

会灵活地运用手腕和手指堆积木

会将盒状的玩具堆起来，懂得要将大箱子放在下面，小箱子放在上面。

会把自己想看的绘本拿来让大人读给他听。画画的时候，学会画直线了。这些行为都说明他的手指变得越来越灵活。

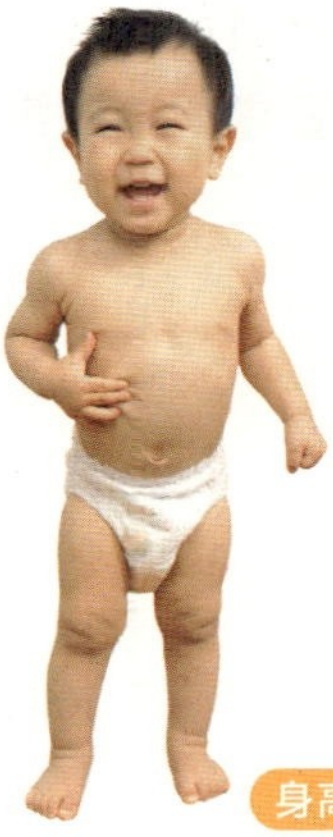

身高 73.5 cm
体重 8300 g

15个月 可以独立走路，开始有自我意识

能够很稳当地独立走路

随着身体平衡能力的增强和肌肉力量的发展，腰腿力量也在逐渐增强。这个时期，很多孩子不需要任何支撑也能独立走路了。

自己独立做事的意识增强

随着自我意识的增强，无论是吃饭还是穿衣服，什么事情都想自己做。如果做不好或者要求得不到满足，就会发脾气。

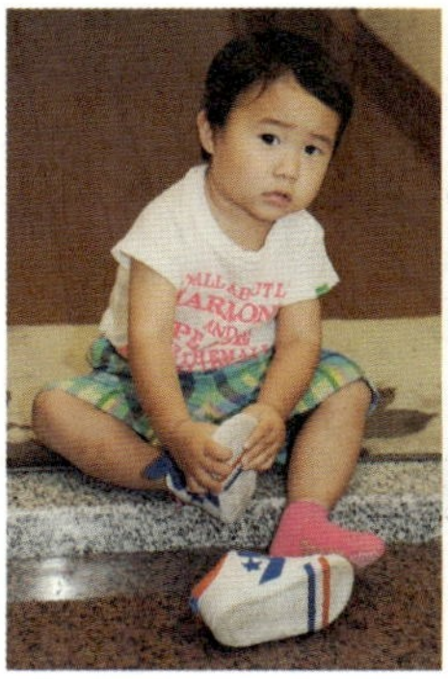

手指变得灵活，可以自己脱鞋子。

当妈妈说“我们回家吧”的时候，会抓着妈妈的腿表示“不要回家”。

可以逐页地翻绘本

开始对绘本产生兴趣。可以用拇指和食指做一些精细的动作，能够逐页地翻开纸张较厚的绘本。

标准型

可以很稳地逐层上楼梯

会爬楼梯了。照片里是大人用双手扶着他，但其实在低层的地方只拉着一只手就可以稳稳地向上走。

送去托儿所后，原本内向腼腆的他变得淘气又顽皮。特别喜欢在室外玩耍，在公园里会到处乱跑，能够勇敢地挑战玩滑滑梯。会自己脱鞋子，而且不喜欢大人帮忙。

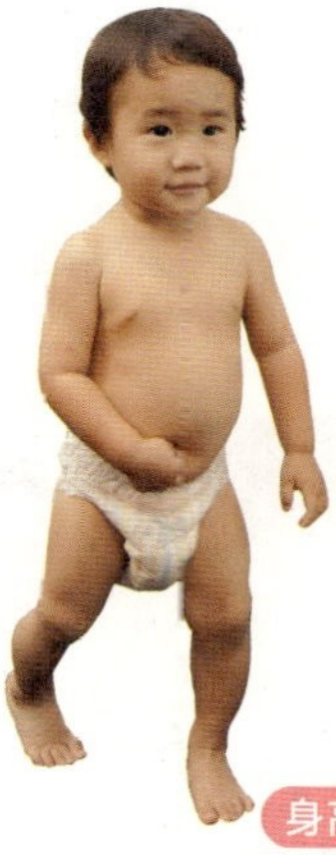

身高 77.2 cm
体重 9800 g

壮硕型

穿着鞋子去散步

虽然动作不是很利索，但总算是学会走路了。照片中是他穿着鞋子散步的样子，步伐强劲有力。

虽然他走路的样子看着让人有些担心，但是终于学会走路了。摔倒后或是感觉累的时候，又会变成爬行。想着也许他还要再过些时日才能真正适应走路，姑且安心下来。这个时期非常喜欢出去玩，在附近公园里荡秋千的时候，他会不停地要求“再玩一次”。

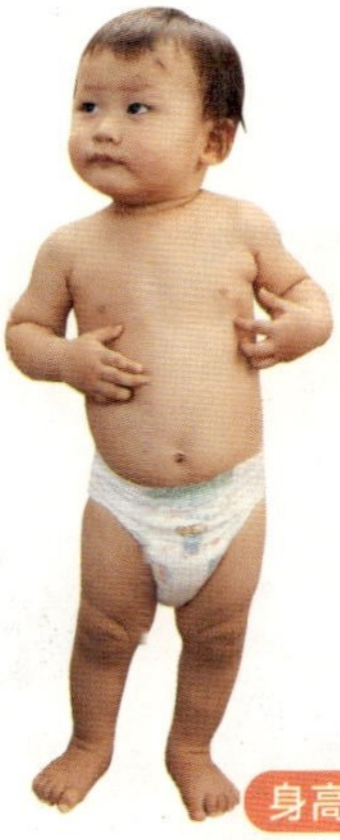

身高 81.0 cm
体重 12.5 kg

纤瘦型

举起手做出回应

一听到大人叫自己的名字，就会举起手说：“哎！”模样非常可爱，每天总会忍不住叫他好多次。

能够听懂大人说的话了。比如，拜托他把某个东西拿过来时会拿给大人。喊他名字的时候，他会举起手来回应大人。出去散步，如果看到公交车，他会指着说“车”。现在能够和他进行简单的沟通了，非常开心。

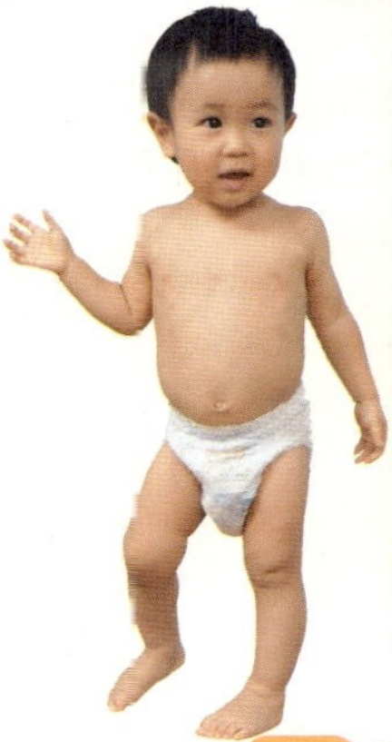

身高 75.0 cm
体重 8500 g

18个月 已经适应了独立行走，有的孩子甚至会小步跑

哒哒哒……

可以自由地独立行走，会跑会跳

独立行走越来越稳当。可以随心所欲地站立、行走，也有的孩子已经会小步跑。听到音乐，能够跟着节奏舞动四肢和身体。

只需大人稍加引导，就能完成简单的拼图

能够区分圆形、三角形、四边形等简单的形状。如果是形状简单的拼图，只需大人稍加引导就能完成。

会把水从一个杯子倒进另一个杯子

随着手臂肌肉变得发达，即使肘关节没有支撑，手腕也能做一些精细动作。比如，可以把水从一个杯子倒入另一个杯子里。

标准型

开始进行如厕训练

这个阶段孩子的小便间隔时间变长了，是进行如厕训练的好时机。早晨起床后就会带他去卫生间，并让他自己坐在马桶上，但是一直都没成功过。

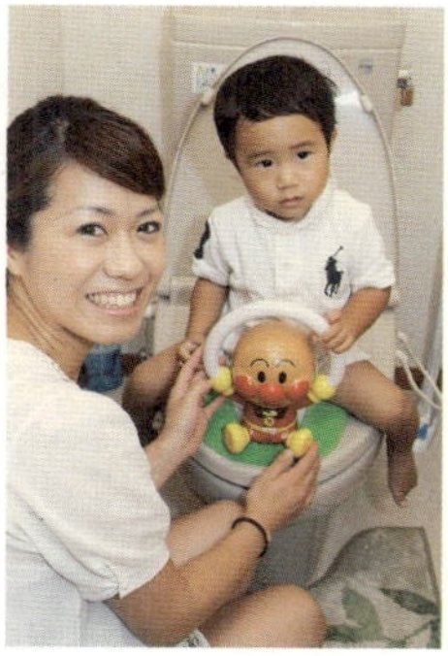

不仅会走路，还学会了跑步。总是到处跑来跑去，很难抓住他。自从去了托儿所，就能熟练地使用勺子了。喝酸奶的时候也不会再洒出来。吃饭时，能够全程独立吃完，不再需要大人喂饭。

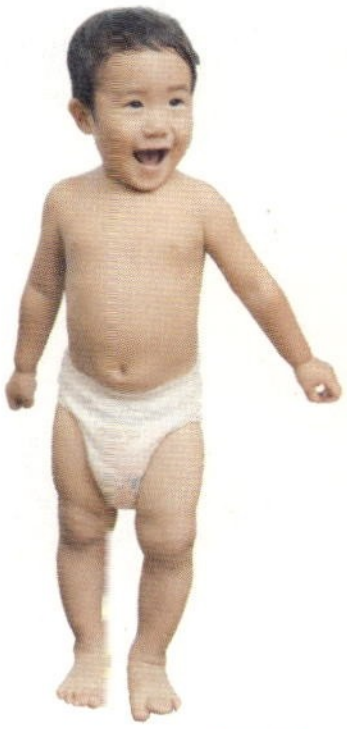

身高 79.8 cm
体重 10.3 kg

壮硕型

假装打电话说“喂”

会把妈妈闲置的手机当作玩具。拿起手机放在耳边假装打电话，一直在说：“喂？喂？”好像真的在打电话似的。

一直以来，性格都比较稳重，发育也较为平稳，学会了挥手再见和拍手。现在越来越调皮了，会满屋子到处乱跑，还会爬到餐桌上。

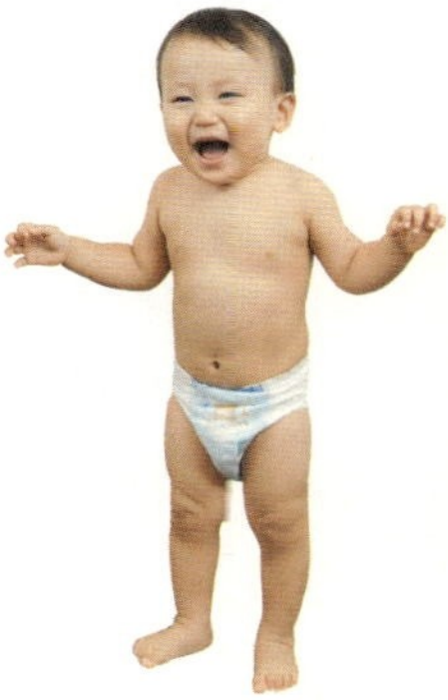

身高 83.0 cm
体重 13.7 kg

纤瘦型

迷恋交通工具类的玩具和绘本

特别喜欢交通工具。当看到火车玩具从隧道里出来的时候，会高兴地大叫。每天都要看交通工具的绘本，一个月的时间绘本就被翻破了。

一对他说“跳舞吧”，他就会立刻原地转圈，踮起小脚跳起舞来。如果告诉他“不要玩玩具啦”，他就会主动把玩过的玩具收拾到玩具盒中。看到爸爸乘坐电车的照片，会指着叫“爸爸”。

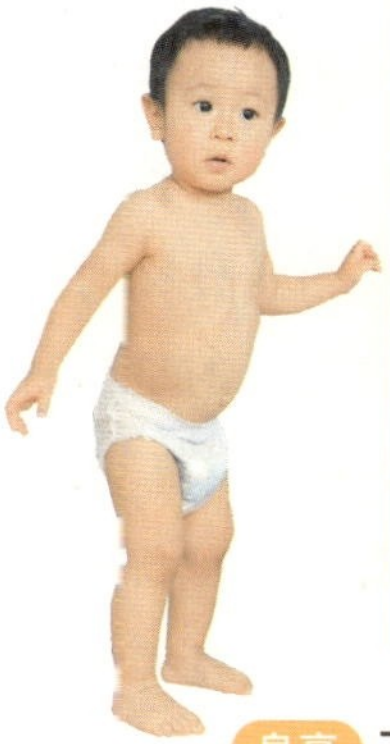

身高 75.0 cm
体重 9200 g

0~18 个月男孩各项发育参考标准

大运动能力

2 个月。开始可以微微抬起头，逐渐能够直立颈部。

抬头

婴儿在出生后 2 个月左右，就可以抬头了。如果慢慢拉起婴儿的双手，他的颈部也能很稳地随着身体移动的话，那就说明此时他可以抬头了。

有的孩子不爬行

有的孩子会坐着利用臀部向前移动，有的孩子会略过爬行，直接从坐立学会扶着站立。因此即便孩子不会爬行也没关系。

2 ~ 5 个月

6 ~ 10 个月

0 个月

6 个月

3 ~ 9 个月

长出第一颗乳牙

一般情况下，孩子长出的第一颗牙是下前牙，当然也有孩子会先长出上前牙或大牙。每个孩子的出牙期都不一样，即便和发育标准不一致也不必担心。

0~18 个月的孩子，身体的大运动能力发育方面共有 4 个关键点，分别是：抬头、坐立、独自站立、独立行走。另外，很多家长也会关心孩子什么时候能长牙。上图时间轴中的内容表示的是该时间段大多数孩子都会表现出的某种发育现象。

在翻身和爬行方面，每个孩子有很大的个体差异，而且并不是所有的孩子都会经历翻身或爬行。因为这两项不是发育的必经阶段，所以即便孩子不会也不需要过于担心。

6 个月。坐立时身体经常会往前倾。

10 个月。已经可以坐得很稳当了。在没有支撑的情况下，也能保持正确的坐姿。

坐立

腰部变结实后，孩子就可以开始坐立了。刚开始会东倒西歪，但到了八九个月的时候，就坐得较为稳当了。

独自走路

刚开始走路的时候，需要一边保持身体平衡一边慢慢地向前走。渐渐地，走的距离越来越长，步频也会越来越快。

10 ～18 个月

12个月

18个月

9 ～ 16 个月

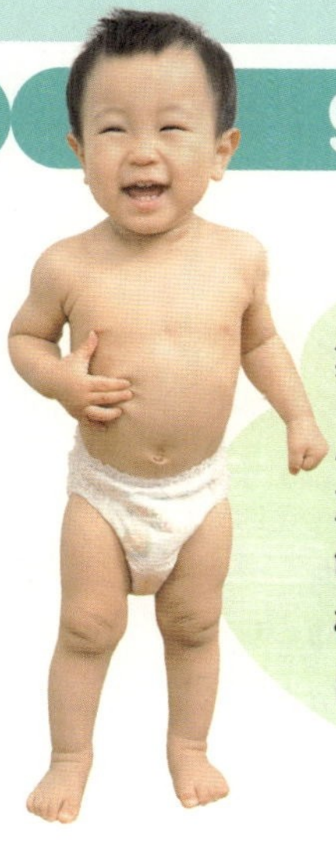

15 ～ 24 个月

独自站立

从扶着站立到学会将身体重心放在足底来支撑身体后，就能够独自站立了。如果孩子的性格较为谨慎小心，可能学会独自站立的时期会晚一些。

跑步

可以完全独立行走后，便能逐渐加快速度小步跑。可能在路上走着走着就跑起来了，因此在外面走路时一定要抓紧孩子的手。

0~18 个月男孩各项发育参考标准

精细运动能力

新生儿在手心触碰到某个物品时，会立刻紧握住不放，这是新生儿与生俱来的无条件反射，被称为“抓握反射”。这种反射在出生后第 1 个月增强，随后会逐渐消失。3~4 个月的时候，婴儿会自己张开手去抓握东西。6 个月左右时，他们会主动伸手拿玩具，开始通过手指触摸外界的事物。

随着手部精细运动能力的逐渐发展，肩部、手腕、手指关节的发育成熟，孩子渐渐地能够掌握一些更复杂的精细动作。

能够有意识地抓握东西

给他一个勺子，他会时而紧握时而放开，以便更好地感受拿东西的触觉。一旦将东西握在手里，就会紧握不放开。

0 个月

6 个月

伸手去拿想要的东西

发现摇铃后，虽然有点远，但还是努力伸长胳膊去拿，甚至可以带动全身一起移动。

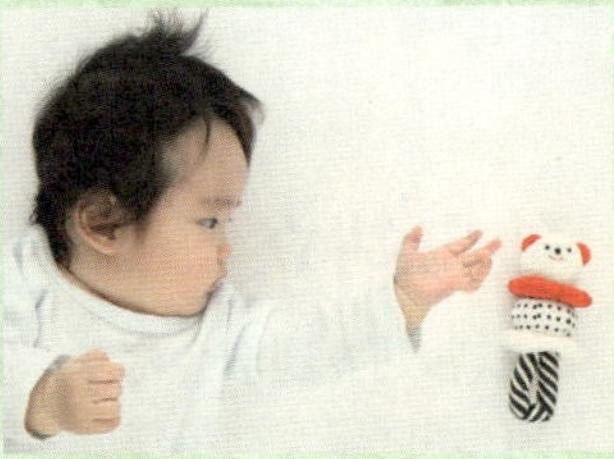

开始想要将周围的东西据为己有，锁定目标后，便会伸手去拿。

能用拇指和食指抓握小饼干等

婴儿在刚开始用手去抓东西时，是使用整个手掌的，后来逐渐学会通过拇指和其他手指相互配合来抓握东西。

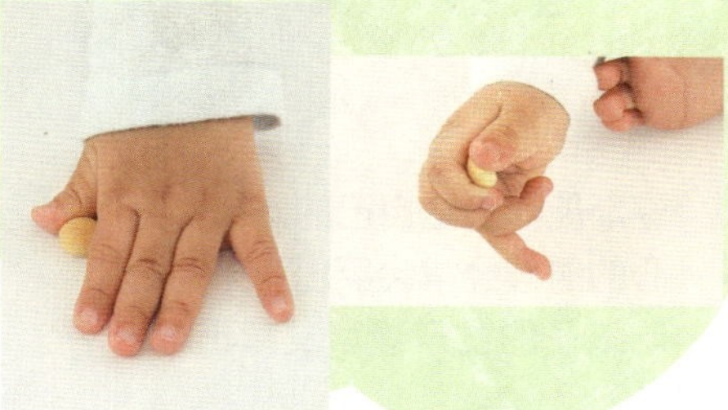

将水从一个杯子倒进另一个杯子

这个动作需要以杯子为目标，协调肩膀、肘关节和手腕共同活动。这个时期孩子能够悬空手腕完成这些动作就已经非常厉害了。

12个月 → **18个月**

双手拿着积木对敲发出声音

能够双手一起配合对敲玩具发出声音。进行这个动作，需要手腕关节能够做出精细的调整。

开始画画

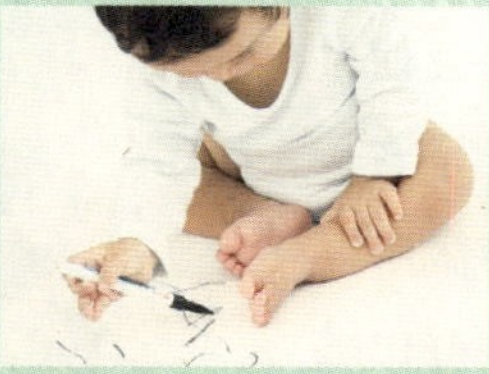

随着肩部关节逐渐发达，手部也逐渐可以左右移动。最初会从画点开始。

倾斜瓶子倒出小饼干

能够熟练地抬起肩膀和手腕控制手部动作。明白只要将瓶子倾斜就可以倒出小饼干。

语言表达能力

听到大的声音会有反应

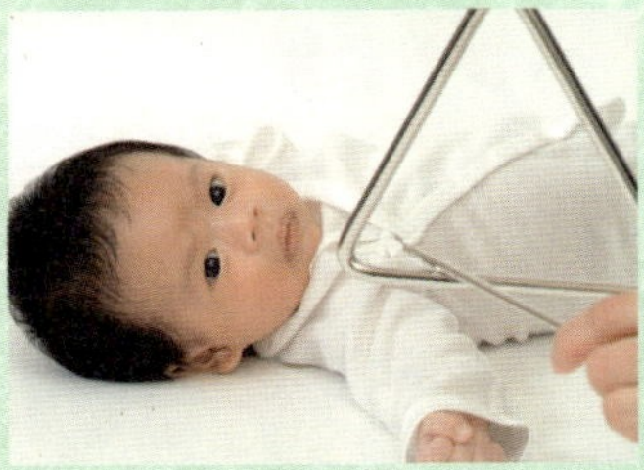

虽然视力发育尚未成熟，但是听觉已经比较发达。当听到很大的声音时，会被吓一跳。

能够笑出声音

逐渐能够表达自己的情绪，开心的时候经常会笑出声来，这明孩子的发声器官发育正常。

0个月

6个月

孩子在3~4个月时，能够发出“啊”“呜”的声音，然后渐渐地会使用唇部和舌头发出“ba”“ma”等音节。10个月左右时，他们就能稍微听懂一些大人说的话，1岁左右时可以开始说一些有实际意义的词。人们常常认为女孩的语言表达能力发育更早，也确实有一些相关的研究。但若是从整体来看的话，在语言表达能力的发育方面男女基本没有明显的差异，尤其是婴儿期的发育，从统计数据上看，男女基本相同。

听到声音，会转头去看

在此之前只是能够觉察声响，现在逐渐能够分辨出熟悉的人的声音并做出反应，还能将身体转向发出声音的地方。

听到大人说话能做出相应的动作进行回应

渐渐能听懂大人说的话，并做出相应的动作进行回应。比如能够模仿大人的动作，学着挥手拜拜等。

能说“妈妈”“吃”等有实际意义的词

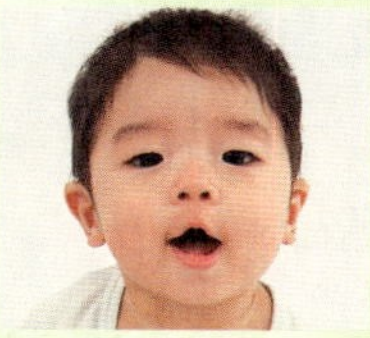

有的孩子已经能够说出有实际意义的词语；有的孩子虽然还不能表达，但能够听懂别人说的话，也没问题。

能准确指出眼睛、嘴巴和耳朵等

能准确指出自己的眼睛、嘴巴等，这是因为在孩子的脑海中，已经能够想象出自己的脸部。

12个月

18个月

发出“啊”“呀”声，像在打招呼

发声器官逐渐发育成熟。对着身边熟悉的人会发出“啊”“呀”的声音，好像在打招呼一样。

明白什么是“不可以”

能够通过对方说话时的声调和语气，懂得“好像是不让我做”。听到大人说“不可以”，就会停下手中的动作。

喜欢读绘本

大人给他读绘本时，渐渐能够听懂一些内容了。有的孩子仿佛能记住绘本的内容，会一直指着绘本的某一页，一边看一边说出一些词语。

社交能力

社交能力，简单来说就是与人交往的能力。孩子社交能力的发展，是从与一直照顾自己的父母建立安全的依恋关系开始的。

孩子开始认人，就是其社交能力发展的体现，说明孩子已经能够区分谁是陌生人，谁是妈妈或者特别信赖的人。当亲子间建立起这种健康安全的信赖关系后，孩子才开始具备与他人交往的能力。

开心的时候会微笑

当孩子开心的时候，会情不自禁地微笑。这意味着他们已经渐渐开始拥有和别人沟通的能力。

0个月

轻轻微笑

新生儿的微笑是一种自发性微笑，是无意识的。随着月龄的增长，他们会在开心的时候有意识地露出真正的微笑。

6个月

转头寻找大人的声音

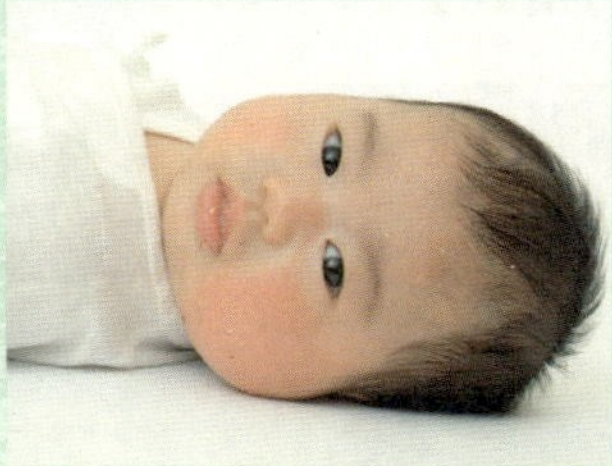

随着孩子能够有意识地活动身体，当他听到有人说话时，会有意识地看向有声音的方向。

认生高峰期

大多数孩子从 6 个月开始认生，8~12 个月达到高峰，15 个月逐渐结束。但有些孩子三四个月时就开始认生了，有些孩子的认生期会持续到 3 岁左右。

可以帮忙做些简单的事情

去把它扔掉

能够听懂大人说的话，比如“把东西拿过来”“把垃圾扔掉”等，可以帮忙做些简单的事情。慢慢就能做更加复杂的动作。

12个月

18个月

模仿大人

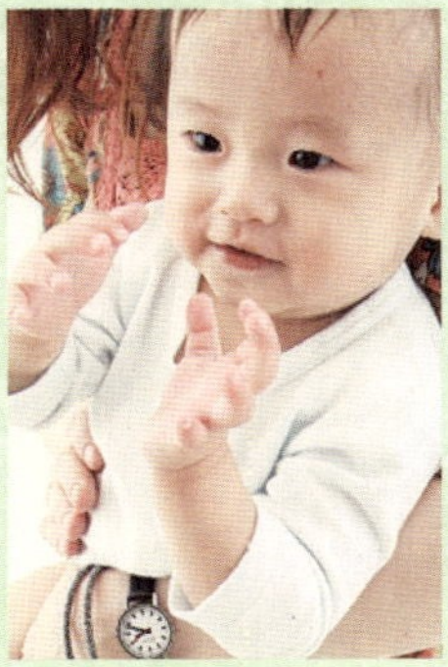

孩子模仿大人，其实并不是简单地重复动作，可以认为是婴儿与其他人进行的精神上的交流。这表明婴儿已经开始懂得与大人进行沟通。

受到表扬的话，会一直重复某个动作

这个时期，孩子已经开始懂得和大人互动。如果被表扬的话，会通过肢体动作回应对方，渐渐地喜欢和大人互动交流。

2 岁的男孩有哪些特征

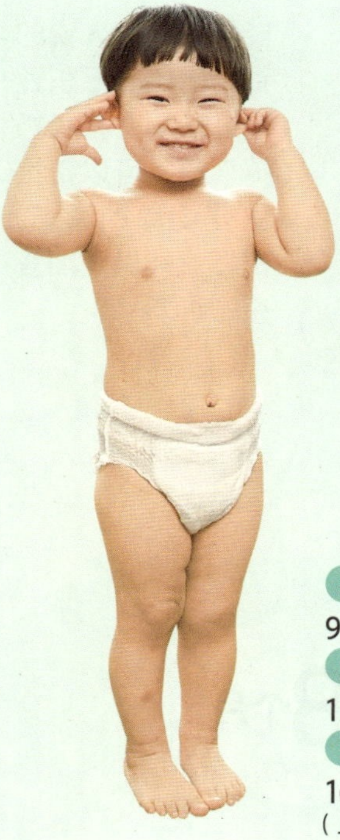

语言表达能力迅速提升

身高
92.0 cm
体重
17.0 kg
牙齿
16颗
（上 8 颗下 8 颗）

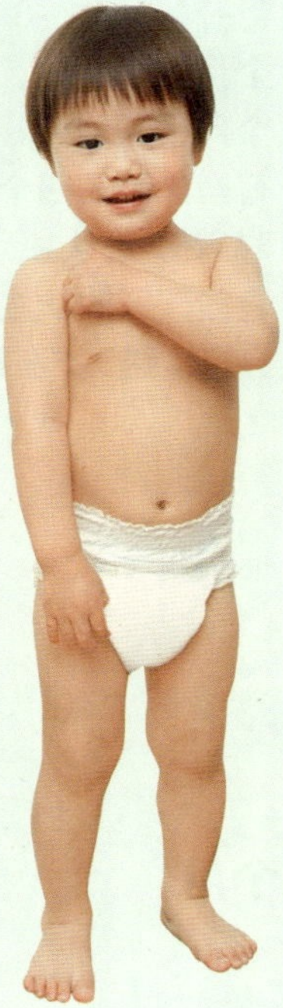

喜欢模仿，能够帮助大人做事情了

身高
83.6 cm
体重
12.1 kg
牙齿
16颗
（上 8 颗下 8 颗）

会模仿姐姐说话的腔调，语言表达能力迅速提升。以前犯错的时候，只会低下头，现在会说“妈妈，对不起”了。

想要自己穿裤子。虽然不太会把裤子提到腰上，但还是坚持要自己穿。

非常喜欢模仿大人。看到妈妈在做饭会很感兴趣，还会和妈妈一起做三明治。特别喜欢汽车，有很多汽车玩具。

如果不小心把水弄洒了，会用抹布擦干净。

在家里模仿托儿所的场景

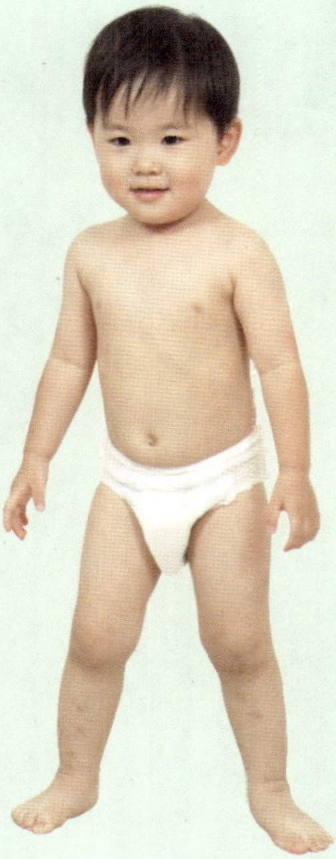

身高

88.0 cm

体重

12.8 kg

牙齿

16颗

（上 8 颗下 8 颗）

会模仿托儿所的老师，喂毛绒玩具吃饭，给它读绘本。还能独立完成 40 片的拼图。

会端着杯子与大人干杯。

正处在叛逆期

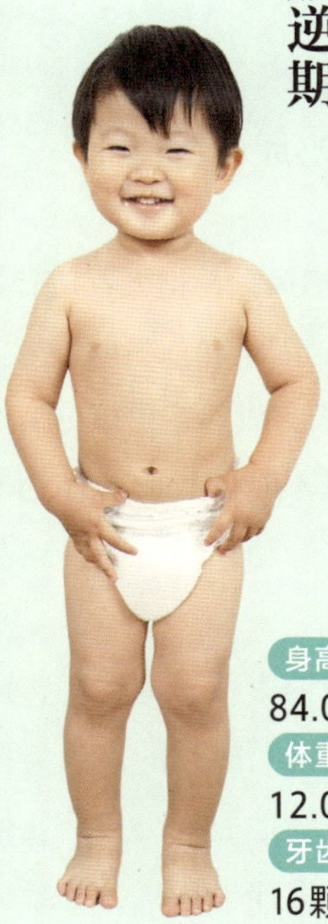

身高

84.0 cm

体重

12.0 kg

牙齿

16颗

（上 8 颗下 8 颗）

不管让他做什么都会说“不要”，但是很快就能调节好情绪。喜欢交通工具类的玩具，并能够专注地玩耍。

从窗户看外面的马路，能够认出公交车、汽车等不同种类的车。

使用儿童坐便器进行如厕训练

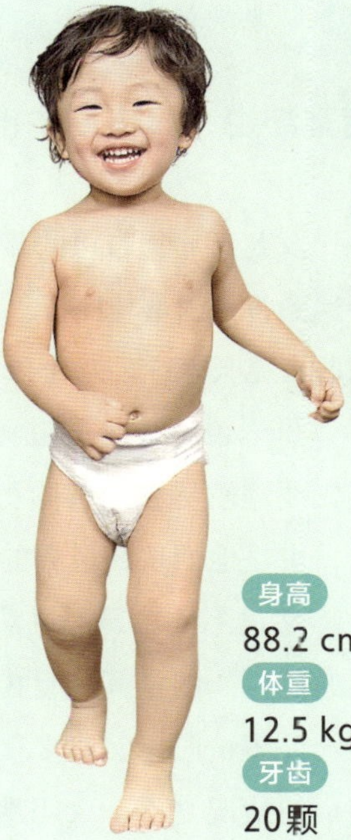

身高

88.2 cm

体重

12.5 kg

牙齿

20颗

（上 10 颗下 10 颗）

开始使用儿童坐便器进行如厕训练。能够自己去卫生间在马桶上放好坐便器，用完后再放回原处，感觉一下子长大了。

能够整理玩具，会把积木放回对应的格子里。

让男孩多一些冒险，多一些考验

岩室绅也（日本厚木市立医院泌尿科医生）

父母都希望自己的孩子能够一帆风顺，但人在成长过程中难免会遇到各种困难与挫折。只有在遇到困难和挫折时能够及时调整并勇敢去克服困难，人才会真正地成长与成熟，男孩更是如此。

可以说男孩是通过冒险和尝试不断成长的。作为父母，我们首先要理解男孩的冒险行为。男孩好动、爱冒险，这是他们的天性，也是他们认知世界的方式。

父母不要总是想办法制止或者约束孩子的行动，因为他们正是通过广阔的空间和自由的行动而不断成长的。当男孩尝试去做某一件事情时，父母要做的就是正确地引导男孩，让他们在相对安全的情况之下，大胆地去冒险，这样男孩就会愿意去尝试与探索，才会成长为一个积极、自信的人。反之，则会变得怯弱与内向，无法尝试新事物。

我希望家长在养育男孩的过程中能够学会适度放手，鼓励孩子去尝试与冒险，我们只需要在孩子真正需要的时候给与他们帮助就可以了。只有不断地经历冒险和考验，孩子才会真正成长为一个自信、勇敢、有担当、抗挫力强的人。让男孩多经历一些考验，多克服一些困难吧！

PART 3

很在意，但又不太明白

男孩生殖器的护理和如厕训练

阴茎的构造

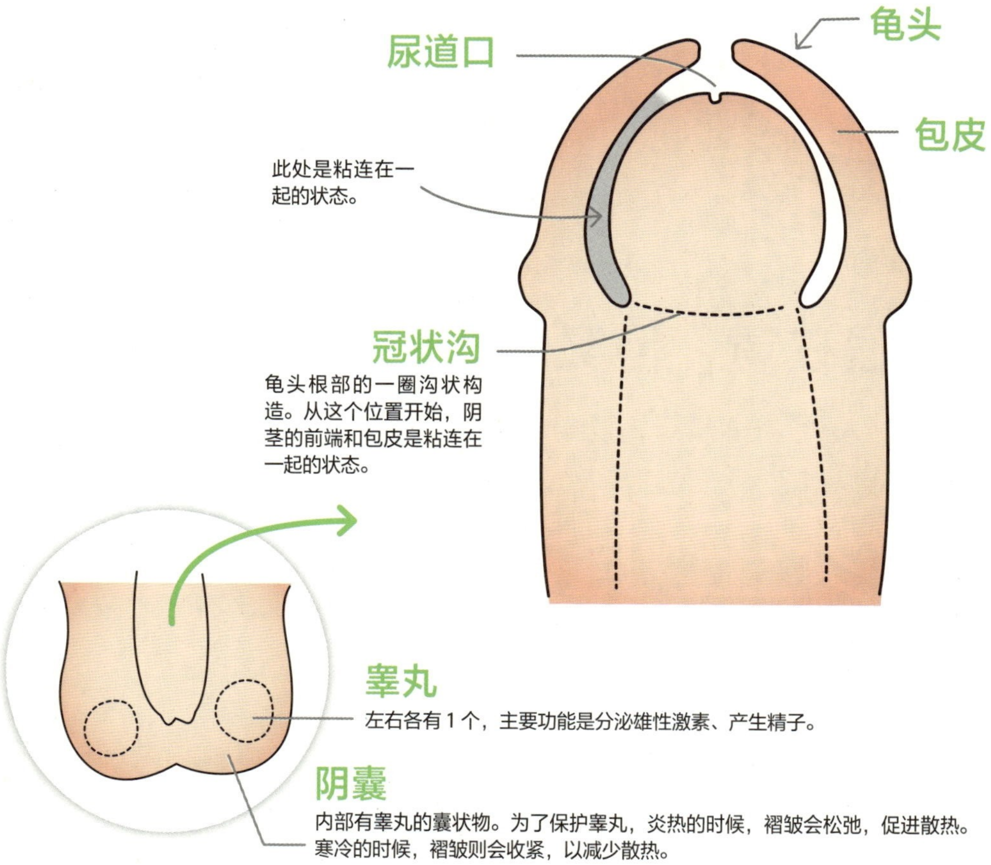

龟头和包皮粘连在一起，包皮下容易藏有包皮垢

婴儿的阴茎大多如上图所示，龟头被包皮覆盖，而且两者是粘连在一起的状态。若是一点点下拉包皮再恢复原样，如此反复，包皮和龟头便不再粘连在一起。包皮内侧容易藏有包皮垢和细菌，需要经常清洗以保持洁净。

有些家长可能会特别在意孩子阴茎的形状、长度，以及睾丸的颜色、大小等。有的男孩在婴儿期比较胖，可能会有一部分阴茎藏在皮下脂肪里，因此阴茎的实际长度会比看到的要更长一些。

阴茎的形状、大小等存在个体差异。与外观相比，家长更需要关心的是男孩小便时阴茎的状态。小便能够顺利正常射出固然是好的，但若孩子在小便时有阴茎前端胀大、疼痛等问题，则需要引起注意。如有异常，一定要带孩子尽早就医。

男孩进入青春期后，阴茎会发生巨大的变化

在婴儿期，阴茎的功能仅仅是小便。但若是触碰或稍微刺激一下，也有可能出现勃起。这是男孩成长过程中的正常现象，家长无须担心。

等到男孩进入青春期（小学高年级到高中时期）后，阴茎会迅速增大增粗，包皮渐渐向后退露出龟头。同时还会长出阴毛、产生精子，开始具备生育能力。此时会出现性勃起的现象。如果青春期发育后包皮仍然包着龟头，不能翻出来，就需要去医院进行手术治疗。

换纸尿裤时的擦拭方法

虽然小便后，阴茎看起来不脏，但如果不认真擦拭，就会滋生细菌，引发尿布疹。孩子小便后，请用湿巾或湿润的纱布将阴茎和屁股擦拭干净，随后可以稍微晾一下再给孩子穿纸尿裤。保持纸尿裤干爽，能避免引发各种皮肤问题。

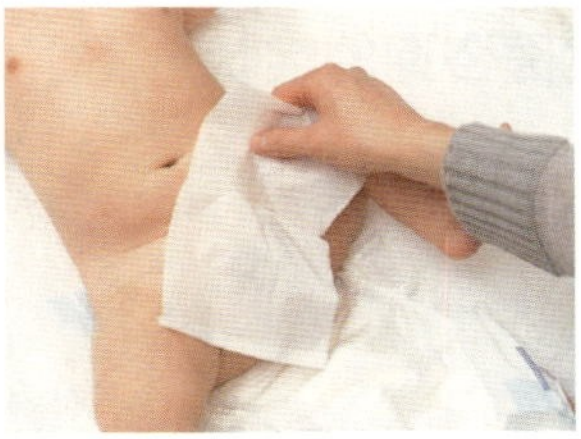

1 换纸尿裤的时候盖上纸巾，避免小便飞溅

很多婴儿经常会一摘掉尿布就小便。男孩的小便会尿得很远，盖上一张纸巾就不必担心了。

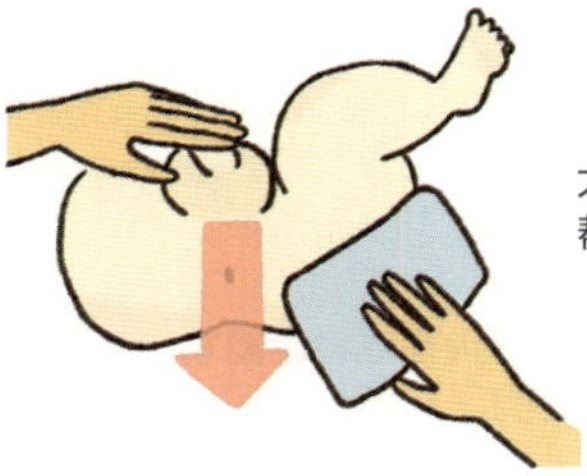

大便后，要从上往下帮孩子擦屁股。

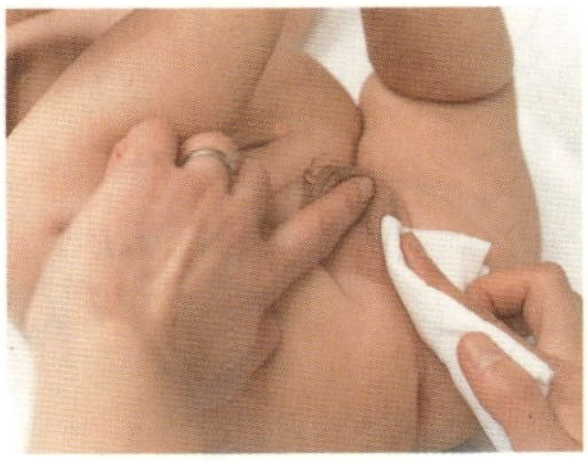

2 不要忘记擦拭阴茎下方等处

阴茎的下方、睾丸的内侧和褶皱处都容易藏污纳垢。小便后也要认真擦拭。

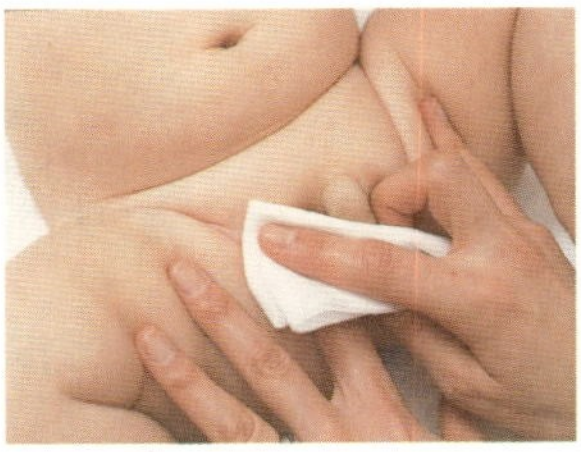

3 大腿根部也要擦拭干净

无论小便还是大便都很容易沾到大腿根处，要认真擦拭大腿根，否则很容易引发各种皮肤问题。

阴茎的形状和颜色因人而异

阴茎的形状和颜色因人而异，要多关注孩子小便时阴茎的状态

很多家长会比较在意孩子的阴茎外观，比如“怎么看起来和别人不一样呢?”“为什么和身体相比阴茎那么小呢?”等，其实阴茎的形状和颜色存在很大的个体差异，每个人的阴茎长得都不一样。

比如，有些男孩的睾丸颜色发黑，这是因为受到胎儿期分泌的雄性激素的影响。这种发黑现象在男婴刚出生后的一段时间内仍然存在，但慢慢地颜色就会越来越淡。还有些男孩阴茎有一部分隐藏在皮下脂肪下，虽然看着很小，但是如果用力按压阴茎根部，会发现阴茎的实际长度比平时看到的要长。还有些男孩会因纸尿裤的穿戴方法、护理方法不同，使得阴茎会向左或向右弯曲。

需要就医咨询的症状

小便时，阴茎有疼痛感

若出现这种情况，可能是因为龟头和包皮之间的细菌引起的包皮龟头炎。

阴茎前端发红，分泌出黄色乳状物

可能是包皮龟头炎。因为炎症引发的红肿和脓液。

阴囊胀大

可能是腹股沟疝或者阴囊水肿。需要到医院就诊，医生会根据实际情况采取合适的治疗措施。

触摸不到阴囊内的睾丸或没有睾丸

胎儿期胎儿腹腔内的睾丸未下降至阴囊，可能是隐睾。建议带孩子到泌尿科就诊。

在阴茎前端看不到尿道口

可能是临床表现为尿道开口位置异常的尿道下裂。若症状较轻，可能不易被发现。请仔细检查孩子的尿道口。

0~2 岁男孩阴茎图鉴

阴茎的大小、形状和颜色因人而异，各不相同。随着男孩的生长发育，阴茎的外观也会随之发生变化。

0个月

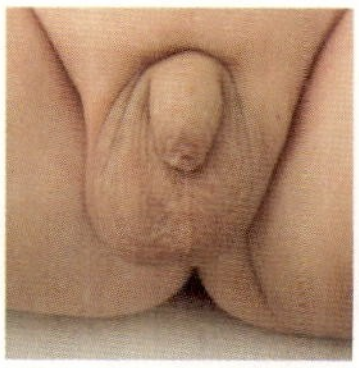
阴囊看起来厚重而柔软。

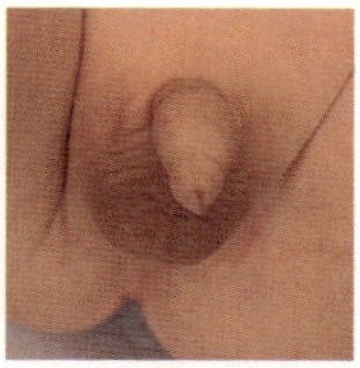
受胎儿期激素的影响，阴囊颜色发黑。

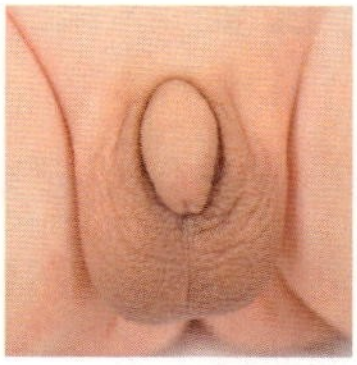
睾丸看起来饱满厚重，阴茎看起来脂肪较多。

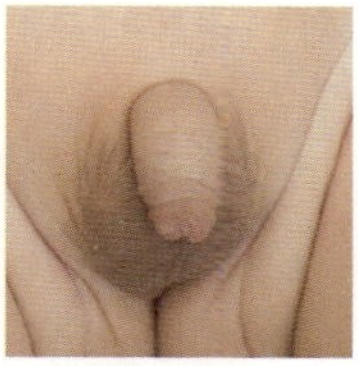
阴囊看起来很小。

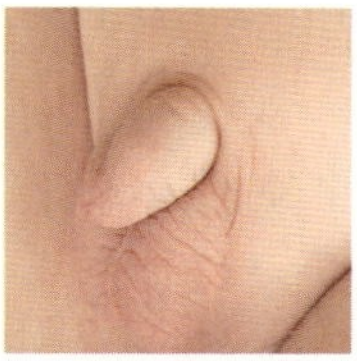
阴茎稍微向右弯曲。

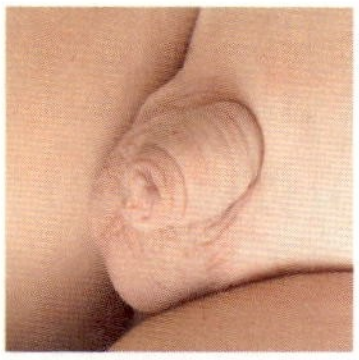
阴茎前端有些像羊角面包。

1岁

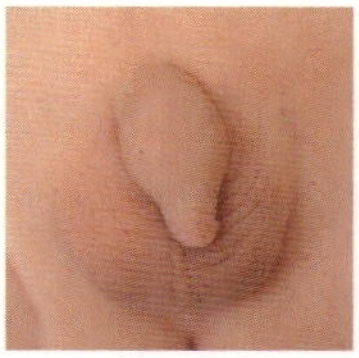
阴茎前端细小，阴囊很小。

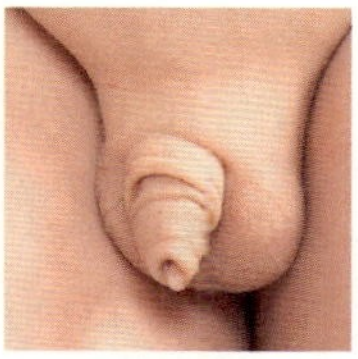
包皮褶皱很多，阴囊饱满。

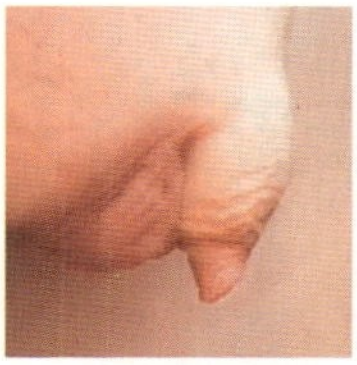
包皮看起来很长，但医生说没问题。

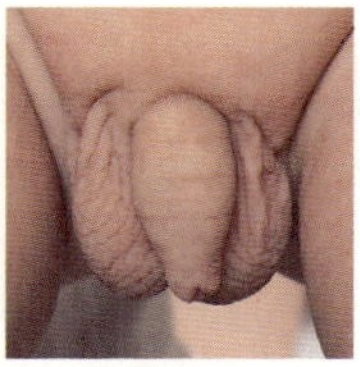
皱皱的阴囊和有张力的阴茎。

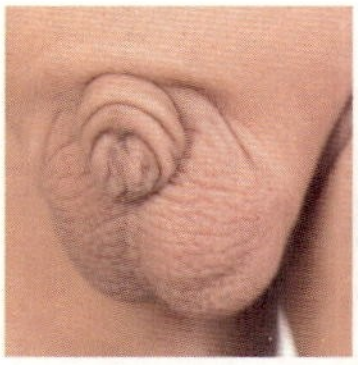
阴茎“藏”起来了！皮下脂肪减少后阴茎就会冒出来了。

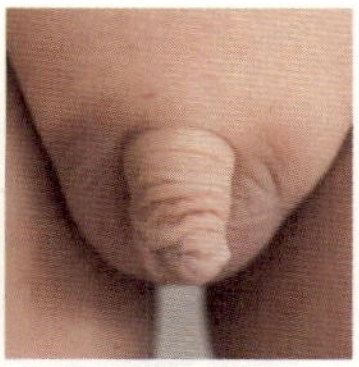
阴茎前端的包皮都堆积在一起。

2岁

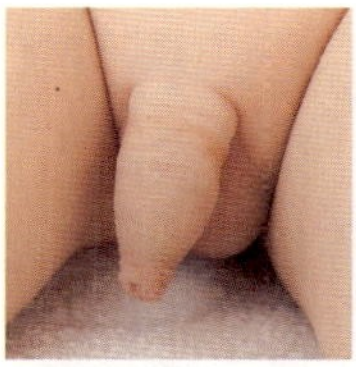
阴茎又粗又长，而阴囊很小。

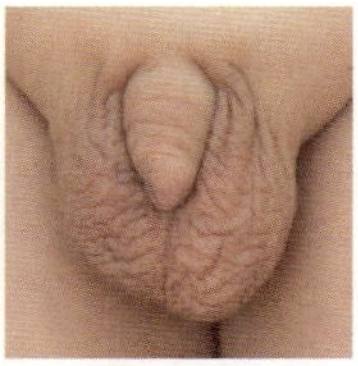
阴茎较短小，阴囊较大。

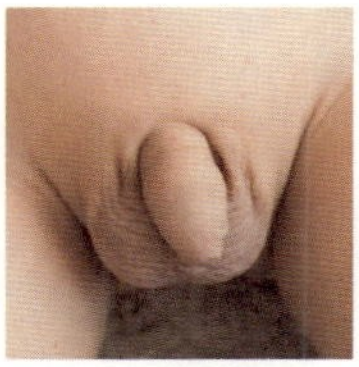
阴茎较大，阴囊较小。

真性包茎和假性包茎

真性包茎一定会变成假性包茎

包茎是指龟头被包皮包覆起来的状态，所有的男孩都有包茎。

真性包茎，即包皮和龟头完全粘连在一起，无论怎么用手往下拉包皮都无法露出龟头的状态。不少婴儿都属于真性包茎。如果孩子是真性包茎，家长一定会十分不安，但是只要从婴儿期开始就经常下拉包皮，剥开龟头和包皮的粘连，就一定能变成假性包茎。

假性包茎，是指平时龟头会被包皮包裹着，但用手下拉剥开包皮，就会露出冠状沟（龟头与阴茎主体之间相交的一圈沟状构造）的状态。若是假性包茎，则可以清洗擦拭包皮内侧的包皮垢，对尿液排泄或成人后的性交都不会造成影响。

下拉剥开包皮的最佳时期是在男孩出生后的 6 个月以内。每次给孩子换纸尿裤时，可以一点点下拉剥开包皮，使之变成假性包茎。

**大多数婴儿在下拉剥开包皮后
就能看到龟头**

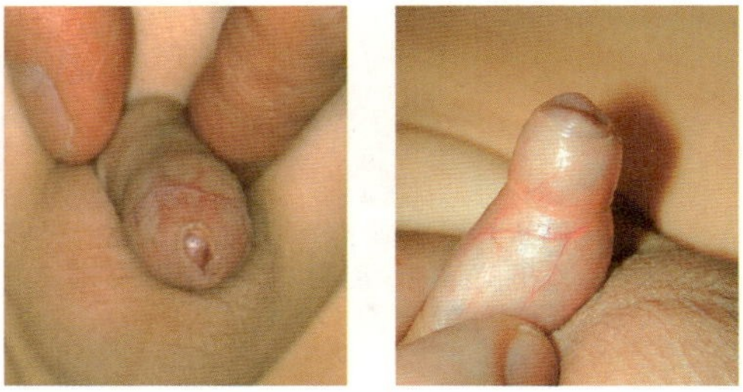

所有的婴儿都有包茎。虽然包皮和龟头会有粘连，但是大多数都是只要下拉剥开包皮就能看到阴茎的前端。

通过下拉剥开包皮，
真性包茎也能变成假性包茎

真性包茎的包皮口狭窄，在变成假性包茎之前，需要反复进行“下拉剥开包皮再复原”的动作。每次给孩子换纸尿裤的时候就做一下，1 天做 20 次左右，半年到一年内，就能变成假性包茎。

即使是成年人，
假性包茎也没问题

平时龟头被包皮包裹着，但只要下拉剥开包皮就能露出冠状沟的话，不会对成年后的性交产生影响，不需要做包皮手术。

**有的婴儿属于真性包茎，
无法露出龟头**

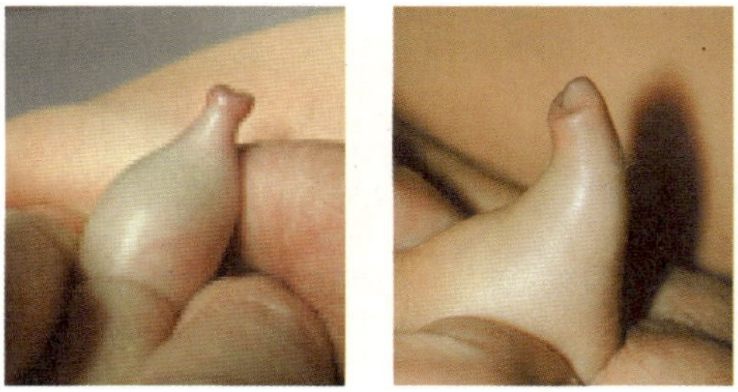

有不少婴儿属于真性包茎。包皮将龟头包裹着，下拉包皮也看不到龟头。

家长可根据孩子的情况，决定是否要剥开包皮

随着孩子的身体不断发育成熟，有的阴茎包皮会自动剥开。特别是有很多爸爸会根据自己的经验，认为“不需要剥开包皮”。到底是否需要剥开包皮，每位家长可以根据孩子的情况自行决定。但需要注意的是，就像经常洗头发以保持头皮清洁一样，保持包皮和龟头之间的清洁也是非常重要的。

通过下拉剥开包皮以保持清洁

若一直是包茎状态，龟头和包皮之间就会堆积大量的包皮垢，从而滋生细菌，还有可能会引发炎症。

什么时候可以开始帮孩子剥开包皮？

刚出生时就可以做。年龄越小越不容易对刺激龟头产生抵触心理，应该尽早开始。

应该剥开到哪个位置？

最终的目标是露出冠状沟。每天反复下拉剥开，慢慢地就能露出冠状沟。一定要用纱布等擦去包皮垢。

1 天剥开几次？

没有具体的次数限制，换纸尿裤的时候，或者洗澡的时候，1 天剥开 20 次左右即可。

什么时候可以让孩子自己剥开包皮？

将包皮剥开后立刻恢复原状，包皮和阴茎很快又会粘连在一起。因此每天都需要剥开给孩子清洗一下，到了 3 岁左右时，就可以让小朋友自己做了。

下拉剥开包皮的方法

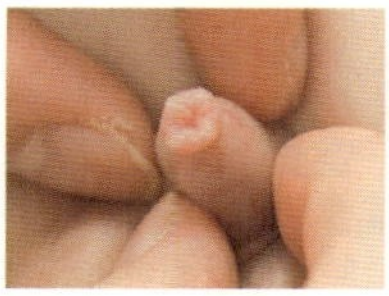

分别用双手的拇指和食指握住阴茎根部，缓缓下拉。

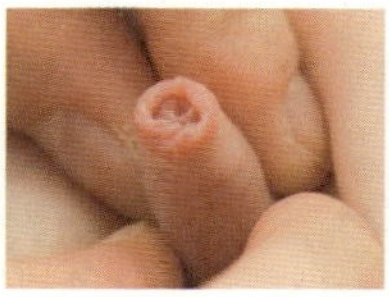

当手指感到有被拉伸的感觉时，保持不动。可能会出现流血现象，但只要做好清洁，很快就能恢复。

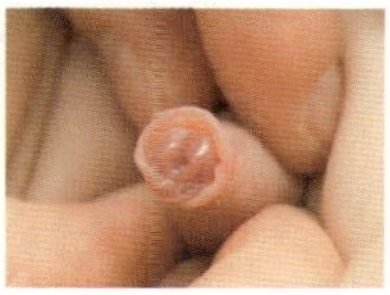

握住阴茎根部往下拉到能剥开的位置时，一定要擦拭包皮垢，并尽快让包皮恢复原样。

剥开包皮后一定要尽快恢复原状！

若是剥开包皮，一直保持龟头外露状态，就会像右图一样造成龟头红肿，包皮很难再恢复原位。家长需要注意，剥开包皮后一定要立刻恢复原状。

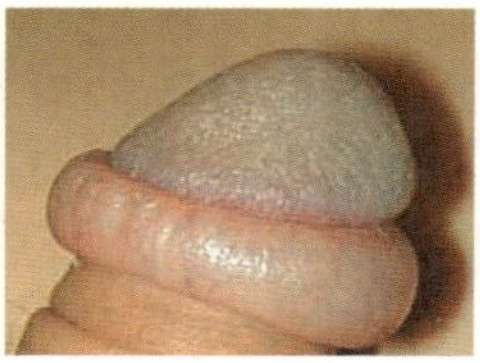

剥开包皮的具体方法

有位妈妈说，本来一开始很纠结到底要不要给孩子剥开包皮，但是听医生说若是让孩子从小就开始剥开包皮清洁阴茎，长大后就不容易产生抵触心理，于是她在小儿泌尿科医生的指导下，尝试帮助 4 个月大的孩子剥开包皮。4 周后，包皮口变大，下拉包皮时，龟头能够一直露出冠状沟，终于变成了假性包茎。

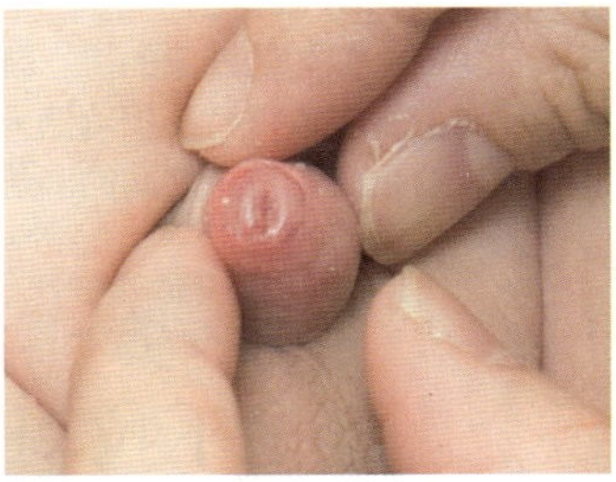

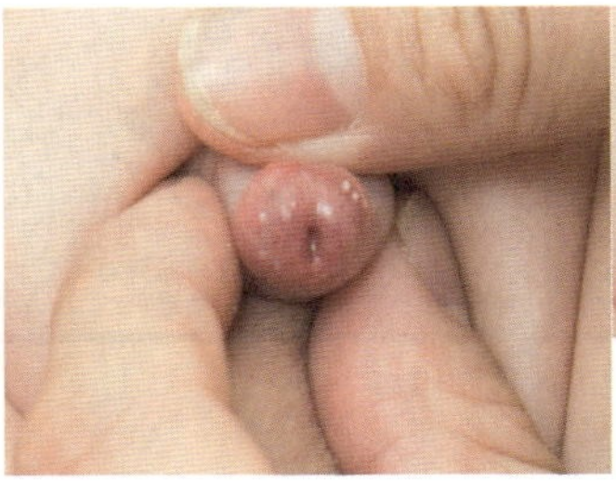

握住阴茎根部，一点一点地下拉包皮。

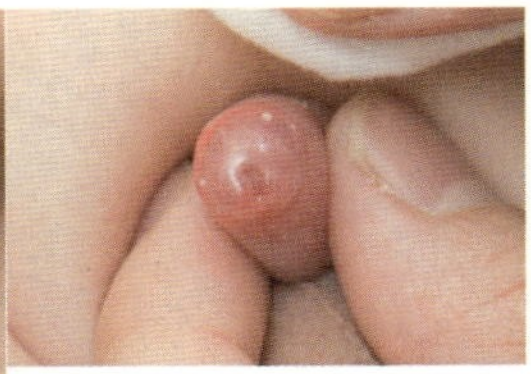

把包皮一直下拉到能够感到有抵抗感的位置时，就会发现有白色的脏污，即包皮垢。

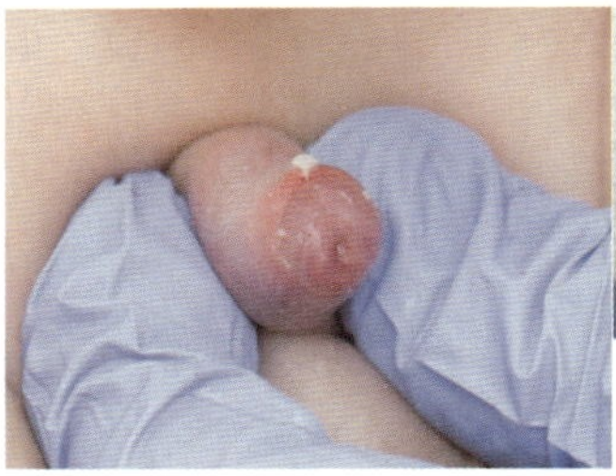

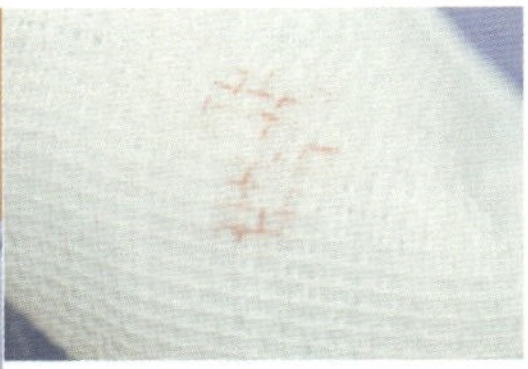

用纱布擦拭包皮垢时，会发现血迹。医生说："婴儿感觉不到疼的，这样做没问题。"

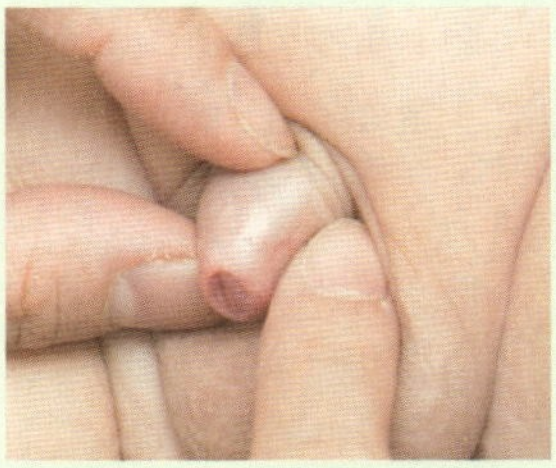

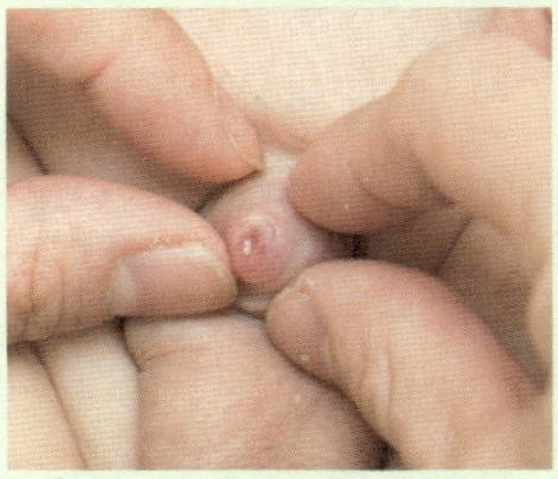

刚开始包皮口狭小，下拉包皮看不到龟头。

剥开后一定要尽快恢复原状。若是为了能够早点剥开而一直不让包皮恢复原状，反而会非常危险。

下拉到感觉有抵抗感的位置就可以了。每天换纸尿裤的时候做 10~20 次，剥开后要尽快恢复原状。

2 周后

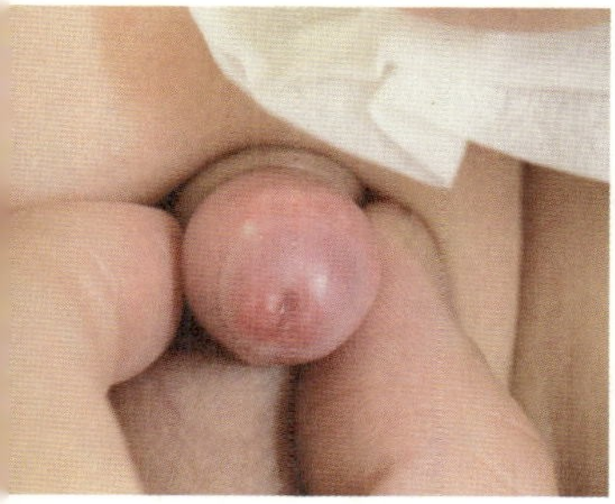

在家每天都反复练习剥开再恢复原状，第二次就诊时，已经比初次就诊时能够剥开得多了。

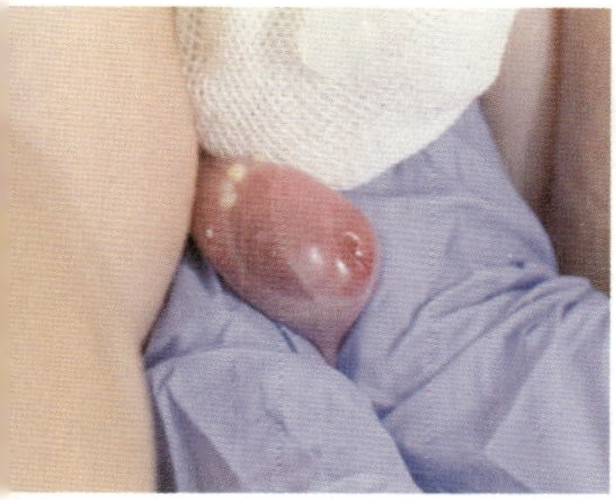

把包皮下拉到有抵抗感的位置时，发现了很多包皮垢。

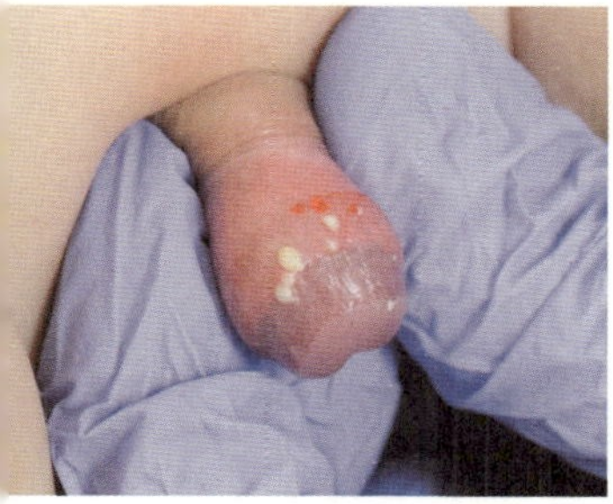

此时，包皮内侧有少量出血。因为粘连被拉开，出血是很正常的现象。

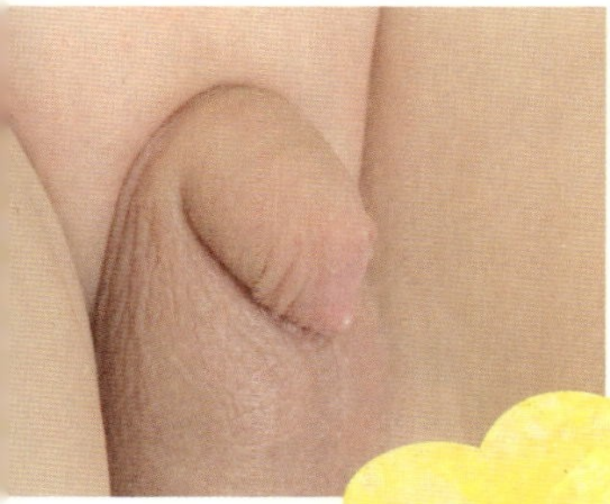

每天都要比前一天稍微多剥开一些，然后再让包皮恢复原状。

按照每 4~5 天剥开 1mm 的节奏逐渐剥开包皮。

4 周后

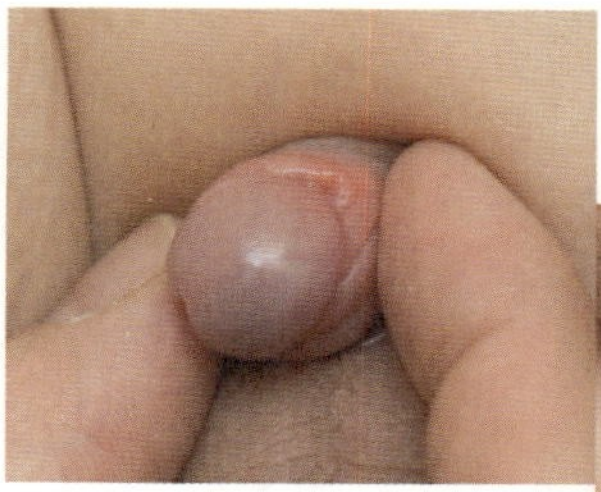

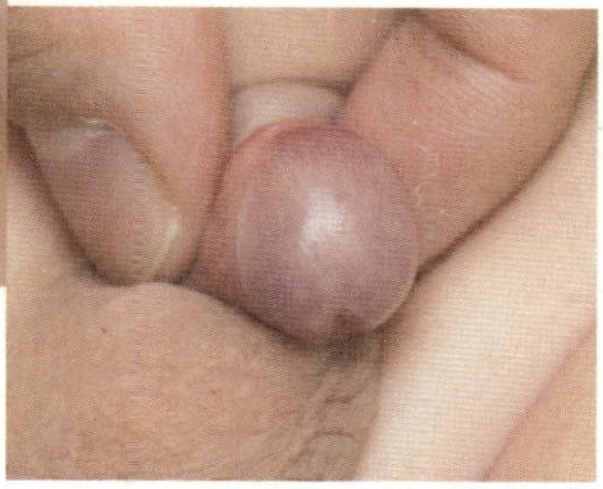

坚持每天在家剥开后再恢复原状，已经能够剥开到露出冠状沟了。

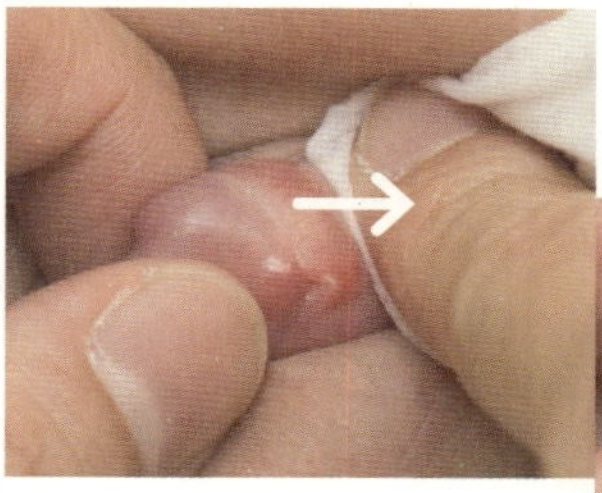

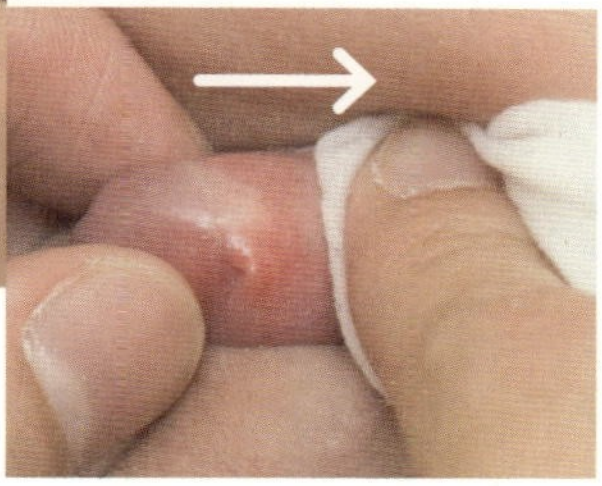

拉开粘连较紧的位置时，可以像图中一样，按照箭头的方向，稍微用力剥开包皮。

医生说为了保持这种剥开的状态，每天都要坚持下拉剥开包皮。

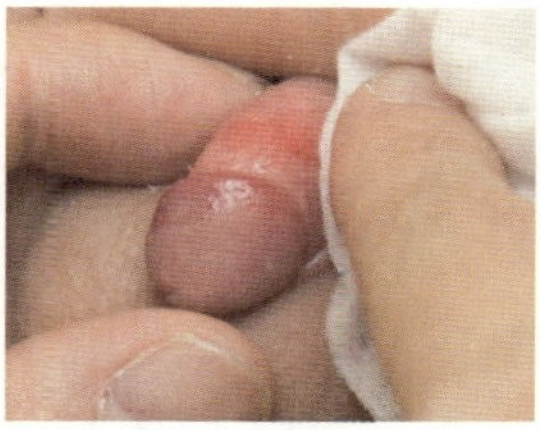

包皮剥开至冠状沟的位置。等孩子 3 岁后，要教他自己清洗阴茎，小便时也要剥开包皮。

若是不剥开，包皮和阴茎就会再次粘连在一起。一定要坚持每天把包皮剥开到能够露出冠状沟的位置。

关于男孩生殖器的 Q&A

Q 为什么阴囊是黑色的？

A 胎儿期受激素的影响造成的，不用担心。

婴儿的阴囊颜色发黑是很正常的。因为胎儿期受到激素的影响，阴囊颜色会发黑，出生后也会持续一段时间，但慢慢地颜色就会变淡，不必担心。

Q 为什么阴茎会向右偏斜或向左偏斜？

A 阴茎的朝向问题就像是习惯睡姿一样。

阴茎本身就很容易向左或向右偏斜，与本身的功能无关。但是如果孩子小便时仍然严重偏斜的话，可能患有疾病，建议带孩子去医院检查。

Q 阴囊为什么会时而胀大、时而缩小，经常发生变化？

A 阴囊会因为温度、情绪等的变化而导致尺寸、形状发生变化。

阴囊具有调节温度的功能，主要是为了保护睾丸。当天气炎热的时候，会通过胀大而促进散热，寒冷的时候则会通过缩小而防止散热。此外，当情绪紧张或是受到惊吓的时候，睾丸位置上升，阴囊也会随之变小。

Q 孩子的阴茎看起来特别小，是怎么回事？

A 其实在皮下脂肪里隐藏着一部分看不到的阴茎。

婴儿的皮下脂肪较多，很多婴儿都会有一部分看不到的阴茎隐藏在耻骨周围的皮下脂肪中。随着男孩慢慢长大，脂肪减少，阴茎看起来就会变长一些。

Q 孩子阴茎发红怎么办？

A 可能是溃烂、炎症现象。

阴茎发红，可能是因为炎症引起的，也可能会瘙痒，所以一定要给孩子认真清洗，保持洁净。若持续多日不见好转，建议带孩子去医院就诊。

Q 婴儿的阴茎为什么会出现勃起?

A 日常的勃起现象，与性欲无关。

婴儿也会出现勃起现象，比如睡觉时阴茎勃起，或是换纸尿裤时阴茎变硬。婴儿的勃起现象和性欲无关，是阴茎发育的正常表现，不必担心。

Q 匍匐爬行时会把阴茎蹭破吗?

A 不会发生这种情况，完全不用担心。

婴儿爬行时穿有纸尿裤和裤子，从未听说过有婴儿因为爬行而蹭破阴茎或是阴囊的。而且阴茎和阴囊也不会妨碍走路。

Q 孩子摔倒后会碰撞到阴茎吗?

A 完全不会碰撞到阴茎。

阴茎在两腿之间，而且长在皮下脂肪里，即便身体因失去平衡而摔倒，也不会碰撞到阴茎。

Q 只是小便，给孩子换纸尿裤时也需要擦洗吗?

A 为了预防尿布疹，建议轻轻擦洗。

尿液中的成分会导致尿布疹。在给孩子换纸尿裤的时候，请用纱布轻轻将孩子的阴茎和屁股擦拭干净。

Q 剥开包皮时有血渗出，孩子会疼吗?

A 不会，将包皮复原后就能立刻止血。

当剥开包皮时，会有少量出血的现象，但是婴儿完全感觉不到疼痛。当包皮复原后很快就能止血，完全不用担心。

Q 孩子总是摸自己的阴茎，需要制止吗?

A 稍微长大一点后，要告诉他“不可以在别人面前摸哦”。

对于男孩来说，阴茎是最亲近的玩具。几乎所有的男孩都会触摸自己的阴茎，不用担心。等他稍微长大一点后，一定要告诉他“不可以在别人面前触摸哦”。但是孩子也有可能是因为瘙痒而去触摸，请检查一下孩子的阴茎是否有炎症。

Q 孩子已经 3 岁，可以教他自己剥开包皮吗?

A 多花些时间教他，让他学习自己一点点剥开吧。

虽然需要花一些时间，但是可以开始教他自己剥开包皮了。可能有很多孩子不喜欢刺激龟头，但还是要让他自己每天一点点地剥开，可以鼓励孩子：“为了健康，也为了让它变得更好看些，一定要坚持哦！”

Q 剥开包皮后该如何清洗呢?

A 露出龟头，用纱布轻轻擦去包皮垢。

剥开包皮露出龟头后，用湿润的纱布或毛巾擦去包皮垢。用肥皂清洗时，记得一定要清洗干净，不能残留皂液。

包皮龟头炎

原因和症状

龟头是指阴茎前端的位置。包皮龟头炎是指龟头被细菌感染后出现的炎症现象。

婴儿的龟头是被包皮包覆着的，龟头和包皮之间很容易堆积分泌物和包皮垢。此外，小便的时候龟头也是被包覆在包皮中的，包皮中也会残留尿液。这些都是造成细菌感染的主要原因。

包皮龟头炎的主要症状表现为阴茎水肿、龟头或阴茎根部部分红肿，小便时有刺痛感等。此外，有时在纸尿裤上会有黄色脓性分泌物，握住阴茎时会出现乳酪状的包皮垢。

治疗

在有炎症的地方涂抹抗生素软膏，或者根据病情内服抗菌药。

对于曾患有包皮龟头炎的孩子，为预防再次患病，洗澡的时候一定要剥开包皮认真清洗龟头。到了幼儿期，男孩喜欢用手去触摸阴茎，但手经常都是不干净的，不过不用担心，只要每天洗澡时认真清洗龟头就没问题。

若堆积大量包皮垢，容易引发炎症

龟头和包皮之间如果堆积了大量的分泌物和包皮垢，会很不卫生，容易引发炎症。白色的分泌物就是包皮垢。

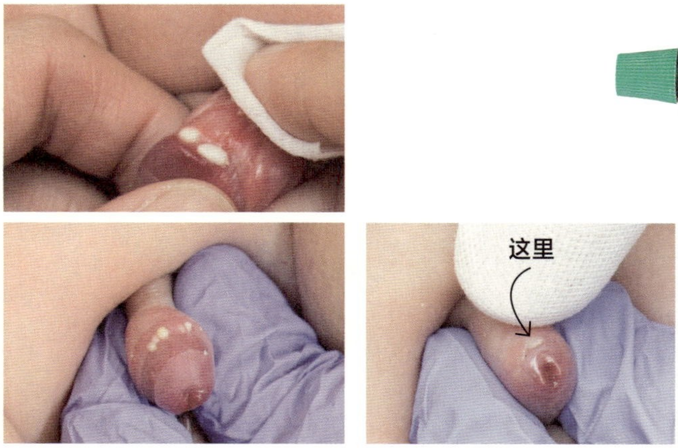

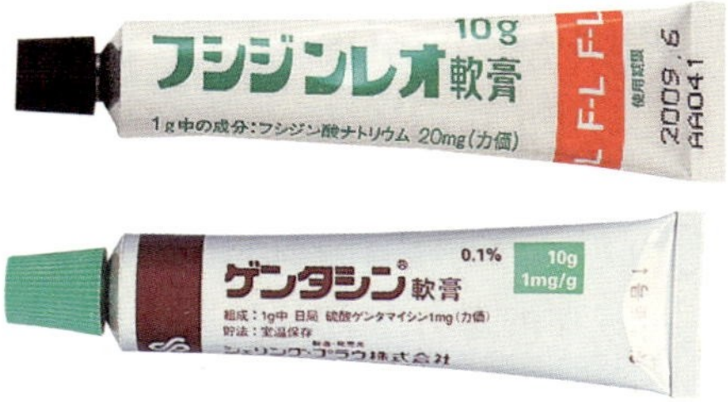

抗生素外用药

抗生素外用药能够有效抑制炎症，可以用来涂抹在有炎症的位置。具体用量及注意事项请遵医嘱。

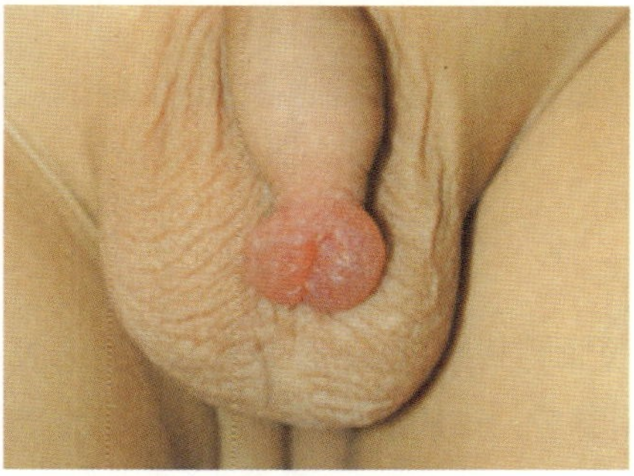

包皮前端红肿，小便时有刺痛感。

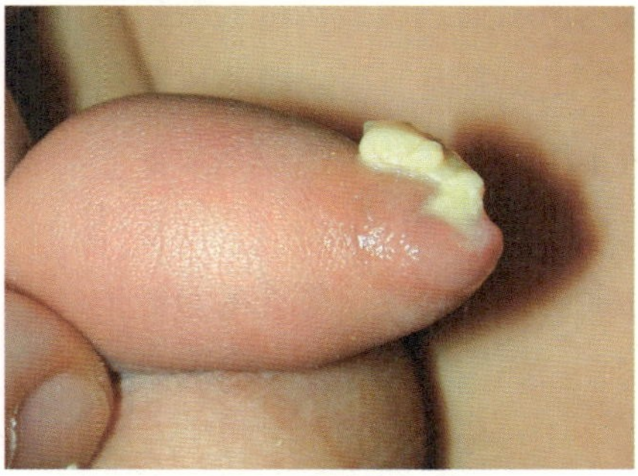

会出现乳酪状的包皮垢（或黄色脓性分泌物）。

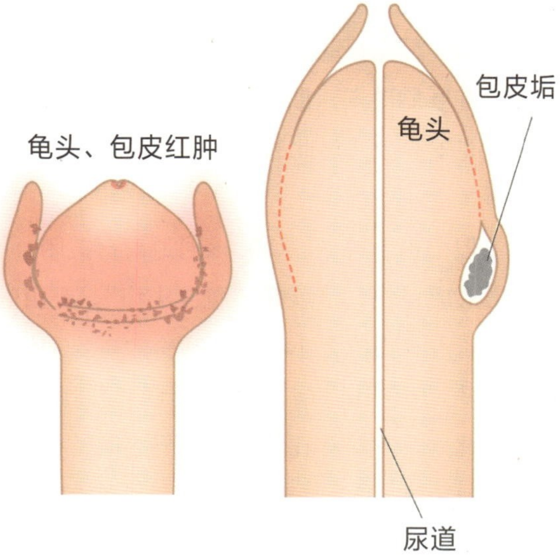

1 岁 3 个月时

得了包皮龟头炎！

及时就医，很快就痊愈了

给孩子换纸尿裤时，发现他阴茎红肿。于是带他到儿科就诊，医生诊断说是包皮龟头炎。医生开具了外用药和内服药。遵医嘱涂抹外用药后，第二天红肿就消失了，一周后痊愈。还好及时就医了。

常见的生殖器疾病

腹股沟疝

原因和症状

在胚胎时期，胎儿的腹股沟处有一条通道叫“腹股鞘状突”。在出生前后，胎儿腹腔内的睾丸会通过此通道下降至阴囊里。睾丸到达阴囊后，该通道便会完成使命，自动关闭。

但是由于某些原因，该通道没有关闭，导致腹腔内脏器通过腹股沟区的缺损向体表突出形成包块，这就是“腹股沟疝”。突出的内脏器会让大腿根部至阴囊的位置出现肿块。疝内容物的大小不同，肿块的形式和位置也有所不同。当婴儿哭泣或是大便等需要用力时，腹内压骤增，就会看到明显的肿块。

此外，肿块存在左右侧差异，其特征是用手按压时肿块会消失。婴儿的腹股沟疝患病率为 2.7%~4%，与女孩相比，男孩更容易罹患此病。

患病率

2.7%～4%

（每 30 人中有 1 人）

治疗

腹股沟疝很少能够自愈，一般需要通过手术治疗。考虑到婴儿患者的体力、麻醉的安全性等因素，一般会在孩子出生后 3~5 个月内采取观察治疗的手段。

当发现孩子有该病症状时应立即到小儿外科就诊，一定要咨询医生是否需要做手术以及做手术的最佳时期等。

！若哭闹严重，应立即就医

关于腹股沟疝，需要特别注意的是“疝气嵌顿”。疝气嵌顿是指脱出的肠管被卡在腹腔外不能回纳，从而导致血液循环变差，常伴有强烈的疼痛感和呕吐现象。若不及时处理则会导致肠坏死，必须及时治疗。如果孩子出现哭闹严重、肿块比平时变硬等情况，一定要马上带孩子去医院就诊。

9 个月时

得了腹股沟疝！

发现阴囊肿块，建议去小儿外科进行手术

发现孩子右侧阴囊突然变大，每当哭闹、大便等需要用力的时候，右侧阴囊要比左侧胀大好几倍。带孩子去医院就诊，医生说是患上了腹股沟疝，于是在医生的建议下，去小儿外科做了手术。手术后未见孩子有疼痛感，第四天就出院了。

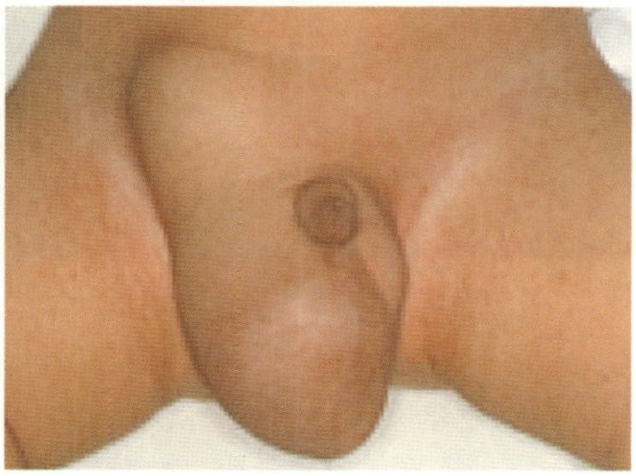

若疝内容物较多，肿块就会非常大。

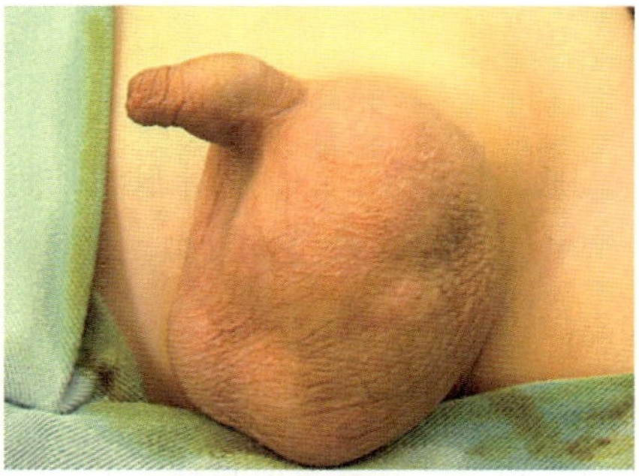

疝内容物下降至阴囊，形成肿块。

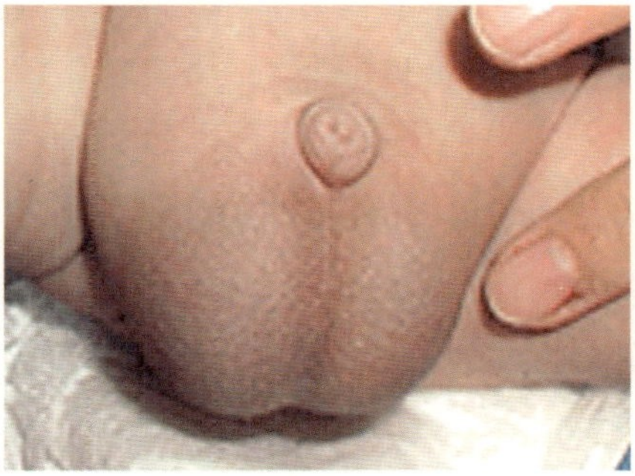

疝内容物下降至阴囊，形成肿块。

女孩也会得腹股沟疝

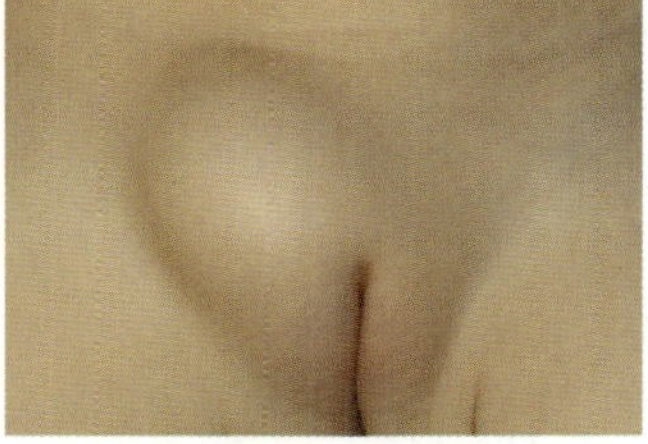

疝内容物下降至左侧的腹股沟。

1岁4个月时

得了腹股沟疝！

孩子半夜大声哭闹，最终进行了手术治疗

某天孩子突然开始大声哭闹，打开纸尿裤发现他阴囊肿大。用手按压疝内容物后回纳至腹腔，但很快又发作。1 岁半时带他去做了手术，手术 15 分钟左右就完成了。

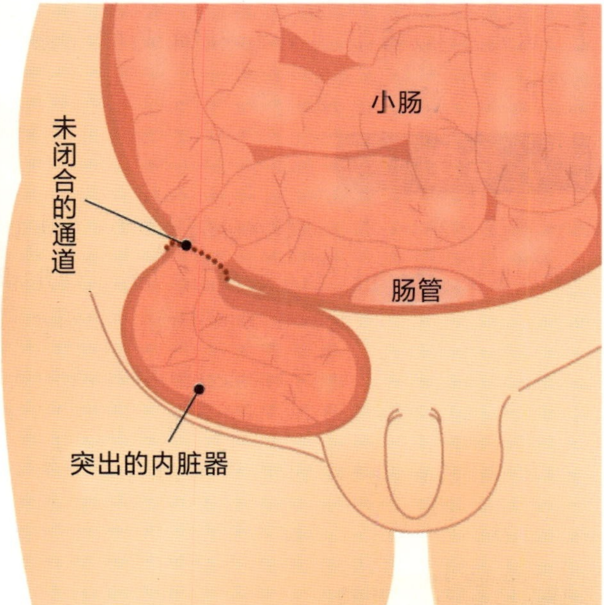

孩子刚出生时，因为胎儿期出现的腹股沟通道没有闭合，导致原本应该在腹腔内的肠管脱出。

阴囊水肿

原因和症状

阴囊水肿是指阴囊因体液堆积而形成水肿的状态。和腹股沟疝相同，其形成原因都是腹股沟处的腹膜鞘状突没有完全闭合，从而导致腹腔内的体液（腹腔液）通过该通道下降至阴囊。男婴比较容易患此疾病。

腹腔液在阴囊内堆积形成肿块，但没有疼痛感。与腹股沟疝不同，阴囊水肿进入阴囊内的不是肠管而是腹腔液，若是在黑暗的房间里用手电筒照射观察阴囊的话，会发现阴囊是红色的、透光的。但是一般需要通过超声波检查做进一步诊断。

阴囊水肿的肿块大小，取决于下降至阴囊内的腹腔液量的多少。孩子 1~2 岁时，通道有可能会自动闭合，但若出现疼痛或伴随腹股沟疝等情况，一定要及时带孩子去医院就诊。

治疗

若孩子 2~3 岁时，阴囊水肿仍未消失，则需要考虑通过手术治疗。虽然阴囊水肿不做处理也没关系，但是当小朋友去托儿所或幼儿园开始集体生活后，阴囊的异样很容易被别人议论指点，小朋友自己也会开始在意阴囊的外观。此外，虽然概率很小，若通道未闭合的话，肠管也有可能会通过通道脱出至阴囊。

阴囊水肿手术过程中需要进行全身麻醉。主要就是在腹股沟处横切 2 cm 左右的切口，将脱出的腹膜根部切除并用绳子结扎，从而关闭通道。手术一般不会出现出血、感染等情况。

家庭护理

患上此病只需要在家随时观察即可，生活上没有什么特别需要注意的，也不会对将来的生育能力造成影响。

患病率

约 10%
（每 10 人中有 1 人）

其中，早产儿约占
30%
（每 3 人中有 1 人）

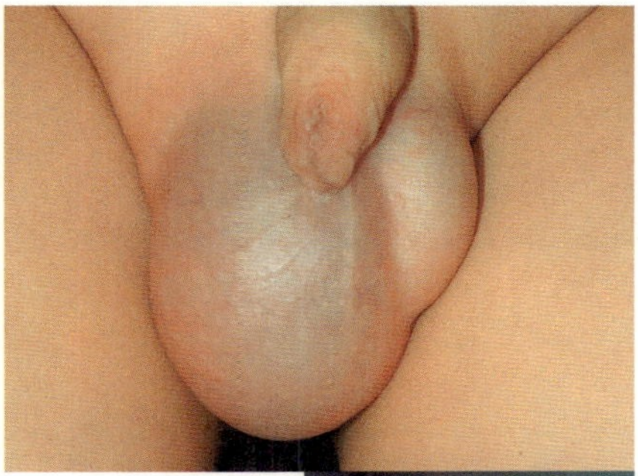

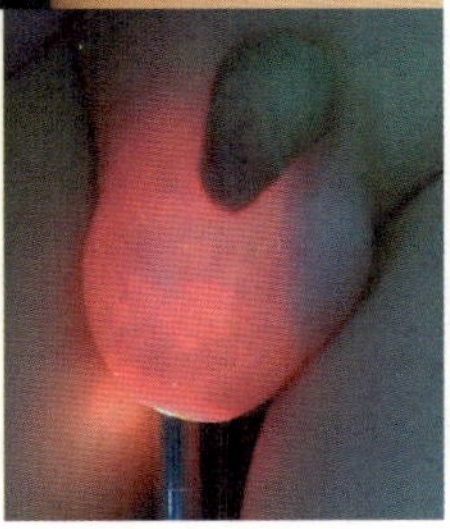

水肿的阴囊内有腹腔液，用光照射观察时会发现阴囊呈红色、透光。如果是腹股沟疝，用光照射时则不会透光。

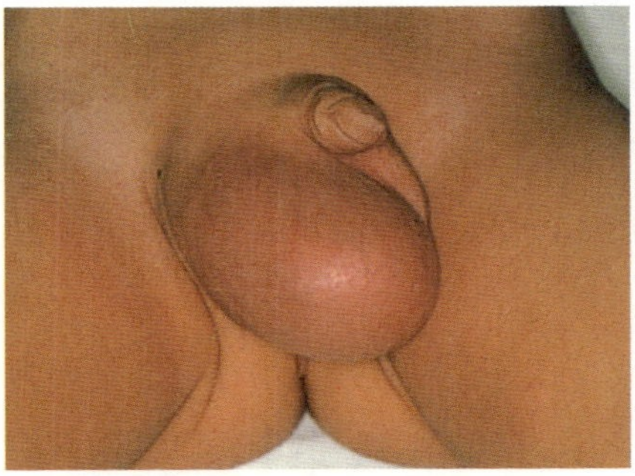

虽然阴囊肿块很大，但是只要没有疼痛感，就无须治疗，在家观察情况即可。

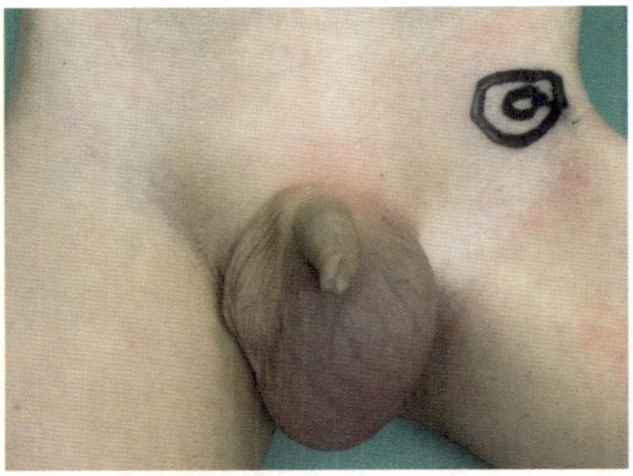

※ 阴囊中积有腹腔液。

1 岁 3 个月时

得了阴囊水肿！

1 岁 3 个月大时，医生建议做手术。做完手术当天就回家了

在儿子快满 1 岁时，发现他左侧的阴囊有肿块，于是带他到儿科就诊。医生的诊断是“阴囊内积有腹腔液，也许能够自行吸收”，让回家继续观察。到了 1 岁 3 个月时，阴囊肿块仍未消失，再次做检查后，确诊为阴囊水肿。医生建议到小儿外科进行手术。手术前，医生非常详细地讲解了手术过程：“通过手术，把腹腔和阴囊之间腹腔液流通的通道用绳子结扎起来。”

手术当天早晨 9 点进行了全身麻醉，手术全程约 30 分钟，术后 1 小时左右儿子清醒过来。随后在医院里观察了几个小时，下午 4 点就出院回家了。刚做完手术后阴囊还有轻微水肿，但两三天后，就恢复正常了。

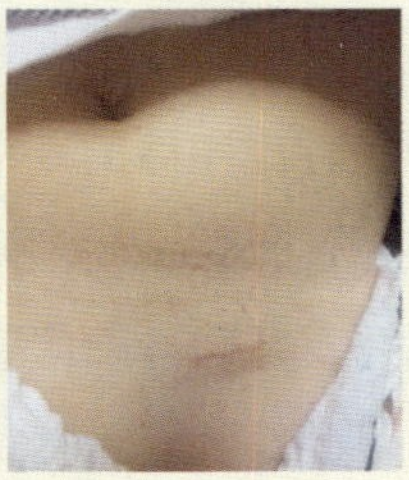

在小腹上横切了一道 1.6 cm 长的切口。横切的手术切口看起来不明显。

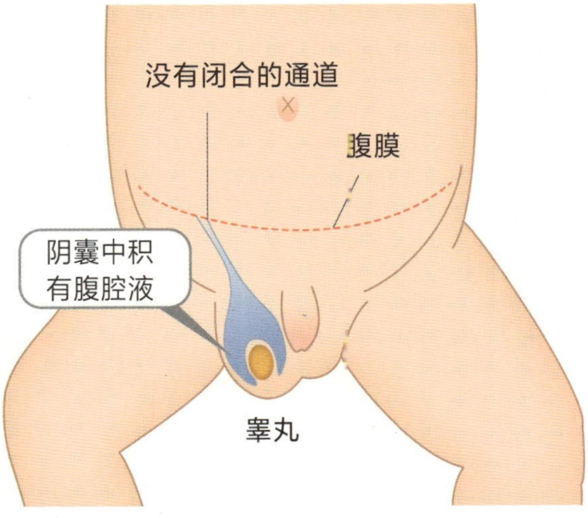

腹股沟处的通道没有闭合，腹腔液从此处进入阴囊里。一般情况下不会有疼痛感。

※ 本书中带有该符号的照片均由日本山高笃行医生提供。

常见的生殖器疾病

隐睾

原因和症状

隐睾是指睾丸未下降至阴囊，有时会并发有腹股沟疝。胎儿期，睾丸产生于胎儿的腹腔内，出生前会下降至阴囊。而因为某些原因，睾丸未下降至阴囊，于是形成隐睾。这属于男性常见的先天性疾病，一般足月儿的患病率约为3%，而早产儿的患病率高达33%。

隐睾的主要症状为阴囊不可被触及，或者触及阴囊时发现左右大小不一。一般情况下，家长在给孩子换纸尿裤或洗澡时会发现。

治疗

虽然被诊断为隐睾，但是在出生后的6个月内睾丸自动下降至阴囊内的现象也很常见。随着年龄的增长，到男孩1岁左右，隐睾患者所占的比例会下降至1%。对于出生后被诊断为隐睾的婴儿，往往并不是确诊后就要立即治疗，而是要一直观察到孩子6个月左右。

如果过了6个月，还是触摸不到睾丸，则必须要带孩子去医院接受治疗。这是因为若要让睾丸下降至阴囊内，必须要有多种能够促进睾丸下降的激素。其中，雄性激素的分泌量在孩子出生6个月以后就会大幅减少。

患病率

约3%

（每30人中有1人）

其中，早产儿约占

33%

（每3人中有1人）

1岁6个月时

得了隐睾！

通过按摩，睾丸自动下降到了阴囊内

在1岁半给孩子体检时发现得了隐睾，听到医生说如果2岁前不能自愈就必须要做手术，真是吓坏了。医生教了从上至下按压的按摩手法，每天换纸尿裤或洗完澡的时候我都会给孩子做按摩。半个月之后就发现睾丸下降到阴囊里了。

手术

睾丸停滞在腹腔内比停滞在阴囊内温度略高 1~2℃，不仅对进入青春期后睾丸产生精子的能力会有很大的影响，而且还会增加癌变的风险。因此，最好在孩子 1 岁左右，最迟 2 岁前必须进行手术治疗。也有人认为，同时具备两个睾丸才算是一个完整的生殖器官，这对男性的性别同一性认知十分重要，一定要在男孩有自我认知之前做手术。

如果在腹股沟处能够摸到睾丸，则会进行“睾丸下降固定术”，即让睾丸下降至阴囊内后用绳子固定。但是，仅通过一次手术无法完全下降的现象也时有发生。如果在体外用手摸不到睾丸所在位置，则需要通过腹腔镜来检测有无睾丸，从而判断是否需要进行手术治疗以及手术治疗的最佳时机。

此外，如果阴囊内的睾丸时而能摸到时而摸不到，则被称为“滑行睾丸”。这种情况完全不必担心，只要在婴儿放松的时候，能看到阴囊的两侧睾丸大小相同，就不需要接受治疗。

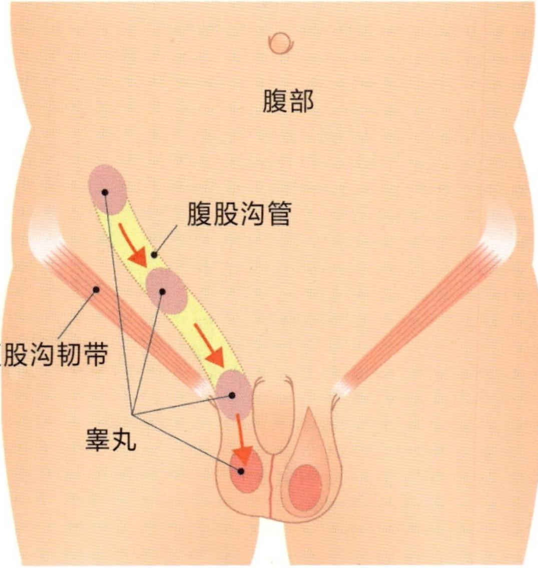

睾丸可能会停滞在腹腔、中腹股沟的上侧、下侧、阴囊附近等多个位置。可能停滞在同一侧，也可能会在两侧。

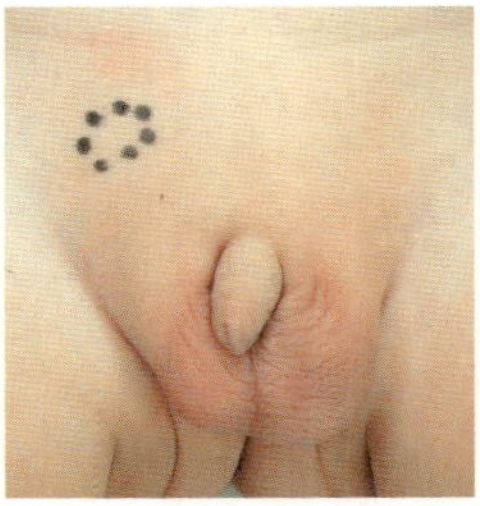

右侧睾丸停滞在画圈的位置，所以右侧的阴囊比左侧小，而且触摸不到睾丸。

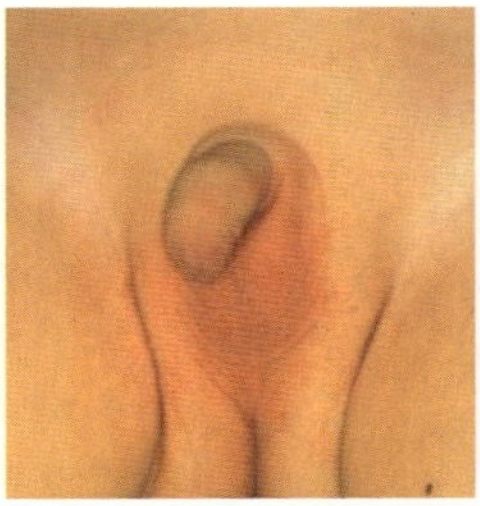

※ 左右两侧的睾丸均未下降。阴囊是空的。

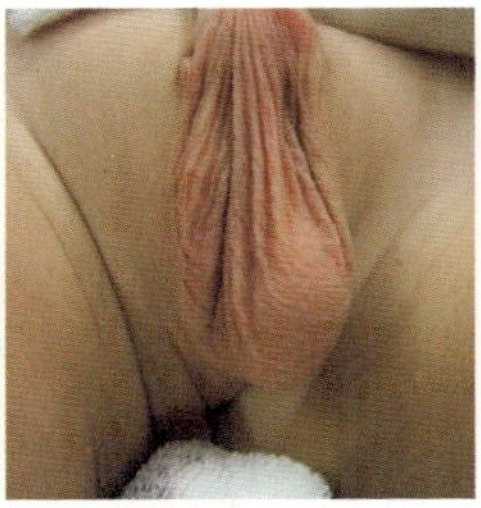

※ 右侧睾丸末下降。

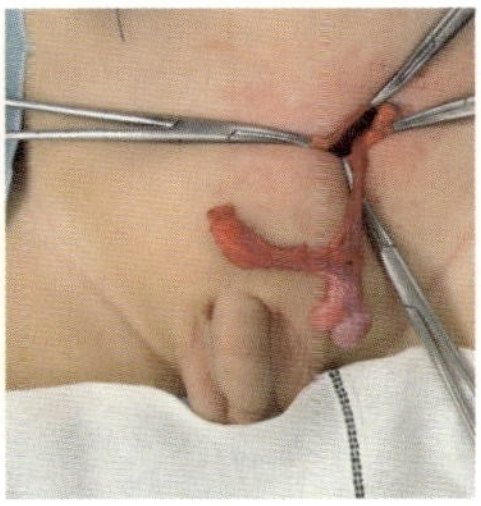

※ 隐睾手术的情形。让腹腔内的睾丸下降至阴囊。

尿道下裂

原因和症状

将小便排泄至体外的管道被称为尿道，尿道下裂指的是尿道开口位置异常的先天性疾病。这是胚胎时期尿道形成的时候，其开口位置不正常导致的异常发育。症状严重的，甚至会出现尿道口长在阴茎的根部或阴囊处的情况。

此病常见于低体重儿，整体来看，每300~500名婴儿中会有1人罹患此病。虽然其具体原因尚不明了，但可以认为是低体重儿的激素功能尚未发育完全，从而对生殖器官的形成造成了影响。日本人中有很多症状严重的患者，甚至有些男婴的阴茎是呈弯曲状态的。但是，即使阴茎的形状和尿道口位置异常，却仍然可以正常小便。

治疗

尿道下裂的症状，基本上在男婴刚出生时就会被发现。有些婴儿症状较轻，刚出生时不会被发现，一般是在出生一段时间后，大人在换纸尿裤时，发现其小便的位置和溅射的方向有异常才发现患有此病。

尿道下裂不会危及生命，也不会影响小便的排泄功能。但是，在孩子将来长大成人后，可能会出现各种问题。比如他会发现自己的生殖器官与别人不同从而产生自卑感，而且也可能会出现无法正常性交等问题。因此，最好是在1岁至1岁半阶段，孩子还未懂事时就进行手术治疗。很多患者需要进行两次手术才能完全治愈。

尿道下裂手术，就是制造一个新的尿道口，将弯曲的阴茎变直。这是一种非常精细的手术，需要小儿外科医生拥有十分娴熟的技巧。

患病率

0.2%～0.3%

（每300~500人中有1人）

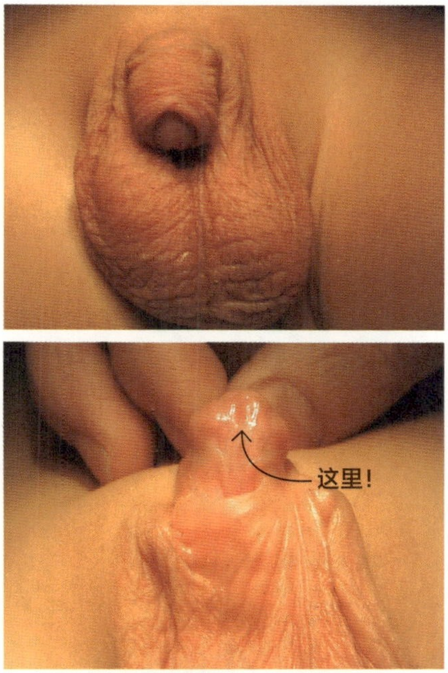

阴茎的顶端没有尿道口。拨开阴茎仔细观察，会发现尿道口在图中箭头处的位置。

尿道下裂和阴茎扭转

男性尿道中的海绵体发育不全，在阴茎勃起时会朝向一侧弯曲的状态被称为阴茎扭转。阴茎扭转多为尿道下裂的并发症状，阴茎弯曲严重者可造成性交障碍，需要进行手术治疗。

尿道口位置异常，可能会出现在不同的位置。

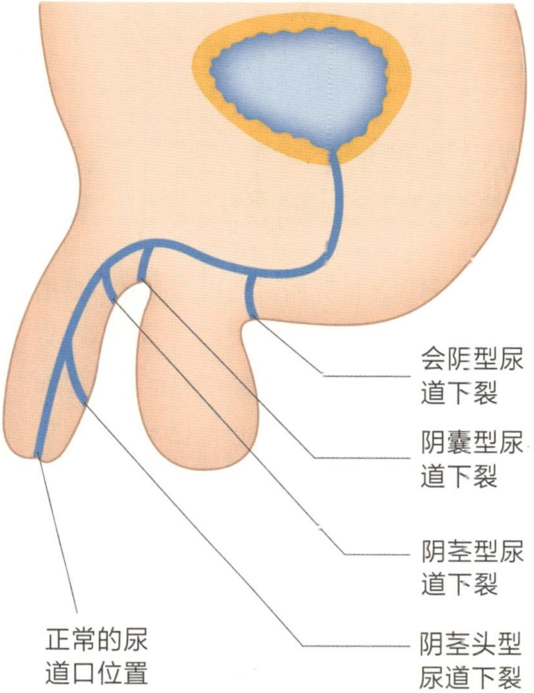

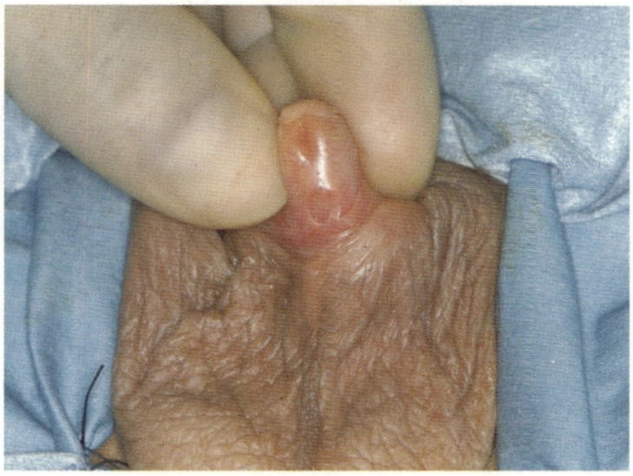

※ 尿道口在阴茎处。

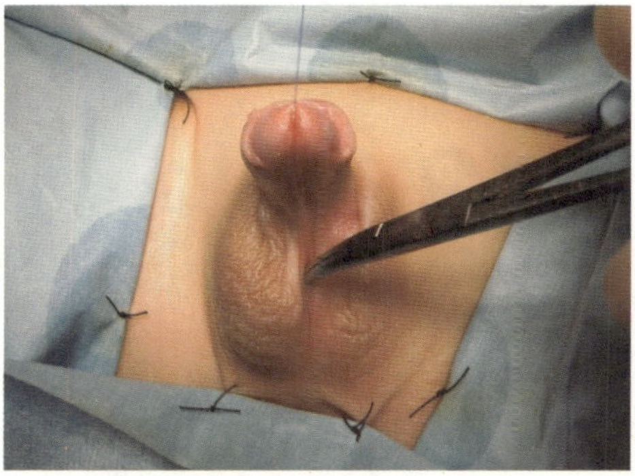

※ 尿道口在阴囊处。

如厕训练

自主小便是男孩独立的第一步

如厕训练应该何时开始？

如厕训练的开始时期因人而异。根据调查显示，1 岁半至 2 岁，2 岁至 2 岁半，2 岁半至 3 岁这三个时期开始的比例基本相同。3 岁以后开始的也占 12%。当孩子的身心都做好准备之后，就可以开始进行如厕训练了。

开始训练时期

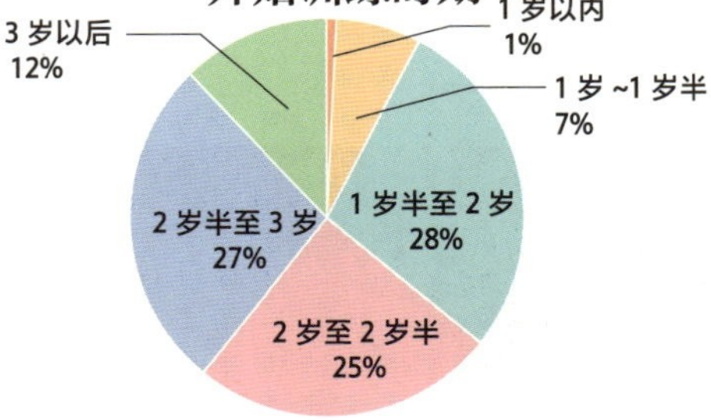

结束训练时期

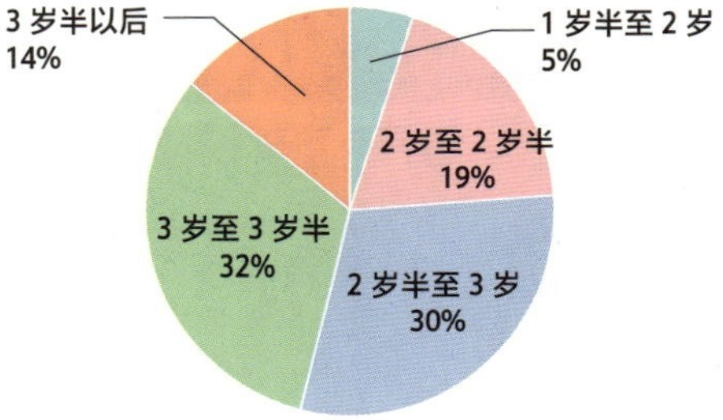

* 数据来源：Baby-mo 调查

1 岁

渐渐地会憋尿，排尿间隔时间变长

膀胱渐渐地能够积存小便。孩子 1 岁半以后，随着膀胱容量变大，积存的小便量也越来越多。有的孩子小便间隔时间在 2 个小时左右。

2 岁

能够自己意识到想要小便

膀胱内积存小便后，孩子能够自己意识到“想尿尿”的感觉。在他排出小便后告诉他什么是想要小便的感觉，这样他会记得更牢。看准时机在他快要小便时，引导他到马桶或儿童坐便器上小便。

3 岁

可以独立去上卫生间

此时，大多数孩子都在进行如厕训练。当孩子想要小便的时候，逐渐开始能够自己去卫生间。但是，当孩子专心玩耍时，可能就会忘记去卫生间小便。此时千万不要斥责孩子，以免伤害他的自尊心。

4 岁

白天基本都在卫生间里小便

如厕训练的结束时期。越来越多的孩子白天都能在卫生间自己小便了，至于晚上，孩子会随着身体机能的发育，自然而然地告别纸尿裤。每个孩子的情况都不一样，家长不必着急。

男孩会更晚告别纸尿裤吗？

虽然在生活习惯的养成方面，女孩的确会更早一些。但在自主小便方面，每个孩子的差异性很大，不能一口断言男孩就一定会更晚。

如厕训练大概需要多长时间？

不同的开始时期

平均需要多久才能完成呢？

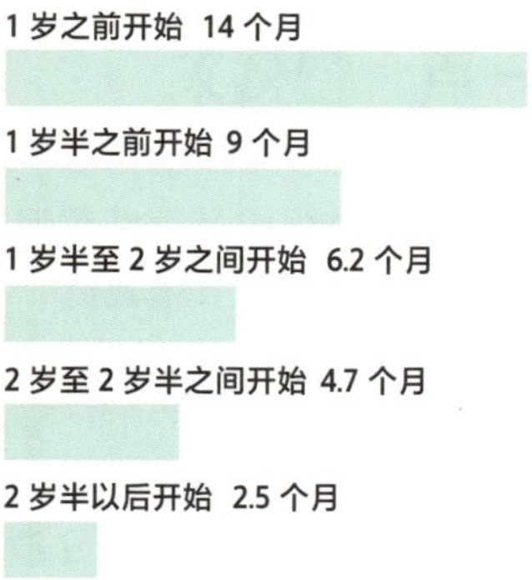

不满一岁就开始进行如厕训练的孩子平均需要 14 个月的时间，2 岁半以后开始的孩子需要 2~3 个月的时间。孩子的身体机能和语言能力发育越成熟，如厕训练的时间就越短。既然孩子早晚都能学会，那么家长大可不必着急，等到时机成熟后再让孩子进行如厕训练吧。

孩子满足哪些条件，可以进行如厕训练？

让孩子进行如厕训练的基本条件是孩子的大脑皮层等发育完全。若在孩子还不懂积存小便和排泄的感觉，不具备憋尿能力时，就开始让他进行如厕训练，可能会很费力。如果因为别人家的孩子已经开始如厕训练了，就盲目跟风也开始让自家孩子进行如厕训练，可能反而会花更多的时间。

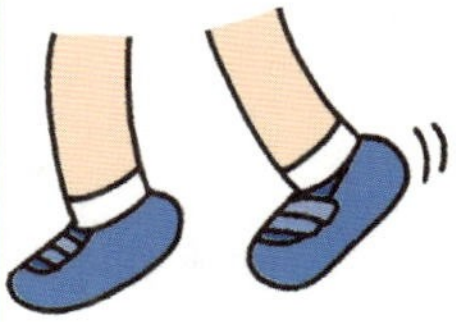

1 能够独立行走

孩子能够独立行走后 其大脑皮层的发育会更加成熟，孩子也逐渐会有积存小便的感觉或是具备小便的意识。是否能够独立行走是判断孩子能否进行如厕训练的一个最简单可行的标准。

2 能理解一些词语的含义，会说一些简单的话

若要进行如厕训练，必不可少的一个条件是孩子能够听懂大人说的话。如果孩子听不懂大人的话，那么即便问他“要尿尿吗”也没用。此外，如果孩子不能自己表达出“我要尿尿”的想法 也很难进行如厕训练。

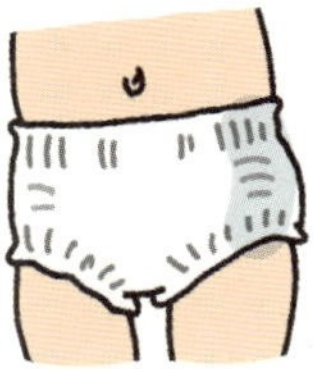

3 每次小便之间能够间隔一段时间

进行如厕训练最重要的一个条件就是小便的间隔时长。如果孩子每次小便之间的间隔时长不超过 2 个小时，那就说明膀胱积存小便的能力尚不足，孩子还不具备憋尿的能力。

如厕训练 基本篇

可能不会一次成功，但请耐心一点，慢慢来

如厕训练没有标准方法，在这里想跟各位家长介绍的是一些普遍适用的方法。

如果孩子能满足前一页的 3 个条件，就请从下面 STEP 1 开始一步一步让孩子进行如厕训练吧。训练过程中，最重要的是不勉强、不着急。如果因为训练过程不顺利而去苛责孩子，反而会适得其反。

无论是哪一个步骤，都可以随时中断或返回从头再来。请做好准备期待着孩子的成长和变化吧，即使中途可能会遇到一些意料之外的事情。请各位家长多一点耐心，顺其自然，让孩子慢慢来吧。

step 1 当感觉孩子憋有小便的时候，带他到儿童坐便器或马桶上

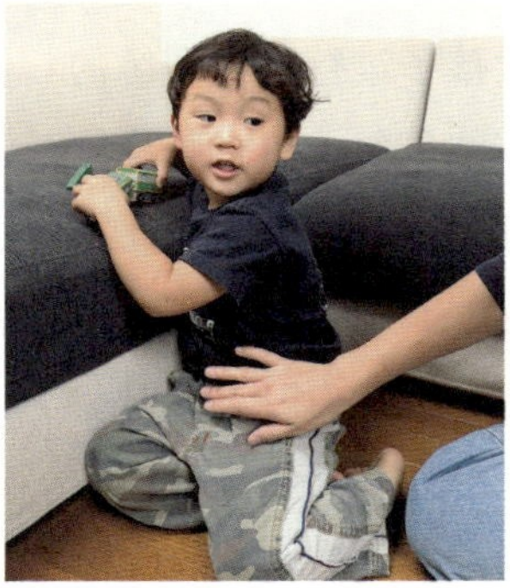

起床后、饭后、外出或者午睡前后等，在平时换纸尿裤的这些时间点，检查下孩子纸尿裤中有无小便。若孩子还没有小便，可以一边观察孩子的状态，一边引导他到儿童坐便器旁或是卫生间去。让他坐下来，问问他“要不要尿尿呀”“尿尿了吧”等，让他体会、了解小便的感觉。如果孩子不太愿意，或是没有排出小便，也不要勉强他。在这个阶段，每天有意识地引导他 1~2 次即可。

step 2 逐渐增加在坐便器或马桶上小便的次数

在 step 1 中，只要孩子能在马桶或坐便器上成功小便一次，就可以渐渐增加引导他到坐便器或马桶上小便的次数。只要家长估算好时间，感觉孩子憋尿憋得差不多了，就可以引导他到坐便器或马桶上小便。只要孩子成功排出小便，就一定要夸奖他。

这个时期即便孩子不能自主小便也是很正常的。即使训练失败了也千万不要批评他，要循序渐进地加以引导，争取能够让孩子有一半时间是坐在坐便器或马桶上小便的。

step 3 脱掉纸尿裤，穿上小内裤

如果孩子有一半时间是坐在坐便器或马桶上小便，就可以让他开始从纸尿裤过渡到小内裤了。白天可以把他的纸尿裤换成棉内裤或是训练内裤。

孩子穿上内裤后可能会经常尿裤子，但是他自己会感觉到尿裤子很不舒服，也能真切地用身体体验小便时的感觉。即便孩子总是尿裤子，家长也一定不要去责怪孩子。这个阶段家长在训练孩子如厕时，一定要温柔地对待孩子，在他尿裤子时告诉他“你尿尿了哦”，让他知道什么是小便。

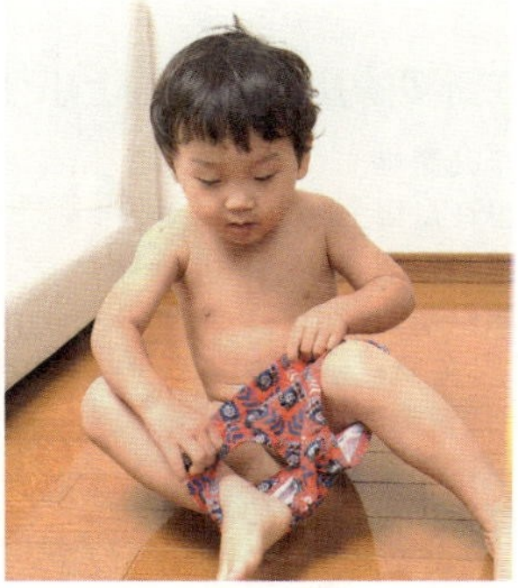

step 4 等待孩子主动说想要小便

只要坐在坐便器或马桶上，就会排出小便。若这种行为反复发生，膀胱就能够记住这种憋尿的感觉。家长能做的就是耐心等待了，后面孩子需要引导去小便的次数就会越来越少，孩子会主动说要小便。每个孩子能够主动说出想要小便的时间段都不一样，家长千万不要着急。

如果孩子能主动告诉家长自己想要小便，而且把他带到卫生间后他能自主小便，就说明如厕训练成功了。

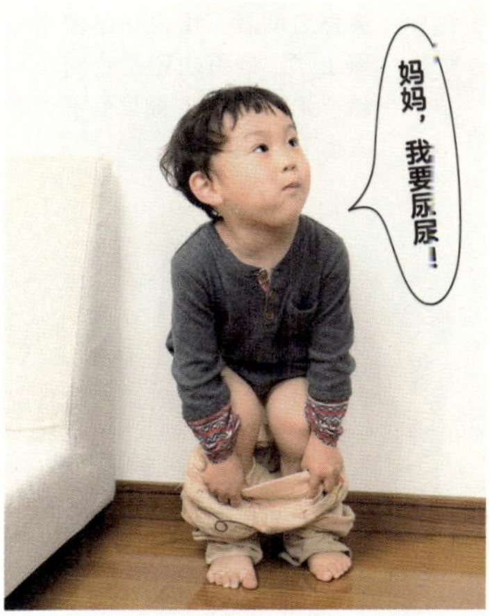

如厕训练大挑战！

基本篇

2岁2个月开始

为入园做准备，提前一年左右进行如厕训练

2岁左右时开始会说“尿尿”和一些简单的词语。从这个月开始进行如厕训练，希望在入园前能够告别纸尿裤。

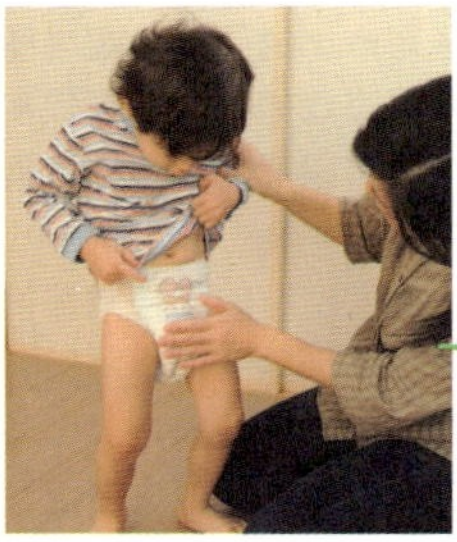

2岁
2个月

到了叛逆期，特别抵触去卫生间

有很多不喜欢的事情，其中最不喜欢的就是去卫生间。只要跟他说“去卫生间吧”就会大发脾气。如果强迫他去卫生间，大人和孩子都会很累，于是就放弃了。

2岁
3个月

成功在新买的儿童坐便器上小便！

买了一个儿童坐便器。也许是因为双脚都能踩到地面，所以孩子觉得有安全感。他觉得很有趣，开心地坐在了上面，正好到了该小便的时候，一引导他就成功了。

2岁
4个月

穿上内裤后，开始会说“尿尿”

脱掉纸尿裤，穿上内裤。大概是因为尿裤子后感觉特别不舒服，尿了几次裤子后，开始主动在小便前和大人说“尿尿”。

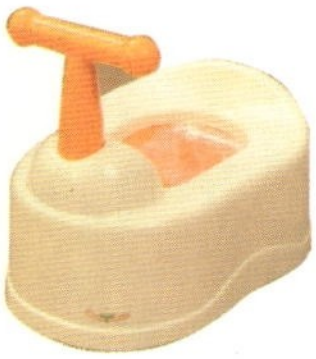

再次抵触

突然之间就不想坐在坐便器上了。但每次还是会问他“要尿尿吗”，如果他不去也不会勉强他。

2岁
5个月

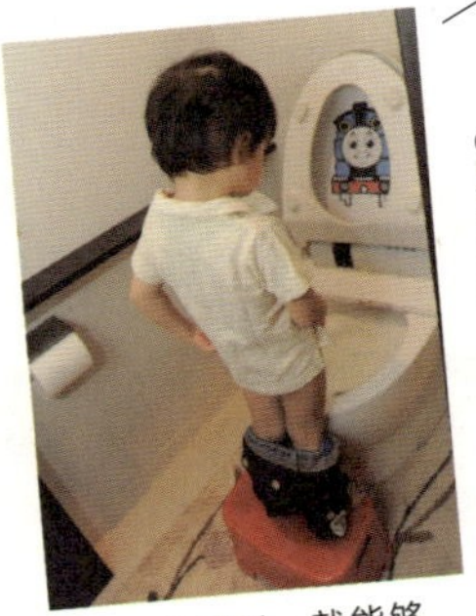

3岁前站着小便。

2岁9个月时，就能够模仿爸爸站着小便了。

某天突然说道“我要去卫生间！”

有一天，他很突然地说道“我要去卫生间尿尿”，而且自己成功地坐在马桶上小便了。

2岁
6个月

1 岁多时开始

在 1 岁多叛逆期开始前尝试进行如厕训练。

1 岁 9 个月　选择在夏天开始训练，因为即使尿裤子了也好清洗衣服。基本没有成功过，只是偶尔凑巧要尿尿了，便坐在马桶上小便。

2 岁　只有在早晨刚起床憋有小便的时候，才会坐在马桶上小便。其他时间他都不愿意去卫生间。大概是卫生间没有窗户光线太暗的缘故吧。

2 岁 2 个月至 2 岁 5 个月　带他到卫生间时虽然也会排出小便，但是想要小便时自己不会主动告诉大人。大概是让他去卫生间的次数太多了，他变得有些讨厌卫生间。

2 岁 6 个月　听说和他关系很好的一个女孩开始如厕训练两周后，想要小便时能够主动告诉大人，我便开始着急了，甚至会批评他。但批评过后，又会很自责很后悔。

2 岁 8 个月　只要妈妈让去卫生间就会去，有时会主动说“我要尿尿”。虽然不是每次小便都能做到自己去，但已经算是取得小小的成功了。

2 岁多时开始

能够听懂一些话，自己会表达的内容越来越多。不过正好赶上叛逆期，训练比较辛苦。

2 岁 3 个月　身边很多小朋友都开始进行如厕训练了，于是买了 10 条印有他喜欢的卡通形象的训练内裤，开始进行如厕训练。先试着引导他去卫生间。

2 岁 4 个月　虽然也能在卫生间小便，但都只是凑巧。总是尿裤子，如厕训练的日子很辛苦。很快就到秋天了，决定暂时放弃，不再勉强他。

3 岁 2 个月　天气变暖了，于是重新开始进行如厕训练。每天都在公园玩，渐渐学会了站着小便，但还是不会坐在马桶上小便。

3 岁 3 个月　在公园里遇到一个小男孩正站着小便。于是小便的时候，总要站在那个男孩的旁边，好像要一决胜负。似乎是通过这样的比赛懂得了“排出小便”的感觉，在卫生间里成功排便的次数也越来越多了。

3 岁 6 个月　有一天去参加亲戚家的宴会，他突然就能一个人去卫生间小便了。从这一天开始，如厕训练正式大功告成。

3 岁多时开始

有家长说这个年龄段的孩子愿意接受如厕训练，因此训练时间较短。

3 岁　一般幼儿园会规定孩子在学校必须穿内裤。于是从孩子 2 岁多就开始进行如厕训练，希望在入园前能够告别纸尿裤，穿上内裤。饭前饭后都会让他去卫生间小便。

3 岁 1 个月　虽然不排斥去卫生间，但从来没有成功过。孩子一坐到马桶上就会立刻想要下来，为了能让他在马桶上多坐一会儿，妈妈告诉他“数到 10 才能下来”。但是一直没能成功地排出小便。

3 岁 2 个月　如厕训练还没成功，就迎来了幼儿园的开学典礼。孩子就这样开始了脱掉纸尿裤、穿上内裤的幼儿园生活，妈妈也常常会收到幼儿园老师的通知，说他又尿裤子了。但即便如此，还是会不厌其烦地叫他去卫生间小便。

3 岁 3 个月　上幼儿园后，大概是看到别的小朋友在卫生间里小便，潜移默化地受到了影响，在家里的某一天，突然自己去卫生间小便了，但是在幼儿园里还是不会自主小便。

3 岁 4 个月　上幼儿园的第 3 个月。在幼儿园里终于能够在男孩专用的小便器中小便了！被老师夸奖后，特别开心！而且，晚上也不再尿床了，如厕训练至此结束。

如厕训练 进阶篇

直接换上内裤

每次尿裤子时，都刻意让他感受到

有的妈妈会估算孩子小便的间隔时间，然后引导他去卫生间，如果能顺利排出小便，再摘掉纸尿裤。我们家这些步骤全都省略了，从一开始就直接给他穿上了内裤。虽然用这个方法，孩子一开始会频繁尿裤子，因为孩子需要一段时间才会对尿裤子产生一定的感觉，但是这种方法可以让孩子通过身体的实际感受来牢牢记住：尿裤子会不舒服，而如果在卫生间里小便的话就会避免这种不适感。

尿裤子后依然继续玩的孩子不适合这种方法。这种方法更适合尿裤子后感到不舒服而不知所措的孩子。

适合直接换上内裤的孩子

↓衣服被尿湿后没有感觉不舒服还能继续玩耍的孩子，不适合直接换上内裤的方法。

不适合直接换上内裤的孩子

step 1

准备很多的内裤、抹布，做好他在家随处小便的准备

要准备很多内裤，以备一天内能够多次更换。在家里做好可以让孩子随处小便的措施，比如在榻榻米上铺上报纸，在沙发上铺上隔尿垫等。

step 2

直接脱掉纸尿裤，换上内裤。不引导他去卫生间，只观察他的反应

给孩子换上内裤后，不引导他去卫生间，只是随时观察。如果尿裤子后他感到不舒服，就说明有效果了。这个时候对他说“下次去卫生间尿尿吧”，像这样耐心地多次进行引导。

step 3

尿裤子后带他到卫生间，如此反复。目前还会尿裤子，但会静静等待他说“我要尿尿”的时候

让他体会到尿裤子会不舒服后，如果孩子偶然自己在卫生间里成功地小便，一定要表扬他。这样，他说“我要尿尿”的次数就会渐渐增加。如果后面再次出现失败的情况也不要批评他。

利用玩具娃娃进行短期集中训练

激发孩子干劲的训练方法

孩子在学会独立小便之前需要学会的东西有很多，比如要能清楚地意识到想要小便时去卫生间、坐在坐便器上排小便等。如果一味地勉强他记住很多东西，可能会适得其反。

用玩具娃娃给孩子演示“模拟小便”，可以激发孩子想要模仿玩具娃娃的兴趣和干劲，让他敢于挑战自己如厕。这种训练方法在短时间内大多能取得成功。有的孩子只要在心理和身体上都做好充分的准备，一天内就能学会自己如厕。

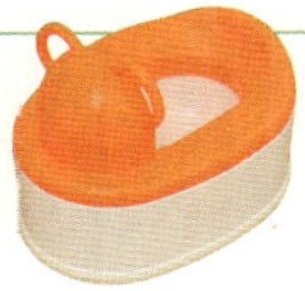

需要准备的东西

儿童坐便器

虽然可以到卫生间，但是如果要给孩子演示玩具娃娃小便，还是选择儿童坐便器会更加方便。

玩具娃娃

尽可能真实一些，如果玩具娃娃的大小正好能骑坐在坐便器上，效果会更好。

训练内裤

准备好训练内裤，即便孩子失败了，也可以给他更换新的。

零食和饮品

当孩子很好地完成如厕时，家长可以奖励他一些零食等。为了让孩子更容易产生尿意，可以多给他喝一些饮品。

step 1

利用玩具娃娃演示小便的场景

利用玩具娃娃给孩子演示各种场景，比如假装喂娃娃喝水，让它坐在坐便器上小便，同时说着“娃娃尿尿咯”等。家长可以表扬玩具娃娃，还可以让孩子给玩具娃娃奖励。

step 2

演示娃娃如厕失败的场景

演示玩具娃娃尿裤子的场景。偷偷地把娃娃的内裤弄湿后让孩子去摸，然后家长在一旁提醒玩具娃娃。也可以让孩子帮忙换掉娃娃身上的湿内裤。

step 3

每隔 15 分钟提醒孩子去小便

引导孩子自己脱掉内裤，坐在坐便器上小便。当他坐下来后，尽量保持安静。即便没有排出小便，也要让他在坐便器上坐 3 分钟左右。

step 4

当孩子排出小便后要好好地奖励他

当孩子成功地排出小便后，可以紧紧地拥抱他，或者给他零食等当作奖励，好好地表扬他。

如厕训练大挑战！

进阶篇

1岁4个月时开始

在托儿所老师的专业指导下，耐心地进行如厕训练。

1岁4个月 正值初夏，天气正合适，想给孩子换上内裤试试。最初还会在内裤里垫上纸尿垫，但是孩子感觉不舒服，就摘掉了。

1岁6个月 一周去一次托儿所，在托儿所里摘掉纸尿裤后表现很棒，大概是看到别的小朋友在卫生间里小便受到了影响。但是在家里却总是尿裤子，觉得很麻烦，便放弃了训练。

中断

1岁11个月 当听到托儿所里的老师说“他能在卫生间里自己小便了哦”，感觉十分惊喜。孩子也非常得意。也许是更有自信了，渐渐地在家里也能在卫生间里小便了。

2岁1个月 每天从早到晚都穿着内裤。在托儿所里从来没有尿过裤子，但是在托儿所接送的路上或是休息日在家的时候，偶尔还是会尿裤子。“前进一步后退两步”的状态一直持续着。

2岁6个月 大概是在托儿所里看到较大的孩子小便的样子后想要去模仿，不知何时他学会了自己站着小便，而且还知道要脱掉裤子，从此再也没有尿过裤子。

1岁6个月时开始

到了可以教他自主小便的时候，便开始尝试。

1岁6个月 托儿所的规定是白天要穿布尿布。孩子1岁半左右时，弄脏尿布后感觉很不舒服，会表达“尿尿”“拉臭臭”等词，便果断给他换上内裤。

1岁7个月 孩子会在家里的沙发或是地毯上随处尿裤子，因此要准备好抹布随时清洁。因为老二快要出生了，便临时中断了训练，又让他换回了纸尿裤，平时会不断地问他“尿尿了吗”。

中断

2岁2个月 随着弟弟的出生，又加上换了新的托儿所，没有再像以前那样每天都问他“尿尿了吗”。给他买了一个他最爱的卡通人物造型的儿童坐便器，他很感兴趣，会主动地骑坐在上面。

2岁3个月 在开始使用坐便器一周后，他就成功地学会了自主小便。在托儿所里能自己到卫生间小便，但是在家还是会使用便盆。后来逐渐能够坐在儿童坐便器上小便，如厕训练至此结束。

利用玩具娃娃短期集中训练

11:00

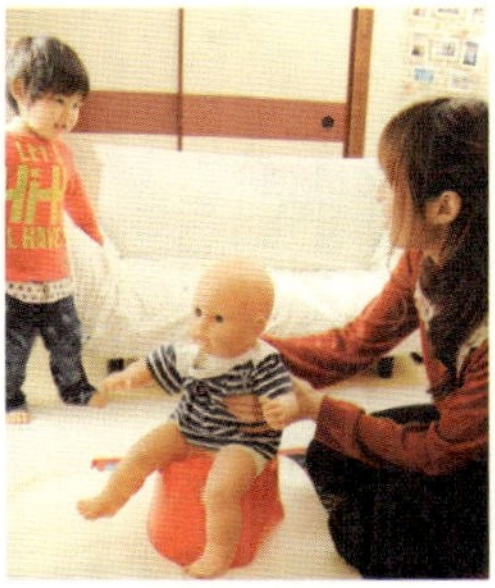

远远地观看坐在坐便器上的玩具娃娃

现在2岁7个月。听到妈妈说："快看快看！娃娃坐在坐便器上尿尿呢！"他便在远处好奇地观看。

11:30

对娃娃尿裤子很感兴趣

趁他在专心玩耍的时候，妈妈偷偷地在地板上倒了一些水，开始表演起来。听到妈妈说："哎呀，你怎么尿裤子了呀，不可以哦！"孩子赶紧过来看，十分担心的样子好像在想"娃娃尿裤子了吗"。

12:00

没有算好时间，尿裤子了！

今天比平时多喝了很多水，而且还穿上了不太习惯的训练内裤。突然听到他大叫一声"啊"，然后发现他尿裤子了。大概是感觉到不舒服了，这样应该知道小便时的感觉了吧？

16:00

他说"尿尿"，然后自己在坐便器上成功小便

多次给他演示玩具娃娃小便的情形，并引导他坐到坐便器上。到了傍晚，他终于自己主动说要尿尿，然后坐到坐便器上，成功排出小便。

次日成功地在卫生间里小便

第二天也继续利用玩具娃娃进行训练。突然间他说"我要尿尿"，然后自己主动坐在儿童坐便器上，成功排出了小便。

关于如厕训练的 Q&A

Q 站着小便还不熟练，总是会把裤子弄湿怎么办？

A 想让孩子马上就能像爸爸一样，拉开裤子的拉链后取出阴茎小便，是不太现实的。要一步一步地来。刚开始可以让孩子先把裤子和内裤全部脱掉，练习站着小便。然后把裤子脱到膝盖处练习，最后再练习从内裤上方或是侧面取出阴茎小便。最终目标是让孩子在上小学前学会拉裤子上的拉链。

孩子自主排便训练从何时开始比较好？要用什么方法比较合适？

根据调查显示，约有一半的孩子会先完成自主小便训练，约有两成的孩子会同时完成自主小便和大便训练。当孩子大便的时候要告诉他："你刚刚拉臭臭了哦。"当看到孩子在用力想要排便的表情时，要立刻引导他坐到坐便器或是马桶上。如果坐在马桶上双脚悬空会不便于用力，可以使用梯式儿童坐便器。

Q 发现孩子语言发育迟缓，因为是男孩吗？那如厕训练是不是应该晚一些开始？

A 因为是男孩，所以语言发育迟缓，这种说法是不对的。但是，具有一定的语言表达能力确实是进行如厕训练的必要条件。即便孩子不会说话也没关系，看看他能否听懂大人说的话，能否表达"不要""去"等简单的意思。

Q 应该什么时候教孩子站着小便呢？

A 可以在如厕训练顺利结束后再教孩子如何站着小便，大概 3 岁。自己手持阴茎固定好位置小便是比较难的，此时不太适合让妈妈教了，由爸爸来教孩子具体的方法更为合适。

Q 明明是男孩，但是在小便后他却总想用厕纸擦拭怎么办？

A 大概是因为看过妈妈上厕所时的样子吧，而且拉卷纸也很好玩。其实男孩小便后只要稍稍晃动一下阴茎前端就可以，但是如果他想用厕纸擦拭干净也未尝不可。可以让他多模仿爸爸，等到能够站着小便后，自然而然就明白了。

什么时候开始夜里不再尿床呢？

尿床是单纯的生理性问题，与孩子的能力或家长的养育方法无关。3 岁孩子中，约有两成孩子每天晚上都会尿床。大部分的孩子到了五六岁才会停止尿床。即使晚上去叫醒孩子到卫生间小便，也仍会出现尿床现象。在孩子的身体做好准备之前，家长一定要耐心等待，全心守候。

PART 4

享受养育男孩的过程

养育聪明、健康、全面发展的男孩

玩耍方式与发育情况

0~2 岁男孩通过玩耍探索世界

0 ~ 4个月 仰卧阶段

会一直盯着某个物体，以满足认知上的好奇心

此阶段的男婴，相较于物体的声音，更喜欢人的声音。尤其是当听到妈妈说话的声音时，会高兴得手舞足蹈。虽然眼睛可以看到东西，但还不能聚焦或是转动眼珠。现在还不太清楚哪些是自己的身体部位，也不知道别人和其他物体的存在。因此，无论是什么东西，总会先放到嘴里确认一下。

这个阶段，他会一直盯着自己的手看，或是把手放在嘴巴里玩。他自己的身体就是他开始接触物体时最好的玩具。到了 3 个月左右，每当开心的时候就会笑出声来。

虽然眼睛看得还不是很清楚，但是很熟悉爸爸妈妈的脸庞，喜欢一直盯着看。

5 ~ 8个月 坐立阶段

什么都想用手摸一摸，或放进嘴巴舔一舔。能专注地玩耍

当孩子脖子能够竖立起来后，便能逐渐开始学习坐立了。此时孩子除了对人感兴趣，对物体也会产生兴趣。当他手里拿到一个东西后，会放进嘴巴舔一舔，拿在手里摇一摇，或是敲一敲使它发出声音等，会进行各种各样的尝试，开始懂得玩玩具了。此外，无论是什么东西都想要放进嘴巴舔一舔，感受它的触感或是硬度等。

等到学会爬行能够移动后，就会满屋子到处乱爬，这是孩子了解周围世界的一种探索行为。可以说，孩子是在玩耍过程中探索世界的。

开始喜欢近距离地玩“不见啦不见啦”这种躲猫猫的游戏。

9～11个月

爬行、扶着东西站立的阶段

妈妈一边说“等等我呀”，一边爬着追逐孩子，会让他特别兴奋。

开始喜欢和大人互动，模仿大人

此阶段，亲子关系会越来越亲密，孩子会经常想和父母一起玩耍。在此之前，他总是拿着玩具舔一舔或者摇一摇，喜欢独自玩耍，但现在已经开始懂得和大人一起玩耍的快乐。

开始能够和大人一起互动了，当大人说“给我”时，会把东西递给大人；当大人说“给你”的时候，就会把东西拿在手里。不仅仅是玩耍，在日常生活中也会乐此不疲地和大人进行互动。这个阶段的孩子还很喜欢模仿大人，或是被大人模仿。对于孩子来说，模仿大人挥手说“拜拜”，是特别好玩的游戏。而且，如果大人模仿孩子的动作，他也会很高兴。

举高高的游戏会让孩子的视野更广阔，能让他感到新鲜的刺激。但是要注意安全以及观察孩子的表情，看看他是否害怕。

12个月以后

走路阶段

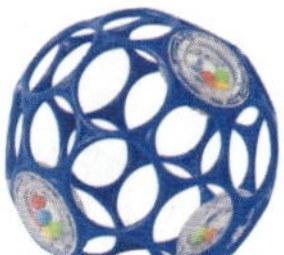

开始对玩具的形状、构造感兴趣

大人堆好积木，孩子再将积木推倒。孩子非常喜欢这种游戏！

开始对物体的形状、构造感兴趣。在玩拼图或是拉绳玩具等这种需要自己钻研的游戏时，会特别专注。

此阶段的孩子会开始学习独立行走。刚开始时会有些害怕，但是习惯后就会走得非常自如。当孩子学会走路后，可以多让他在一些不太好走的地方走路，比如石子路、草坪或是有坡度的路等。尝试在不同的地面上走路可以锻炼孩子身体的平衡力，让他们的腰腿变得更强壮有力。但是，在室外玩耍时一定要看管好孩子，避免孩子发生意外。

对孩子来说，拿开毛巾就能看到小球是非常有趣的游戏。

为男孩选择玩具的要点

孩子对玩具的喜好在 2 岁以后才会体现出性别差异

玩具可以刺激孩子的视觉、触觉和听觉的发育，帮助孩子探索周围的世界。

一说到男孩的玩具，大多数人可能就会想到汽车、火车等，但其实孩子到了 2 岁以后才会对玩具有自己的喜好。虽然也有的男孩会喜欢过家家的玩具或是毛绒玩具，但是从整体来看，男孩还是更喜欢汽车、火车类等机械类玩具，或是积木、拼图类等几何学相关的玩具。至于到底是因为男孩天生就喜欢，还是受周围环境影响造成的，目前尚无定论。

无论什么玩具，只要孩子自己感兴趣、能玩得开心就是最好的玩具。在选择玩具的时候，不要考虑性别因素，要尽可能地选择安全的、能让孩子开心的玩具。

选择玩具的注意要点

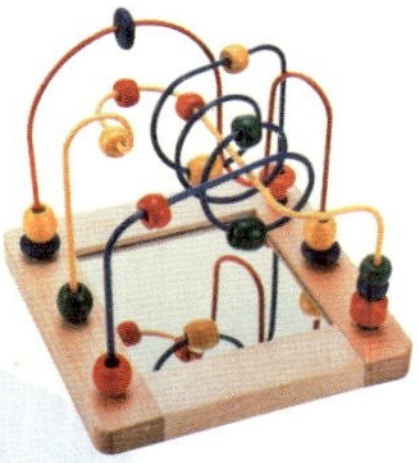

1 符合孩子的成长规律

孩子的兴趣在不断变化，身体也在迅速地成长发育。请仔细观察孩子，看看他能否抓握或推拉玩具等，然后选择与其发育水平相当的玩具。

2 通过尝试，选择能让孩子感兴趣的玩具

请在给孩子买玩具之前，观察一下他日常玩耍时的情形，比如按开关，拉抽纸等，让他尽可能地在安全范围内进行各种尝试。尽量选择能够让孩子在玩耍时真正感兴趣的玩具。

3 最好选择父母也喜欢的玩具

选择父母也喜欢的玩具，这一点非常重要。因为这样的玩具能够让大人和孩子一起玩耍。在颜色、形状或是人物形象等方面，请选择能够让大人也喜欢的玩具吧！

关于玩具选择的 Q&A

Q 孩子在仰卧阶段是否需要玩具？

A 重点不是“需要”或者“不需要”，而是孩子能否接受开心的刺激。

对于小月龄的孩子来说，玩具能够激发他的好奇心，吸引他对外界产生兴趣。当听到摇铃声或音乐盒优美的音乐时，孩子会停止哭泣或手舞足蹈，说明他正在开心地享受。

Q 木质玩具比塑料玩具更适合孩子吗？

A 根据孩子的个人喜好选择即可。

塑料玩具更轻更好打理，木质玩具手感更好，两者各有千秋。只要符合安全标准，根据孩子的个人兴趣和喜好选择即可。

Q 让孩子早点接触益智玩具会更好吗？

A 其实所有的玩具都可以提高孩子的认知能力。

对于婴儿来说，所有的玩具都能提高他的认知能力。孩子会在看玩具、触摸玩具、舔玩具的过程中，加强对颜色、形状、声音、触觉的认知，其实家长没有必要再给孩子做其他的提高认知能力的训练。当然，如果家长能够和孩子一起玩亲子游戏，会在认知方面给孩子带来更好的刺激作用。

Q 孩子很快就厌烦新玩具，怎么办？

A 0~2 岁这个时期，孩子的兴趣不断变化是很正常的。

0~2 岁的孩子集中注意力的时间是很短的，这一点不用过于担心。特别是当婴儿学会爬行能够自由行动后，感兴趣的东西会不断发生变化。如果玩具太多反而会让孩子眼花缭乱，一次给他准备一个玩具就可以。

Q 孩子不按照玩具本来的玩法玩，怎么办？

A 让他自由地发挥想象力尽情玩耍吧。

不必拘泥于玩具的“正确玩法”。孩子通过改变玩具的玩法，可以锻炼他的创新能力。不要否定孩子的玩法，让他们尽情地自由玩耍吧。

积木

4 个月左右

舔一舔、咬一咬

从这个阶段开始，孩子无论拿到什么东西都会放进嘴巴舔一舔。比如，抓到积木后，会先放入嘴中感受它的触感。请选择涂层安全的积木，让孩子尽情探索吧。

7 个月左右

拿着玩具对敲

孩子能够坐立后手指的精细动作能力也在同时发育，他们可以同时使用双手。此时，孩子会很喜欢双手拿着玩具对敲发出声音。大人也可以试着对敲玩具发出声音让孩子听。

选择孩子能够长期玩的经典玩具

如果不知道该如何给孩子选择玩具，那就选择一些经典玩具吧。孩子能够自己钻研玩法，不同的发育时期也会有不同的玩法。

手抓球摇铃

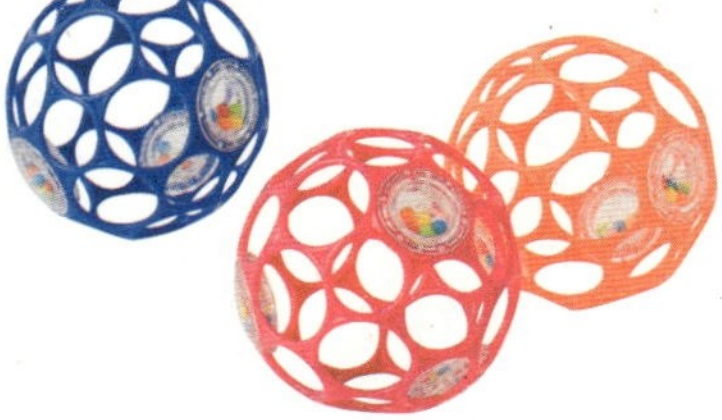

这个阶段的孩子还不能有意识地松开双手

10 个月之前的孩子，还不能完全按照自己的意识活动双手，即便抓住球，也只会来回地挥舞，还不能有意识地去松开双手。

4 个月左右

抓握

此时孩子的双手还不会做复杂的动作，但是已经能够抓握东西。如果是网状的球，孩子可以用手指抓住，还会用舌头舔一舔或是来回地挥舞。

9 个月左右

推倒

这个阶段，孩子的手指还无法做特别精细的动作，在玩积木的时候，还不会自己堆积木，但是特别喜欢把积木推倒。把大人堆好的积木全部推倒，会让他特别开心。

12 个月以后

堆放

随着对物体尺寸的掌握，以及平衡能力、手指精细动作能力的不断发育，孩子从 1 岁半左右开始就能够堆积木了。但是，每个孩子学会堆积木的时间和堆放积木的数量因人而异。

30 个月左右

想象

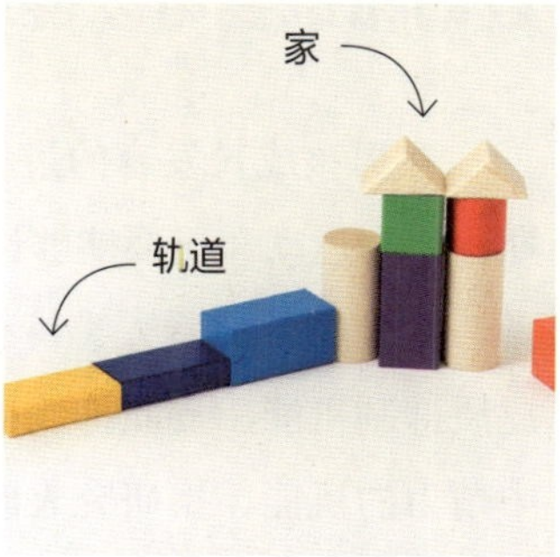

从 2 岁半左右开始，孩子能够玩的游戏种类越来越多，他们可以利用积木搭建自己想象的东西。会用积木拼搭家或是轨道等，逐渐会玩一些充满想象力的游戏。

10 个月左右

扔（松手）

可以按照自己的意识控制手部动作。当他想把手里拿着的东西放下时，就会松手。把球扔掉时会特别开心，而且扔掉球后会让大人再捡回来，对此乐此不疲。

16 个月左右

踢

随着走路越来越熟练，孩子在能够小跑后，逐渐学会用脚踢球了。但是想要踢得更加熟练，或是能够踢向自己想踢的方向，还需要再过一段时间。

18 个月左右

投掷

在 1 岁半以后才能将球投掷出去。到了 2 岁左右，逐渐可以调整投掷东西时的力气。3 岁时，随着控球能力的增强，有的孩子可以和大人一起玩投球、接球的游戏。

玩耍方式与发育情况

运动和玩耍是培养男孩聪明大脑的基础

运动和玩耍可以促进大脑皮质抑制机能的发育

在男孩成长发育的过程中，0~6 岁是活动身体、和别人一起运动和玩耍最关键的时期。因为运动和玩耍能够让脑前额叶功能更加活跃，从而提升孩子的专注力。

脑前额叶负责人类特有的高级机能，比如思考力、专注力、忍耐力等。此外还具有皮质抑制机能。皮质抑制机能，是指有意识地去控制冲动行为，以及不被外界影响、集中精力的机能。据研究表明，通过主动地自由活动身体进行运动和玩耍，可以促进大脑皮质抑制机能的发育。

大人可能会觉得，能够坐下来安静听话的孩子皮质抑制机能更高一些，但其实在幼儿期看起来安静乖巧的孩子并不是皮质抑制机能更高，反而很有可能是因为没有体验过强烈的冲动和兴奋。

在儿童时期，孩子会体验兴奋、对外界事物感兴趣，并展现出强烈的好奇。如果没有强烈的冲动，也就不会出现强烈的“抑制”。因为是先有兴奋，才出现抑制。

如果大脑的基础不稳固，智力开发便无从谈起

对于孩子来说，没有什么比玩得筋疲力竭后肚子饥饿想吃饭、早睡早起等这种普通的生活体验更重要了。若是打破这些重要的生活规律并置之不理，只是一味地对孩子进行智力开发，那反而会影响大脑的发育。

大脑主要由两部分构成。一部分是由脑干和大脑边缘系统构成的“旧脑”，也可以理解为是“控制身体动作的大脑”。主要负责控制大脑的生理机能，比如睡眠、食欲、体温调节、中枢神经的正常功能等。

另一部分是让人类进化得更高级的

“新脑”，也可以理解为“聪明的大脑”，主要负责计算、记忆、思考、语言表达等机能。

现代人很容易认为“高智商的大脑”更重要。然而对于人类来说，想要生存下去，最重要的是“控制身体动作的大脑”。会学习、能进行高水平的运动等仅仅是大脑机能的一部分而已。先促进“旧脑”的发育，在生理机能发育完善的基础之上，再促进“新脑”的发育，这才是人类生长发育的关键。

运动和玩耍可以活跃自律神经

现在越来越多的孩子自律神经失调，其原因都是“控制身体运动的大脑”没有得到很好的发育。据研究表明，自律神经失调是造成孩子不愿上学的原因之一。

运动、玩耍或节奏游戏对活跃自律神经有很大的益处，同时还能有效地促进脑前额叶和“控制身体的大脑”的机能发展。孩子按照自己的意志自由活动身体，不仅能够促进“控制身体的大脑”的发育，脑前额叶也能同时得到发育。因此在孩子成长发育的过程中，最重要的是帮助他养成早睡早起的生活习惯，并让他充分地活动身体，尽情地玩耍。

不同的大脑区域有不同的功能

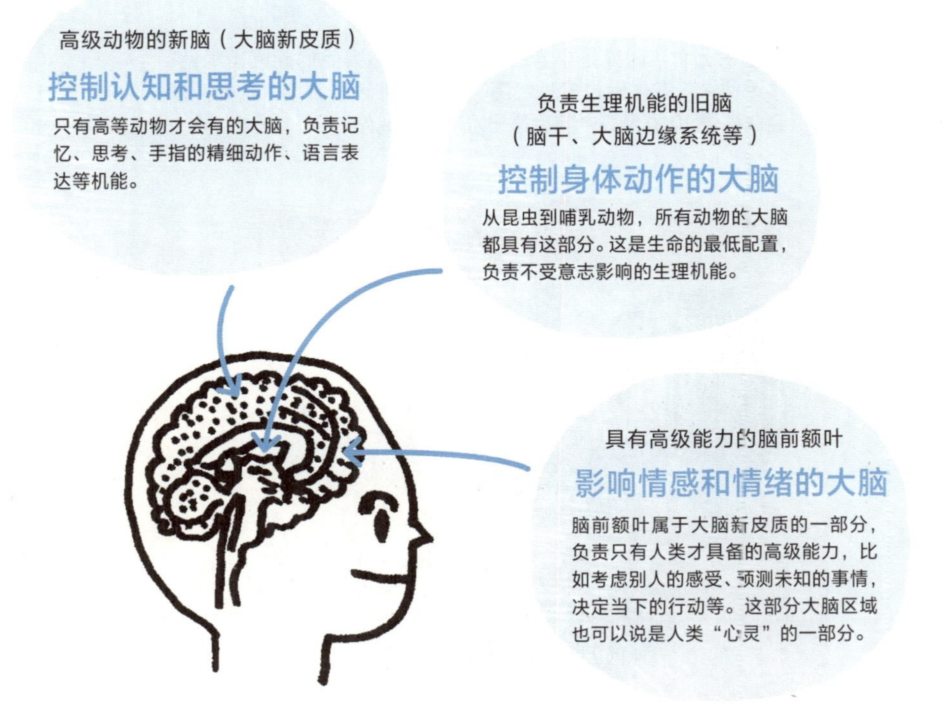

0~6 岁需要培养的是

控制身体动作的大脑

早睡早起、经常活动身体就能促进“控制身体动作的大脑”的发育。此外，当大脑每一次受到视觉、听觉、触觉、嗅觉、味觉这五种感官刺激时，大脑中相应的神经元之间就会联系得更加紧密。

从小学时代要开始重视培养

控制认知和思考的大脑

只有“控制身体动作的大脑”发育完善,才能让“高智商的大脑”发育更加完全。可以等孩子进入小学后，家长再有意识地去培养“高智商的大脑”，也可以同时培养孩子的学习欲望。

在中学时代会发育完全的是

影响情感和情绪的大脑

在孩子上幼儿园或是小学的时候，不要勉强他们能察言观色、体谅他人。在体验过多种经历、接受过外界刺激后，脑前额叶会在孩子 10 岁至高中前后这一阶段发育成熟。

玩耍方式与发育情况

父母应该如何陪孩子玩耍

越来越多的父母不知道如何陪孩子玩耍

现在越来越多的父母面临这些问题：没有玩具就不知道如何陪孩子玩；或者本来是打算带孩子出去玩的，结果一不小心去购物了；父母自己玩手机，孩子玩游戏，能够让一家人开怀大笑的只有电视上的搞笑综艺节目……这些现象都是不正常的。

孩子只有在和父母一起亲密玩耍时，才是最开心、最容易开怀大笑的，这也是孩子大脑最活跃的时候。请认真回想一下，看看自己是否希望孩子从小就做个“乖宝宝”，总是想让他根据父母的要求保持安静。事实证明，那些容易兴奋、爱说话、兴趣广泛的孩子，未来的发展会更好。

和孩子一起运动和玩耍，让他们充分活动身体，保持心情愉悦、身体强健，这才是培育孩子聪明大脑的正确方法。

抓住孩子腋下的位置，玩举高高的游戏。

将孩子高高举起后转圈圈，孩子特别开心。

经典的举高高游戏有很多升级版的玩法

小孩子都很喜欢玩举高高的游戏。家长可以尝试各种升级版的玩法，比如将孩子高高举起后左右摇晃，或是向上抛起等。当孩子刚开始还不适应的时候，可以从低处开始慢慢尝试。

孩子稍微大一点后，弯曲膝盖，将身体蜷缩起来后就像一个小陀螺。

家长把手放在孩子的腋下，开始让孩子的身体转圈。

在木地板上玩“人体陀螺”

让孩子平躺在地板上，弯曲膝盖蜷缩身体。家长把手放在孩子的腋下或是膝盖内侧，利用离心力转动孩子。和孩子一起在木地板上玩起来吧！

力量游戏“翻跟头”

就像柔道练习中常见的摔跤动作一样。可以让孩子趴在大人的腿上前后左右地移动，或是把趴在大人背上的孩子摔下来等。在垫子或床上做这些游戏会更安全。

让孩子骑在大人的腿上。

保持这种姿势抬高腿部，就像将孩子倒挂在脚上一样。

孩子翻转一圈，着地时身体会落在家长的脸旁边。让爸爸和孩子做这个游戏会更安全。

玩“运送孩子”的游戏，孩子特别开心

紧紧抓住孩子的衣领慢慢走，就像运送货物一样。这个游戏会让孩子充分感受到悬空感，孩子还会因为体会到“原来还能被这样抓起来呀”而感到兴奋和惊喜。

爸爸的力气比较大，建议爸爸和孩子玩这个游戏，孩子就像小猫咪一样被抓起来。

孩子头部的那端会更重一些，可以让爸爸负责抓住头部的一端。摇呀摇呀摇起来！

利用床单或毛毯玩“飞行”

让孩子躺在床单或毛毯中间 家长抓住两端左右摇晃。刚开始时可以慢慢摇晃，如果孩子能接受并很享受，就可以稍微加大一些摇晃的幅度，孩子也会特别开心。大人一定要抓紧毛毯的两端，注意不要让孩子掉下来。

家长握住孩子的双手和双脚，像荡秋千一样摇晃起来，然后保持着这种背部能够先着地的姿势，将孩子扔到垫子或床上。刚开始时，为了避免孩子产生恐惧心理，可以从较低的位置将孩子慢慢扔下。

要保证孩子背部先着地。千万不能把他粗暴地扔出去，而是要让他的身体轻轻地缓慢着地。

长高秘诀 身高由遗传和生活环境等因素共同决定

身高受多种因素的影响

长高，其实就是骨骼的生长。孩子四肢骨骼的前端由软骨构成，在发育阶段是可以不断生长的。但成人已经发育完全，是没有软骨的。

骨骼的生长需要身体分泌生长激素，同时还需要构成骨骼的蛋白质等营养成分，以及运动所带来的刺激。在体内多种因素的共同作用下，人才能长高。

说到身高，遗传因素不可忽视。一般情况下，如果父母的身高都很高，那么孩子的身高也会很高。但是，生活环境等因素对身高的影响同样不容小觑。

如下图的公式所示，可以通过遗传因素大致预测出孩子的最终身高。公式后面的生活环境主要包括饮食、睡眠、运动、家庭环境等因素。将这些生活环境因素变成能促进长高的因素，公式中“α”的数值就会增加。

男孩的最终身高预测公式

$$\underbrace{\frac{\text{爸爸的身高}+\text{妈妈的身高}+13}{2}}_{\text{遗传}}\underbrace{+\ \alpha}_{\text{生活环境}}$$

- 爸爸 180 cm　妈妈 160 cm　男孩 176.5 cm + α
- 爸爸 170 cm　妈妈 155 cm　男孩 169 cm + α
- 爸爸 165 cm　妈妈 150 cm　男孩 164 cm + α

抓住身高增长的关键期

人体生长发育过程中有两个身高增长的高峰期。第一个是 0~3 岁幼儿期，第二个是青春期。一般来说，男孩进入青春期的时间比女孩晚，在 10~14 岁。在这两个身高增长的关键期，父母要给孩子创造良好的生活环境，包括均衡的营养、适量的运动和优质的睡眠，这样孩子才能长得高、更聪明。比如一日三餐营养搭配，均衡膳食；同时保持适当的户外运动；晚上 10 点以前让孩子去睡觉等。

身高的增长机制

男孩的身高除了受父母身高遗传因素的影响，营养、运动、睡眠等生活环境因素也非常关键。只有保证均衡的营养、适量的运动以及优质的睡眠，身体才会分泌骨骼生长所需的足够的生长激素。

遗传

父母身高总和 +13 再除以 2，就可以大概预测出男孩的身高。

- 均衡的营养
- 适量的运动
- 优质的睡眠

→ 可以促进身体分泌骨骼生长所需的生长激素

哪些情况属于身材矮小，需要治疗？

表 1 是男孩矮小身材的标准。这些数值来源于同龄的 100 名男孩的身高值中第二低的数值。若身高低于此数值，则需要引起注意。此外，表 2 是男孩每年身高增长的标准。若连续两年都达不到该标准，则需要引起注意。

造成身材矮小的因素有很多，不是必须要进行治疗，或是一定能够治疗成功。但是，如果通过检查诊断出“因为生长激素不足而造成身材矮小”，则可以通过服用激素药物来促进身高的增长。尽早进行激素治疗是非常重要的。如果发现了孩子的身高增长状况不佳、与生长曲线不一致等异常情况，一定要尽早到专门的儿童医院或是儿科进行就诊。

表1

身材矮小的标准

年龄	
3 岁	86.1 cm
4 岁	92.3 cm
5 岁	97.9 cm
6 岁	103.7 cm
7 岁	109.5 cm
8 岁	114.7 cm
9 岁	119.7 cm
10 岁	124.5 cm
11 岁	128.9 cm
12 岁	133.9 cm
13 岁	140.7 cm
14 岁	148.5 cm
15 岁	154.7 cm

* 根据日本标准身高计算

表2

每年身高增长的标准

年龄	
3 ~ 4 岁	6.0 cm
4 ~ 5 岁	5.4 cm
5 ~ 6 岁	4.9 cm
6 ~ 7 岁	4.5 cm
7 ~ 8 岁	4.5 cm
8 ~ 9 岁	4.3 cm
9 ~ 10 岁	4.0 cm
10 ~ 11 岁	4.0 cm
11 ~ 12 岁	4.5 cm
12 ~ 13 岁	6.9 cm
13 ~ 14 岁	6.9 cm
14 ~ 15 岁	3.3 cm

长高秘诀 培养孩子良好的生活习惯

说到能够促进身高增长的营养成分，很多人会首先想到钙。的确，钙是非常重要的，但是要想促进身高增长，蛋白质才是最重要的营养成分。

蛋白质是构成骨骼、肌肉等身体组织的营养元素，而钙则起到强壮骨骼的作用。若将骨骼比喻为大楼，蛋白质就是钢筋，而钙则是让大楼变得更坚硬结实的混凝土。

肉类、鱼类中含有大量的蛋白质，建议给孩子选择低脂肪的食物。豆制品属于高蛋白低脂肪的食物，可以多给孩子食用。

5 岁的男孩每天必需的蛋白质为 25 g，8 岁的男孩每天必需的蛋白质为 40~60 g。每 100 g 猪肉中的蛋白质含量约为 20 g。半块（约 150 g）北豆腐的蛋白质含量约为 6.6 g。人体不能贮藏蛋白质，每天从食物中摄取一定量的蛋白质非常重要。

摄入均衡的营养

蛋白质

能够促进骨骼和肌肉的生长以及生长激素的分泌。要均衡摄入动物性蛋白（肉类、鱼类、鸡蛋）和植物性蛋白（豆制品等）。

钙

能够强壮骨骼的必需成分。5 岁的男孩每天的摄入量标准为 500 mg，8 岁的男孩每天的摄入量标准为 600 mg。其中一半来源于乳制品，一半来源于蔬菜、大豆和鱼类等。

锌和镁

锌可以帮助体内的酶发挥功效，促进生长激素的分泌。镁能够帮助身体吸收钙。

低脂肪

若为了摄取营养而一味地摄入大量脂肪，从健康的角度来看是不可取的。

拒绝食品添加剂

食品添加剂中的成分会将体内的钙、镁等成分排出体外，不要过量食用香肠、方便面等加工类食品。

早餐

早餐对于摄入必要的蛋白质和钙来说非常重要。如果早上吃面包，并配上牛奶和水煮鸡蛋，那摄入的蛋白质含量约为 12 g。

3~6 岁儿童每日饮食摄入标准

	食品种类	每天的摄入量标准	具体食材和摄入量标准
主食	谷类	350 ~ 400 g	1 碗米饭 +1 片面包 +2/3 碗面条
主菜	肉类	40 ~ 50 g	2~3 片薄片
	鱼类	50 g	成人食用量的 2/3
	豆类和豆制品	40 ~ 50 g	1 小盒纳豆，1/6 块豆腐
	鸡蛋	50 g	1 个中等大小
副菜、水果等	黄绿色蔬菜	50 ~ 70 g	/
	浅色蔬菜	80 ~ 100 g	/
	薯芋类蔬菜	70 g	2/3 个土豆
	水果	150 ~ 200 g	1/4 个苹果 +1/2 根香蕉 +1/2 鲜榨果汁
	菌菇类	20 ~ 30 g	1 朵香菇
	海藻类	10 ~ 20 g	1 g 干燥的裙带菜
	牛奶等乳制品	400 g	1 大杯牛奶 +1 小盒酸奶 +1 块奶酪
其他	油脂类	20 g	/
	调料	适量	/

* 表中总结了 3~6 岁男孩每日饮食的摄入标准。具体饮食搭配可以参考下图的内容。每天按照表中的标准摄入，一天的营养基本就足够了。如果在此基础上再给孩子补充一些零食、点心或是果汁，摄入的热量就会超标。

早餐

奶酪面包片、
煎蛋、
蔬菜汤、
酸奶

午餐 + 点心

饭团、炸鸡块、
水煮西蓝花、
圣女果、苹果、
蒸红薯、牛奶

晚餐

米饭、
烤三文鱼 、
嫩炒菠菜、
豆腐裙带菜味噌汤、
蔬菜沙拉

进行适量的运动

经常听到有人说打排球、打篮球能够促进身高增长，其实并没有什么特别的能够促进身高增长的运动。而且，如果因为运动很重要就让孩子进行过度的剧烈运动，或是勉强孩子做他不喜欢的运动，那反而会阻碍孩子的身高增长。让孩子保持适量的运动，这样他们心情更好、吃得更饱、睡得更香。那些激烈的、需要持久练习的运动等孩子进入高中身体发育成熟后，再让他们去做吧。

适量的运动给骨骼带来竖向的压力，从而刺激骨骼、促进身高增长。可以让孩子做一些他们喜欢的运动项目，比如跳舞、踢足球等。但是即使不特意运动也没问题，因为孩子在游戏中也能充分活动身体，比如和孩子一起玩能追逐的捉迷藏游戏、投球游戏等。

多喝牛奶能长高吗？

每天的牛奶摄入量不能超过 500 ml

为了强壮骨骼，让孩子喝牛奶是没问题的，但是喝牛奶并不意味着孩子会长高。如果每天摄入的牛奶超过 500 ml，会影响正餐或导致肥胖。

孩子饭量小，吃的东西不多

可以增加吃饭的次数，将点心当作加餐

少食多餐。不要将零食当作点心，可以选择奶酪等乳制品或是水果、饭团等。每次少盛一些饭，鼓励孩子再来一碗。

保证优质的睡眠

都说“睡得好的孩子长得高”。刚入睡后的深睡眠阶段，是促进身高增长的生长激素分泌最旺盛的阶段。虽然孩子在清醒时也会分泌生长激素，但分泌量远远不如睡眠中的分泌量。虽然促进身体发育的必要睡眠时间是因人而异的，但从幼儿时期到进入青春期之前，孩子每天的睡眠时间要保证能够达到 10 个小时以上。

为了促进生长激素的分泌，不仅需要保证睡眠时长，睡眠质量同样也很重要。如果在睡前进食，生长激素的分泌量就会大大减少，因此最好让孩子在饭后 2 小时后再入睡。另外，睡前看电视、玩游戏会让孩子变得很兴奋，不利于入睡。而且，如果睡觉时光线太亮，孩子很难进入深睡眠。

孩子太胖会不容易长高吗？

容易早熟，生长激素的分泌会减少

生长激素不仅能让孩子长高，而且还能燃烧脂肪。如果身体肥胖，生长激素就会集中用于燃烧脂肪，生长就会缓慢，从而影响身高增长。而且肥胖的孩子发育相对较早，也更容易早熟。

患有特应性皮炎的孩子不容易长高吗？

有生长缓慢的倾向

患有特异性皮炎的孩子会因身体瘙痒而睡眠质量不佳，还会因为饮食限制而造成蛋白质摄入不足，虽然这些因素都可能会影响身高，但是骨骼也会努力生长。因此要注意均衡摄入营养，可以多咨询营养师。

祖父母个子不高，会隔代遗传吗？

确实有隔代遗传的现象，但个子不高未必会遗传

如果父母的身高正常而祖父母却身材矮小，可能是因为祖父母在生长发育阶段营养不良导致的。虽然确实有隔代遗传的现象，但身材矮小是否会隔代遗传尚无定论。

提高跑步速度的技巧

只要勤加练习，孩子都可以跑得更快

虽然与生俱来的肌肉类型会决定孩子是否擅长跑步，但是对于所有的孩子来说，只要勤加练习，就一定能够跑得更快。家长可以从孩子小时候开始，和他玩一些互相追逐的户外游戏，这样孩子就能意识到跑步是一件快乐的事情，在跑步中锻炼体力、增加肌肉力量。

只要孩子对跑步感兴趣，就可以让他练习加速起跑、挥动手臂等赛跑的技巧。

特别是孩子在参加运动会等比赛前，会特别想得第一名。获得好成绩最能激发孩子的斗志，也是训练他练习赛跑的绝佳时机。不要只在乎输赢，让孩子充分地去体验付出努力后的成就感和打破纪录的刺激感吧！

全力奔向终点

从第 6 步开始，抬高视线，看向终点的方向。可以高高抬起大腿，小腿和脚都尽可能向前伸展，加大步幅向前奔跑。后脚脚跟要像能够踢到臀部一样用力蹬地。

迅速加速

前 2~5 步还是要继续保持身体前倾的姿势。步幅小一些也没关系，要快速移动双脚来加快跑步的速度，同时用力挥动双臂。

找到用脚趾抓地的感觉

将双脚并拢，跳橡皮筋。这是让双脚掌迅速离开地面腾空跳起的练习，让孩子连续迅速跳跃三次，然后休息一次。若是幼儿，橡皮筋要与孩子的脚踝处同高。

锻炼脚掌肌肉

让孩子体验脚尖踩地的感觉。不要让孩子到处乱跑，而是在游戏中强化脚掌迅速腾空离开地面的练习。

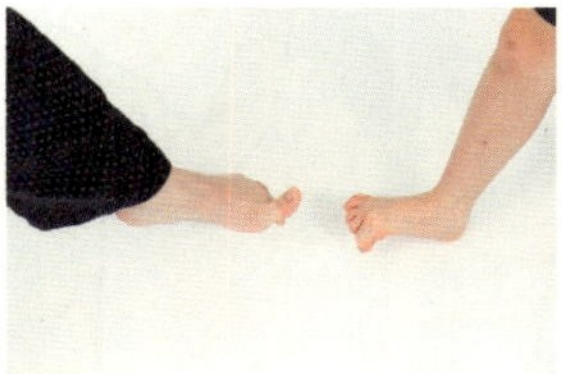

用脚趾玩“石头剪刀布”的游戏。虽然动作很简单，但是锻炼脚掌肌肉的效果十分显著。

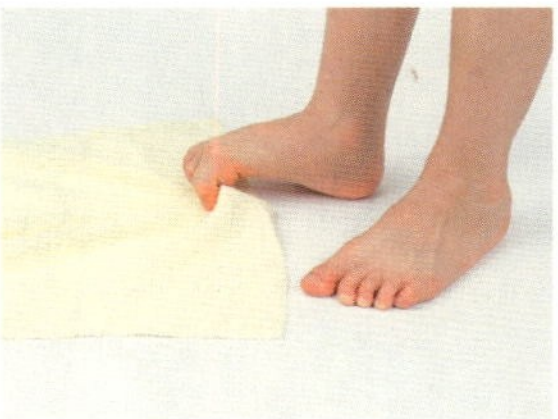

练习用脚趾抓毛巾。在地板上平铺一块毛巾，让孩子站立时用脚趾将毛巾抓起来。家长还可以和孩子一起比赛。

就位

双眼平视远方

身体放松，不要紧绷，双眼看向终点的位置。双脚稍微张开，保持与肩同宽。

准备

视线斜向下

上半身前倾，重心放在前脚，全身力气蓄势待发。同时双手自然弯曲，注意不要握紧。

开始跑

视线斜向下

身体向前倾，借力前进。同时，将支撑身体重心的前脚用力蹬地，迅速跑出去。

掌握挥动手臂的技巧

NG

过度拉伸肘关节。要保持肘关节弯曲 90 度，不断向后挥动手臂进行练习。

肘关节向外张开。向外张开肘关节是错误的，应该是前后挥动手臂。

肘关节伸展不够。将肘关节伸展开，好好练习吧。注意保持身体稳定，不要左右摇晃。

家庭小练习

只要挥动手臂的姿势正确，脚步姿势也会正确。原地不动做挥动手臂的练习，直到真正掌握为止。

掌握步伐的练习

家庭小练习

挺直背部，一条腿直立，另一条腿将大腿抬起，让膝盖与大腿根齐平。习惯该动作后，可配合挥动手臂。当能够熟练地边走边做这套动作后，再试着边跑边做这套动作。

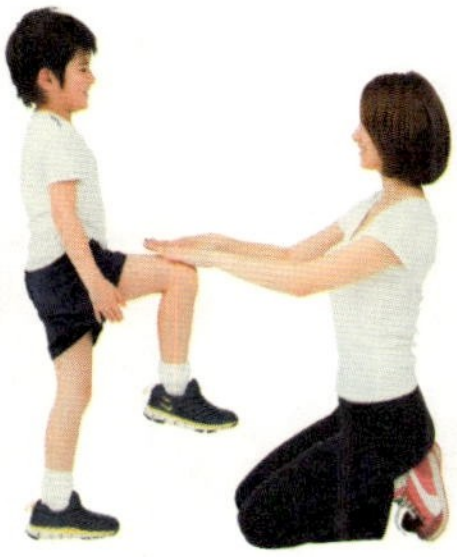

为了能够加大步幅、用力蹬地，加强腿部的肌肉力量和髋关节的柔韧性非常重要。可以加强高抬腿和踢臀部的练习。

挺直背部，将双手放在臀部后侧，一边慢慢向前走，一边让脚后跟触碰双手。做这个动作时，要注意脚踝处保持垂直，膝盖不能向前突出。

习惯了该动作后 可以加快速度，在前进中做踢臀部练习。幼儿保持正常的步行速度即可。等熟练后，再加上挥动手臂的动作。

掌握跳绳的技巧

关键是挥动跳绳

跳绳运动的关键是能够很好地挥动跳绳。为了正确地挥动跳绳，请认真练习吧。刚开始可能坚持不了多久，但多练习几次，找到连续跳绳的感觉后，就可以尝试挑战 10 个甚至更多的连续跳了。

家庭小练习

双脚并拢跳跃练习

对于孩子来说，双脚并拢跳跃练习远比大人想象得还要困难。请让孩子通过游戏的方式来练习双脚并拢的跳跃吧。

U 字形

将跳绳摆成 U 字形，让孩子站在绳子外侧。

双脚并拢跳跃，让脚落在 U 字形中间。

再一次双脚并拢跳跃，跳到跳绳的外面。

圆形

把绳子摆成圆圈状，让孩子双脚并拢站在中央练习跳跃，要注意不能跳跃到绳子外面。

先掌握挥动跳绳的技巧

反复

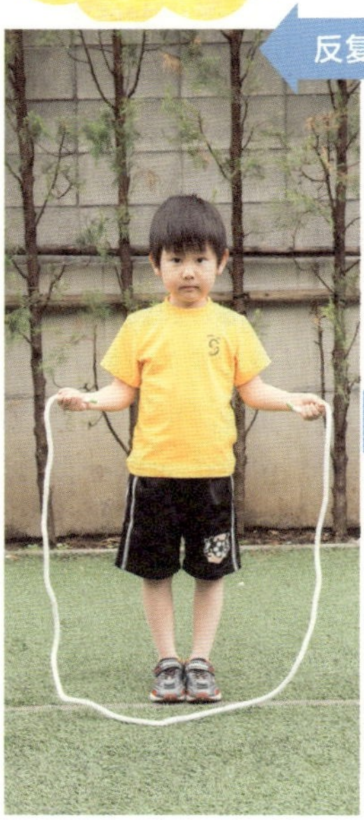

将跳绳放在前面

身体进入准备状态。刚开始时可以让孩子把跳绳放在身体前面，这样更容易挥动跳绳。

跳起来越过跳绳

跳跃的关键是双脚并拢。另外，跳跃时要让双臂在身体两侧打开，以免跳绳缠在一起。

挥动跳绳回到原位

跳跃时要将双臂高高抬起，大幅度地从后向前挥动跳绳，这样便回到了最初预备时的姿势。反复练习。

家庭小练习

抬起脚后跟，做脚尖跳跃的练习

跳跃时若小腿向后弯曲，那么脚会很容易触碰到跳绳，而且总是跳不高，家长可以把手放在孩子头部的上方来当作跳跃的目标，让孩子伸直双腿练习脚尖跳跃。

练习在圆圈中连续跳绳

等孩子能够连续跳跃后，可以在地上用另外一根绳子摆成圆圈状，让孩子在圆圈中进行连续跳绳的练习。

尝试连续跳 5 个

刚开始姿势不好看也没关系

跳跃→挥动跳绳，让孩子按照这种节奏练习。这个阶段，孩子跳着前进或者姿势不好看也没有关系，多多练习就行。

挑战连续跳 10 个以上

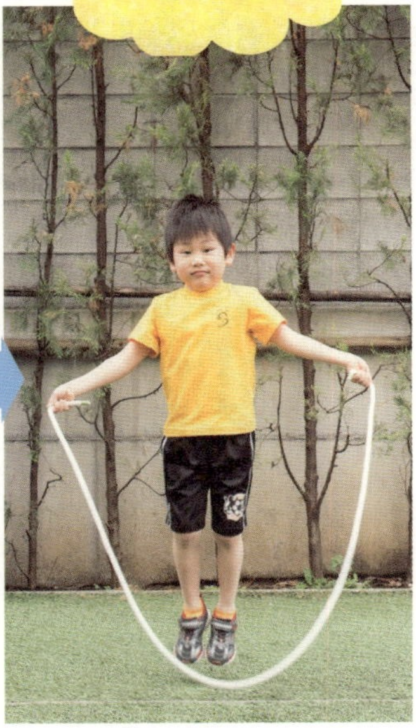

练习在固定的地方向上跳跃

练习向上跳跃后再回落到原地。跳跃时眼睛平视远处的某个地方，视线保持不动。

跳绳的长度

开始练习时，先让孩子用一只脚踩在跳绳上，将跳绳的长度调整至与肩同高。当孩子能够连续跳 5~10 个后，再将绳子的长度调至与胸部齐平。

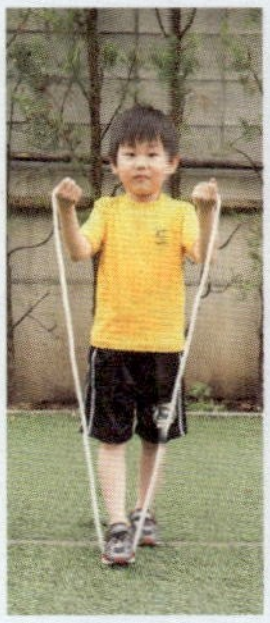

刚开始保持与肩同宽

习惯后调至与胸部齐平

跳绳的选择方法

孩子初学跳绳时使用稍重的绳子（图中右侧），会更容易学会如何挥动跳绳。等孩子能够连续跳 50 个左右时，可以换成较轻的塑料跳绳。

跳绳的握法

【绳子】

将绳子在手掌上缠绕一圈，然后握紧拳头。

【塑料跳绳】

将塑料跳绳把手的下半部分放在手掌上，然后直接握紧。

运动能力的培养

掌握翻单杠的技巧

在孩子还小的时候，让他感受身体翻转的感觉

翻单杠时，需要能够同时掌握节奏、速度，并能够判断翻转的时机。在小学低年级之前，趁着孩子年龄小体重比较轻的时候，让他尝试翻单杠吧。通过不断练习，让他们感受身体翻转的感觉。

保持正确姿势，做好准备

站立时，双手保持与肩同宽，肘关节稍稍弯曲。然后将一条腿向后退准备往上踢，另一条腿准备踏步向前迈进。

将身体靠近单杠，腿向前迈

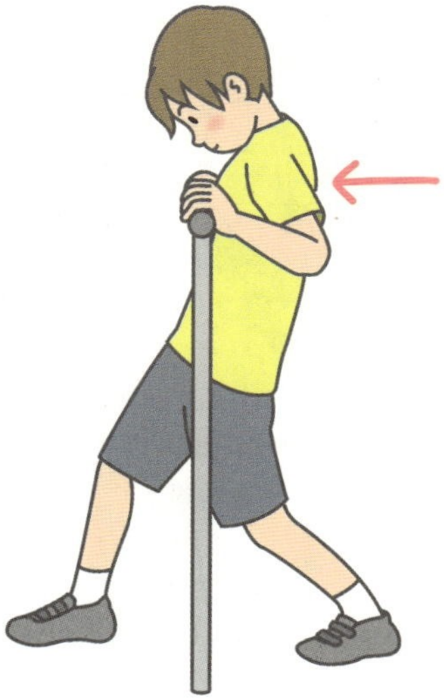

将一只脚往前迈至单杠正下方前一步的位置，注意要用力地从上往下踩实地面。肘关节保持弯曲，同时身体靠近单杠。

向上踢腿

踏步的同时身体紧靠单杠，向上踢的腿尽量踢向头顶的方向。保持肘关节弯曲，尽可能向上踢腿。

使用正握的手势

和逆握相比，正握更容易使力。抓握单杠时双手之间的距离保持与肩同宽。

通过游戏适应单杠

保持飞燕的姿势。在单杠上用双手支撑身体，保持平衡。

像晒被子一样，将身体挂在单杠上。将身体对折，并努力保持这种姿势。

将脚朝向单杠的另一侧

将身体紧靠单杠并弯曲成弧线，然后将脚朝向单杠的另一侧。注意上踢的腿要踢向头顶的方向，当越过单杠后，双腿要立刻并拢。

抬起身体

当双脚接近头部越过单杠后，将大腿根紧靠单杠翻转身体。等翻转完成后立起上半身，然后转动手腕恢复原位。

踏步练习

有的孩子会跟着节奏“1、2、3”进行踏步练习，但是如果练习时太依赖节奏，反而会适得其反。踏步的脚用力迈出去一步，身体就会顺势产生惯性，从而容易向上翻转。

一条腿向后弯曲做好向上踢的准备，另一条腿高高向上抬起膝盖，大步向前迈进。

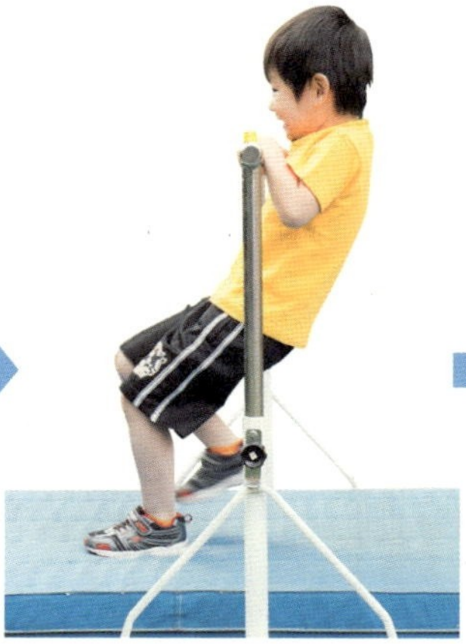

将身体靠近单杠，同时一条腿用力，让脚踏在单杠正下方往前一步的位置。

让腹部靠近单杠，另一条腿用力踢向单杠的上方。

身体靠近单杠练习

为了向上踢腿时能够让肘关节保持弯曲的状态，可以让孩子练习将身体微微倾斜悬垂，同时用力弯曲肘关节，坚持 10 秒钟！

家庭小练习

抬腿踢球练习

为了让孩子能更清楚地了解脚需要踢到的具体位置，试着让孩子练习用脚踢球。大人把球放在孩子的脚能够踢到的位置，然后再慢慢抬高，直至到达最佳位置。

球的最佳位置是在孩子的头顶正上方。

可以鼓励孩子说“试着踢到这儿”“马上就够到啦，加油”等。

家庭小练习

练习身体翻转，掌握身体翻转的感觉

利用毛巾做练习。横向抓住毛巾的对角后折叠。

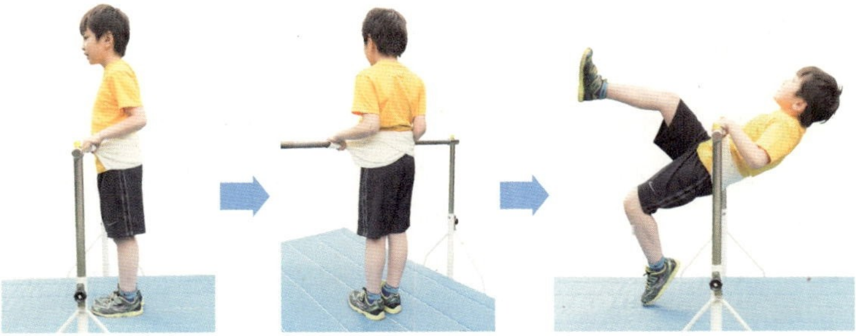

把毛巾绑在单杠和腰间

把毛巾绑在臀部上方腰的位置。尽量不要绑在别的部位，以免弄疼身体。在有毛巾支撑的情况下，试着让孩子翻转身体吧。

毛巾的卷法

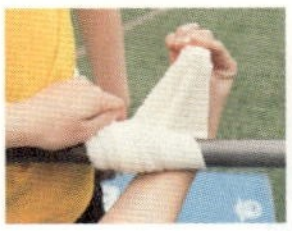

将毛巾绑在腰间，两端分别缠绕在单杠上。

为了保证安全，请将毛巾的两端在单杠上缠绕 2 圈。

缠绕的毛巾要牢牢系紧，以免松开。

在毛巾的协助下，翻转时会更轻松。

课外兴趣的培养

父母应该如何给男孩选择兴趣班

受欢迎的课外兴趣随着时代发生变化

兴趣班一般是在孩子明确产生兴趣并愿意学习的时候才开始学习的，通常是在孩子进入小学前，当然也有一些孩子是在进入幼儿园前开始学习的。很多父母在给孩子选择兴趣班时，不仅会考虑孩子的想法，父母自己也会积极地加入孩子一起体验，比如英语学习、书法等。孩子愿意学习并能一直坚持下去的话，父母还能通过这些课外兴趣发现孩子的个性以及各种可塑性。

随着时代的不同，每代人的兴趣爱好也在随之发生变化。比如在日本，以前一说到男孩的运动，就会立刻想到棒球，而现在会发现，踢足球的孩子比打棒球的孩子更多。

第1名 游泳

让孩子从小体验在水中的快乐

“游泳可以让身体变得更强壮”“学会游泳非常重要”，在课外兴趣的选择上，游泳受到了众多家庭的青睐。有不少家长希望孩子在懂事之前能学会游泳，尽可能地减少孩子的恐惧心理或是不擅长的意识。学习游泳有很多好处，比如游泳会让人很开心，孩子在学习游泳时不容易产生厌烦心理，还能增加孩子的自信等。不过同时也能听到一些相反的声音，比如“容易感冒”“会变得怕水”等。

好处

- 从婴儿期开始学习游泳，孩子不会怕水
- 会让孩子身体变得更强壮
- 学会游泳后，在学校上体育课时孩子会更轻松

坏处

- 如果学不会，很难消除孩子对水的恐惧心理
- 容易感冒、容易患中耳炎
- 容易被传染水疱疹

第2名 英语

受欢迎的原因是可以一边玩一边学

英语是国际通用语言，在课外兴趣班中人气很高。现在很多家长并不一定要求孩子认真地学习英语，而是通过“磨耳朵”等形式，让孩子接触英语，只要对孩子将来有用就足够了。当然也有一些家长希望趁在孩子有很强的接受能力时学习英语，以便提高孩子的兴趣，为以后的英语学习打下基础。

好处

- 习惯英语和正确的发音
- 消除对英语学习的不擅长意识
- 改善孩子认生、胆怯的性格

坏处

- 英语培训费将是一笔很大的开销
- 即使学习了也不一定能够用英语和别人沟通交流

第3名 书法

能写出一手好字是人生宝贵的财富，而且练习书法还能提高专注力

字写得漂亮，在日常生活中有很多好处。从很久以前开始书法就很受大家的欢迎。孩子学习书法以后，很多家长都说“能够写出一手好字了”“专注力提升了”“姿势更端正了”“语言组织能力更好了”等。在真正学好书法之前通过练习体会到的书写文字的快乐，以及随着不断进步而产生的成就感等，都是让孩子坚持练习书法的动力。

好处

- 能够写出一手好字
- 能够提高专注力

坏处

- 墨水弄脏衣服后，不好清洗
- 要一直坐着练习，孩子很容易产生厌烦心理

第 4 名 武术

想让孩子成为一个身体强壮、知礼懂礼的人

大多数家长让孩子学武术，都是为了让孩子增强体质，成为身体健康的人。有家长反映孩子学习武术之后，身姿仪态也得到了改善。但是也有数据表明，在一些武术体验课上，有将近一半的孩子被教练吓哭。

好处

- 能够增强体质
- 练习后孩子食欲增加

坏处

- 容易受伤
- 在家练习时需要考虑是否会影响到邻居

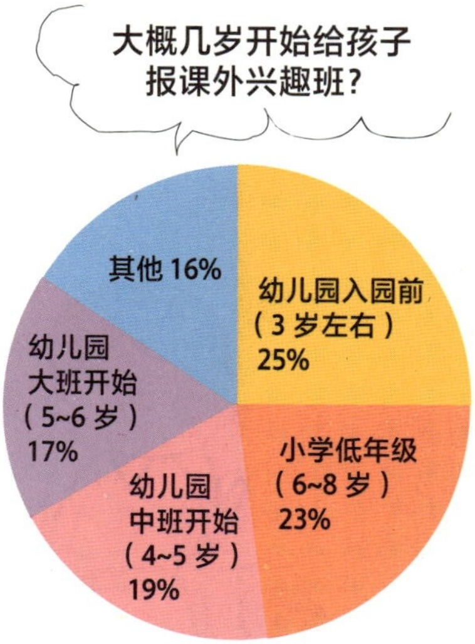

孩子想报兴趣班的原因有很多，比如孩子主动想学了，或是看到哥哥正在学所以自己也想学等。从左图可以看出，孩子在幼儿园入园前就开始报课外兴趣班的比例最高。但是也有专家认为，未满 3 岁就开始给孩子报课外兴趣班是毫无意义的。

第5名 足球

孩子喜欢，而且家长也能一起参与

爸爸也能一起参与，可以说足球是最能促进亲子关系的课外兴趣。而且一旦开始练习，就很容易长期坚持下去。不过，虽然家长能够一起参与是好事，但有时也可能会变成一件坏事。如果在正式比赛中，爸爸和孩子是竞争对手，便会对父子关系有一定的影响。由此可见，足球对于亲子关系的影响具有两面性。

好处

- 足球是团队竞技运动，能很好地锻炼孩子的协调性
- 孩子的性格会变得积极开朗

坏处

- 球队的值班制度、周末需要练习等，都会增加家长的负担
- 衣服总是弄脏，来不及清洗
- 休息日一切都以球队活动为先，无法和家人一起出去玩

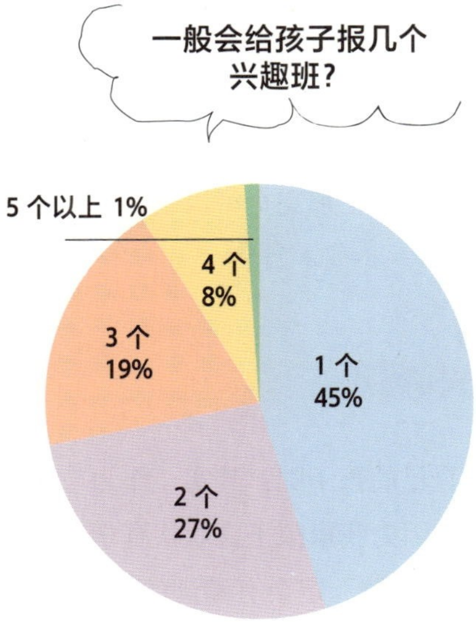

3~6岁的孩子，至少报了1个兴趣班。随着年龄的增长，孩子学习课外兴趣的数量也逐渐变多。但是一般情况下，孩子进入中学后因为需要优先学业以及参加学校的社团活动，参加的兴趣班也会减少。

给孩子报兴趣班有哪些注意事项

不能因为给孩子报兴趣班而不让他们玩耍

课外兴趣的培养对孩子的影响很大，孩子真正喜欢的课外兴趣带给他们的体验是最好的原始体验。比如，如果看到电视上体育节目中的某个选手摔倒了，参加过体育兴趣班的孩子就会产生同理心，为这位选手感到惋惜。孩子学弹钢琴，学到的也不仅仅是音乐本身，钢琴老师在授课时还会引导孩子了解相关的文学、地理等知识，这样会让孩子更好地掌握在学校里学到的知识。可见，课外兴趣的培养也能促进孩子心灵的成长。

尽管如此，课外兴趣班和能够培养孩子的自主性、独立见解、沟通交流能力等人格形成基础的“玩耍”相比还是相差甚远。首先应该保证孩子能够畅快地玩耍，然后在此基础上再选择能够让孩子开心专注学习的课外兴趣班。

给孩子报兴趣班的基本前提是孩子自己喜欢

无论给孩子选择什么样的课外兴趣班，前提都是适合孩子，孩子自己喜欢并能够开心地学习。打个简单的比方，如果吃奶油泡芙时蘸酱油，那就糟蹋了奶油泡芙。奶油泡芙应该搭配白砂糖，而酱油更适合在吃鱼的时候使用。同样的道理，在给孩子报课外兴趣班时，要选择适合他的、能让他开心学习的课外兴趣。

“无论如何都必须让孩子学”“一旦开始学习了就必须要坚持下去”，如果像这样勉强让孩子坚持学某个课外兴趣的话，孩子一定会产生强烈的抵触情绪。家长切记不要太过于较真，如果发现某个课外兴趣不适合自己的孩子，那完全可以放弃，让孩子重新选择其他的。

留心观察，选择真正适合孩子的兴趣班

那么，该如何判断某个课外兴趣是否适合自己的孩子呢？其实，作为与孩子最亲密的伙伴，家长可以用自己的直觉去判断。比如“因为我家孩子喜欢认真学习”或是“我家孩子的优点是不服输，如果孩子学了这个课外兴趣一定会有满满的成就感”，家长们可以试着像这样去思考。但是，如果家长只是因为“孩子到了该学 ×× 的年纪了”“大家都开始学了”而焦虑，那么这种焦虑的心理就会让家长原本敏锐的直觉变得迟钝。孩

子第一次上体验课时很新鲜很开心，这是理所当然的。建议在孩子开始学习某个课外兴趣后，把第一个月都当作试学阶段。因为这一个月内也许家长会发现自己的直觉判断错误，或是孩子和老师不投缘等。请家长不要设定任何要求，比如“既然开始学了就必须要坚持学几年”，而是要让孩子开心快乐地去学习。

在开始学习某个课外兴趣后，一切都很顺利，但是后面在学习的过程中可能会出现各种状况，比如孩子莫名其妙地兴趣低落、毫无理由地不愿学习等。这个时候，家长可以尝试利用“鹦鹉学舌”的办法去鼓励孩子。

如果孩子说“我不想去”，家长可以回答说“你不想去啊”，如果孩子说“有 × × 的事情”，家长就回答说“有 × × 的事情啊”。通过这种方式，去倾听并理解孩子，和他产生共鸣。用这样的方式让孩子慢慢学会自主思考，克服负面情绪。请一定要好好利用课外兴趣锻炼孩子独立思考的能力。

关于课外兴趣的 Q&A

Q 在孩子上幼儿园之前报课外兴趣班有意义吗？

A 不要勉强孩子，选择孩子真正感兴趣的课外兴趣。

也并非毫无益处，在这个阶段给孩子选择课外兴趣的一个重要原则是“在孩子不反感的范围内选择”。比如有的孩子天生就很喜欢认知卡片类的智力游戏，那只要在他不反感的范围内帮他选择相关的课外兴趣就行。如果勉强让孩子坚持学习他不喜欢的课外兴趣，结果只会适得其反。千万不要被商家煽动性的广告所迷惑，比如“必须要学到几岁为止”等。

Q 家长可以仅凭自己的意愿为孩子选择课外兴趣班吗？

A 不可以。首先要考虑孩子是否适合这个课外兴趣

若家长认为“孩子喜欢音乐，就应该会喜欢弹钢琴”，而去引导孩子，让孩子产生想要学习钢琴的想法，这样是没问题的。但如果家长仅仅因为觉得学习了某个课外兴趣会对孩子以后有用而让孩子去学习，很容易让孩子产生抵触心理。

Q 为了能让孩子和更多的同龄人一起玩耍，可以多报一些兴趣班吗？

A 虽然没有什么错，但要注意千万不能过于依赖课外兴趣班。

现如今，出于安全角度考虑，不会让孩子单独外出玩耍。但参加课外兴趣班可以让孩子和其他小朋友有更多的接触机会，也许比让孩子一个人在家玩耍会更好。但是，自由玩耍有利于培养孩子的感性认知和独立见解，即便给孩子报了课外兴趣班，也一定要留给孩子充足的玩耍时间。

Q 带孩子上体验课或试听课时，有哪些注意事项？

A 注意留心观察孩子的反应

人们常说“兴趣是最好的老师，只有喜欢才会擅长”，如果孩子喜欢并且愿意专心学习某个课外兴趣，不仅可以充分调动孩子的积极性，还会让孩子更好地掌握学到的知识。带孩子上体验课时，可以注意观察上课时整体的氛围，了解这个兴趣班是以完成事先制订的教学任务为目的而开展的，还是以孩子为中心、以拓展孩子能力为目标而开展的。后者显然是真正适合孩子的兴趣班。

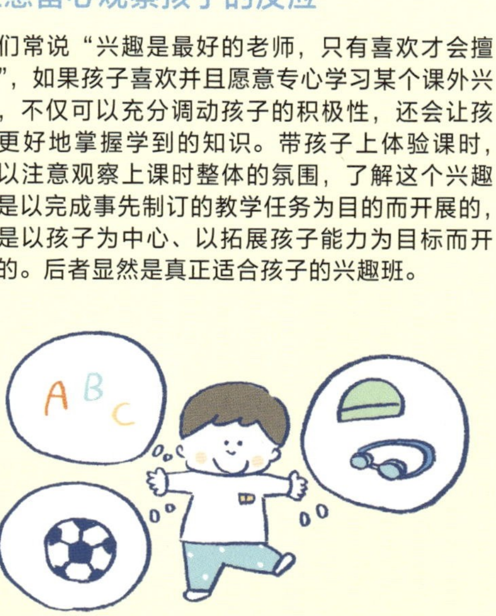

孩子入园前的准备以及可能会遇到的问题

孩子入园哭闹说明他的成长过程非常顺利

一般来说，3~4 岁是孩子初次进入幼儿园的时期。很多孩子在入园初期都会产生一定程度的分离焦虑，这是很正常的，也是孩子成长经历中的一个重要阶段。

看到孩子撕心裂肺地哭闹，很多妈妈都会备感苦恼。孩子喜欢妈妈，不愿意和妈妈分开，也恰恰说明这段亲子关系是非常牢固的。孩子入园时哭闹恰恰证明了他的成长过程十分顺利。当然也有些孩子不会经历分离焦虑。

为了帮助孩子缓解这种分离焦虑，家长需要提前做好一些准备工作。除了物品上的准备，心理上、情绪上的准备更为重要。孩子都会对陌生的环境感到好奇又害怕，家长可以提前带孩子去熟悉一下幼儿园及其周边环境，了解自己将来要长期生活的地方，并逐渐认同幼儿园这个环境，孩子就不会感觉那么陌生了。另外，市面上也有很多关于幼儿园的绘本，家长不妨提前购买一两本，跟孩子一起读一读，普及一下幼儿园的常识，也可以缓解孩子的焦虑。

如果我们做出了种种努力之后，孩子在入园的第一天还是忍不住哭泣，也没有关系！请相信，孩子现在流的泪水，都会成为他们成长道路上宝贵的财富。我们家长要做的不是阻挡孩子流泪，而是陪伴孩子用坚定的脚步走向人生的新阶段。但是，如果上幼儿园都快半年了，孩子还是每天在去幼儿园前都大哭一场，则很有可能是孩子适应不了所在幼儿园的氛围。如果孩子一直无法适应这个幼儿园，家长可以考虑将孩子转去别的幼儿园。

孩子进入幼儿园以后，以前每天从早到晚都陪在孩子身边的全职妈妈，终于有了一些属于自己的空闲时间。请妈妈们利用这段自由的时间，认真思考一下“该如何度过孩子放学后的亲子时光”。对于孩子来说，在幼儿园里有朋友的陪伴，在家里有妈妈的照顾，他们拥有了双倍的快乐。如果这样去想，妈妈们就可以开心地享受一个人的自由时光了。

入园前的相关准备

孩子离开妈妈的庇护，要独自去幼儿园生活了。在孩子入园前，看看有经验的妈妈们都让孩子做了哪些入园准备吧。

能说出自己的名字

有的幼儿园会让家长在孩子入园前教孩子清楚地说出自己的名字，可以提前让孩子在家做一些听到自己名字就能回应的练习。

摘掉纸尿裤

大多数幼儿园都会要求尽量给孩子摘掉纸尿裤。摘掉纸尿裤后，孩子的活动会更自由，压力也会更小。

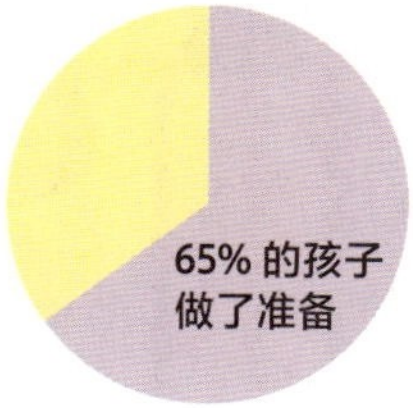

能自己换衣服

很多妈妈都是以入园为契机，让孩子练习自己换衣服的。有的妈妈还会让孩子练习如何按摁扣、拉拉链等。

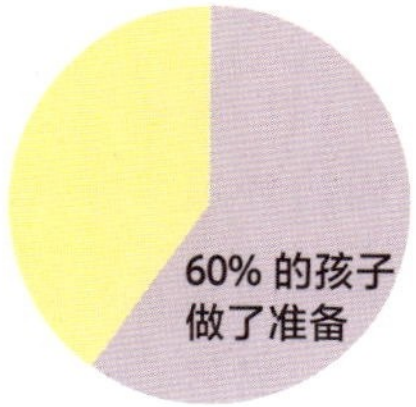

能独立如厕

即使在家可以独立如厕，但有些孩子到了新环境也会不适应。一定要提前教孩子想要大小便的时候及时告诉老师。

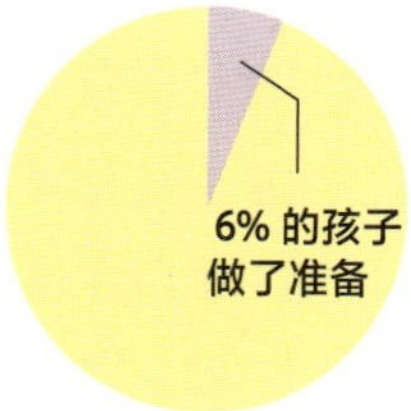

能识字、写字

大多数家长认为没必要在孩子刚入园的时候就开始识字。在幼儿园里，孩子可以通过物品上贴的特殊标记来识别哪些是自己的物品。

孩子在幼儿园遇到这些问题该怎么办？

去幼儿园适应吗？

刚开始入园时，一直不适应。

4 岁左右入园，可他根本不知道幼儿园到底是个什么样的地方。每次早上送他到幼儿园门口时，总是哭哭啼啼不愿意进去。大概过了两三个月，他才慢慢适应。

万一尿裤子了怎么办？

属于正常现象，请不要过于焦虑

幼儿自主如厕失败是很正常的。如果提前告诉幼儿园老师“还是很担心他会尿裤子”，老师们一定会细心照顾的。

孩子挑食，担心他的吃饭问题

以“全部都吃完”为目标

最初，孩子只吃自己喜欢的饭菜是没问题的。然后逐渐地加量，让孩子多一些“能够全部吃完”的成功体验吧！

孩子总是离不开妈妈

孩子已经具备独立成长的能力

孩子不能迅速地融入集体生活是很正常的。孩子离不开妈妈，恰恰证明了母子关系非常亲密。要相信自己的孩子。

妈妈不擅长和别的宝妈交朋友

做好自己就行了

不用勉强自己去和别的宝妈交朋友。如果遇到别的宝妈不知道聊什么，也不用勉强，做好自己就行了。

孩子容易食物过敏

一定要提前告诉老师

食物过敏有可能会危及生命，一定要提前告诉老师孩子不能吃哪些东西。

入园前的准备

1 个月前

调整孩子的作息

入园前，老师会通知家长学校的作息安排，家长可以根据实际情况调整孩子的作息。比如 7 点起床，8 点前用餐，上午户外活动 1 小时，中午 11 点午餐，饭后半小时后开始午睡，下午 3 点吃水果等。提前调整孩子的作息，能够帮助孩子更好地适应幼儿园生活。

2 周前

给孩子试穿校服，并清洗干净

报名时，幼儿园一般会发放统一的园服。记得不要一直放在衣柜里，要提前给孩子试穿，并清洗干净。确认一下尺寸是否合适，以免在入园前临阵慌乱。

根据实际情况购买饭盒、水杯等

有的学校会使用统一的餐具和饮水用具，请提前和学校确认。如果没有，需要提前给孩子准备好。

确认室内鞋等是否合适

孩子的脚长得很快，如果过早准备，很可能需要穿的时候发现鞋子已经穿不上了。可提前 2 周给孩子准备。

在衣服、物品上贴好姓名标签

其实贴姓名标签是非常花费时间的，可以使用姓名贴纸或者印章。

1 周前

提前给孩子准备一些备用衣物等

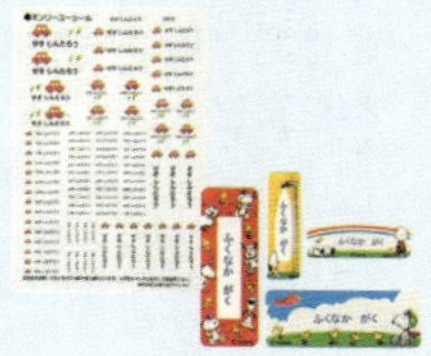

孩子入园后，可能会尿裤子，或者吃东西时弄脏衣服，可以给孩子准备 1~2 套备用的衣物，以便随时更换。如果孩子还不能自主如厕，可以多准备几条裤子。

再次确认入园时要携带的物品

为避免入园时临阵慌乱，要多留些时间进行准备。如果提前 1 周开始准备的话，即便真的缺少什么东西，也来得及去买。

1 天前

再次给孩子做心理建设，并练习告别仪式

告诉孩子明天就要去幼儿园了，和他练习告别仪式。比如把他送到幼儿园大门口就告别。可以跟他说再见，或者拥抱一下。可以告诉他放学时妈妈、爸爸或者其他家人会在学校门口接他。提前做好分离的心理建设。

孩子入学前的准备以及可能会遇到的问题

孩子入学前，要让他掌握基本的自理能力

进入小学标志着一直持续到高中乃至大学的漫长的校园生活就此开始。和幼儿园阶段相比，孩子的书包里多了书本，带回来的学习资料更多了，老师也会开始适当布置一些作业。这个时候，如果家长以孩子“都已经上一年级了”为由，完全不管不顾只让孩子自己做，或者是代替孩子完成所有的事情，都是不可取的。此时家长需要注意的一个要点就是“一起做”。孩子放学回家后，家长可以和孩子一起打开书包，一本一本地拿出语文、数学、打印资料和学习资料等。削完铅笔，分类整理好教材后，再将所有的东西一件一件放回书包里。在一起做这些事情的过程中，还可以问问孩子学校里的事情。

这样做的最终目标是让孩子变得自立，能独立完成这些事情。一般情况下，即便是平时表现得很棒的孩子，也要等到小学三年级左右才不再需要大人的帮助。可以和孩子一起制订一个目标：上小学三年级以后让孩子自己独立完成。

孩子上小学前需要学会的生活技能

小学的生活、学习环境和幼儿园区别很大，有哪些事情需要孩子在入学前提前适应的呢？

会认字、能够写自己的名字

虽然在学校里会学习汉字，没有必要提前教，但是如果能提前教会孩子写自己的名字会更好。

调整生活作息，养成早睡早起的习惯

刚开始的校园生活带给孩子的刺激比较大，孩子可能会很疲惫。为了不影响孩子学习，在入学前就要调整好他的生活作息。

讲究个人卫生

在学校，公用的玩具设施有很多的小朋友玩耍，因此要让孩子养成勤洗手的习惯。饭前便后也要让孩子养成洗手的好习惯。

练习端坐在椅子上

小学是听老师讲课的地方。有很多一年级的新生在班里总是走来走去。家长要提前在家里让孩子练习如何正确地坐在椅子上。

学会认路和问路

自家小区叫什么名字，学校叫什么名字，从哪条路能去学校，要是和家人走散了，应该找谁帮忙，怎样向别人寻求帮助等，应该让孩子在入学前学会这些必要的生活技能。

会使用蹲厕

可能有的学校只有蹲厕。要在入学前提前教孩子如何使用蹲厕，可以提前带他到蹲厕进行体验与练习。

孩子上小学遇到这些问题该怎么办？

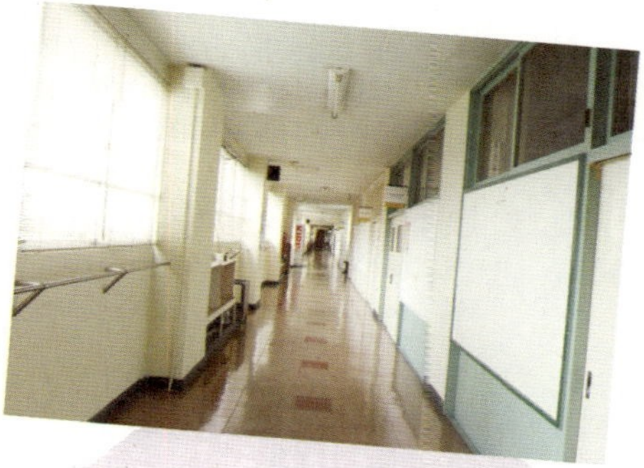

担心孩子被欺负

不要为了消除自己的不安，刻意地改变孩子

不要因为担心孩子被欺负而教他看别人的眼色行事。家长的职责是不断地鼓励孩子，对孩子说“我们爱你”“我们相信你”等。

没有熟悉的小伙伴

相信孩子的适应能力

孩子可以很快和别人成为朋友。家长不要让孩子感到不安，请相信孩子的适应能力。

要提前教他识字吗？

可以先教一些他喜欢的东西的名字

如果孩子在入学前就能记住一些汉字，入学后就能更顺利地开始学习生活。可以先教孩子一些他感兴趣的东西的名字，比如喜欢的怪兽的名字等。

容易食物过敏

一定要提前告诉老师

食物过敏有可能会危及生命，一定要提前告诉老师孩子不能吃哪些东西。

小学的新生活如何？

很快就适应了新生活，是个精力旺盛的孩子。

刚入学时会很担心，比如能不能和同学友好相处，学习能不能跟得上等，但没想到他很快就适应了校园生活。反倒是现在上了5年级以后，无论是作业还是课外习题册，竟然开始变得不会做了。

入学前的准备

1个月前

调整孩子的生活作息

一般小学都会安排孩子午睡，也有学校没有午睡。入学前，家长可以根据孩子所在小学的实际情况调整孩子的生活作息。提前调整孩子的作息，能够帮助孩子更好地适应小学生活。

帮助孩子做好心理准备

可以抽时间带孩子到即将就读的小学看一看，熟悉一下周围的环境。在去学校的路上，告诉孩子一些交通规则，帮助孩子记住一些比较明显的标志等。

陪孩子一起整理学习用品

在孩子入小学前，应该培养孩子独立整理物品的习惯，家长可以从陪孩子一起整理学习用品开始，并教会孩子使用和保管这些学习用品。

为孩子准备一个专门学习的场所

在家里给孩子准备一个专门的学习场所。放上书桌、椅子等，为孩子创造一个固定的学习场所。为培养孩子的自主学习习惯提前做好准备。

2周前

根据实际情况购买饭盒、水杯等

有的学校会使用统一的餐具和饮水用具，请提前和学校确认。如果没有，需要提前给孩子准备好。

在衣服、物品上贴好姓名标签

其实贴姓名标签是非常花费时间的。可以使用姓名贴纸，或者印章。

一定要提前购买必需的文具

一定要提前购买学校指定的必需的文具。很多学校会禁止使用带有卡通形象的文具，购买时要注意。

给孩子准备方便活动的衣服和鞋子

可以提前给孩子准备两三套方便换洗的衣服和一两双舒适的鞋子。家离学校较近的孩子，可以穿上准备好的运动鞋步行到学校试试，看鞋子是否会累脚。家长要让孩子提前练习如何自己穿鞋、脱鞋。

1周前

提前确认开学时需要携带的物品

为避免开学时临阵慌乱，要多留些时间进行准备。如果提前一周开始准备的话，即便真的缺少什么东西，也能来得及去买。

3天前

再次给孩子做心理建设，告诉他马上就是一名小学生了

家长可以在入学前几天再次告诉孩子，他马上就是一名小学生了。并且要告诉他小学和幼儿园的相关区别。比如上课的时间变长了、上课需要专心听讲、学校会有测验和考试等，让孩子有充分的心理准备。

PART 5

对于男孩的叛逆
和反抗无计可施

如何应对男孩的叛逆期

叛逆期的男孩有哪些表现

开始有自我意识，什么事情都要自己做

本以为顺利度过了需要悉心照顾的婴儿期，终于可以稍微松口气，可很快又迎来了孩子的第一个叛逆期。特别是男孩总爱大声喊叫、调皮好动，真的很让人头疼。

但是，这个时期，在孩子的内心世界里，某个重要的部分会迅速地发育成长，那就是“自我”。

在婴儿期，孩子是不懂得区分自己和他人的。即便看到镜子里的自己，也不会意识到那就是自己。但是，大概从 1 岁半开始，孩子的自我意识开始觉醒，他会发现原来自己就是自己，和妈妈不一样。他们会开始尝试自己的事情自己做。因为此时孩子已经有了较强的运动能力，一旦他自己独立完成一件事情，就会有很强的成就感。虽然他们大多数情况下都会失败。

即便如此，当大人说“因为……，所以不可以哦”的时候，他们依然无法理解。而且此时他们的语言表达能力还十分有限，所以他们会和婴儿期一样，通过哭闹来回应。可以说第一个叛逆期是一段非常混乱的时期。

和父母建立深厚的亲子依恋关系，向世界迈出新的一步

到 3 岁左右，孩子的词汇量会爆发性地增长，开始能够和大人进行一定程度的交流对话。此时他们能够清楚地表达自己的想法了，所以不再像 2 岁时那样对所有的事情都很叛逆了。这个阶段，他们的自我主张意识会更强烈，遇到自己不愿意做的事情，会坚决地说“我不要”。

尽管如此，还是有很多妈妈感到“孩子到了 3 岁以后轻松了很多”。事实上，之所以会有“轻松了很多”的感觉，是因为亲子依恋关系的建立已顺利完成。如果用专业术语表达，即已经顺利形成了“依恋关系”。所谓的依恋关系是指，“这个人非常重视我”“无论发生什么事情，都会守护着我”的这种坚不可摧的信任关系。孩子往往是在和父母建立这种亲子依恋关系的基础之上，再去和他人进行人际交往的。如果这个阶段亲子依恋关系建立得不牢固，孩子在长大成人后，可能会很难去信任、接受他人。1~3 岁这个阶段，是孩子成长过程中很让人头疼的时期之一。但是，正因为是“让人头疼的时期”，同时也是“非常重要的时期”。

叛逆行为 1

坚持自己独立完成

无论是吃饭还是穿衣服，全都要自己做！但是很多事情自己都还做不好，往往会陷入左右两难的境地。当大人要帮忙时，他会坚持说“我会”，还会发脾气。这是叛逆期的常见现象。

叛逆行为 2

无论对他说什么都“不要”

“和妈妈一起睡觉吧？”“不要！”
“和爸爸一起睡觉吧？”“不要！”
“今天你一个人睡吧？”“不要！”
“那你今天就别睡觉？”“不要！”
无论大人说什么，全部都要否定。

叛逆行为 3

挥舞手脚，全力反抗

当孩子无法用语言表达自己的心情时，有时会通过挥舞手脚的方式来表达。有时动作会过于激烈，连大人都无法控制。为了避免孩子抓伤自己，一定要给他勤剪指甲。

叛逆行为 4

喜欢到处乱跑

无论在商店、车站，还是公园，只要大人一松手，他就一溜烟儿地不见了！不是因为他不喜欢待在这个地方，而是因为他的好奇心太强，无论哪里都想去看看。为了孩子的安全，大人一定要在旁边看管好孩子，以免出现危险。

叛逆行为 5

不喜欢坐车

只要一让他坐在婴儿推车或是儿童安全座椅上，就会用力后仰身体表示反抗。好不容易让他坐进去了，又会哭闹着非要自己系安全带。

叛逆行为 6

歇斯底里大声哭喊

一旦遇到不喜欢的事情，就会歇斯底里地大声哭喊。有的孩子什么都不说只是哭闹个不停，有的孩子则会一边说不要一边大声哭闹。嘈杂的哭闹声对于大人来说，就像是世界末日，简直是生无可恋。

男孩叛逆期的 10 大特点

如果强制压抑孩子，情况反而会更糟

看到这些困扰后，相信很多家长都会觉得“真是太准了”。也许有的家长会担心“孩子是故意在为难父母”“如果一直这样下去，他长大后会不会变成一个荒唐无理的人”，其实这些担心都是多余的，所有的这些状况，都不过是孩子成长发育的一个阶段而已。

这个时期的孩子，会有强烈的自我主张和情感表达，正在不断地掌握自己和他人间的距离感，试探与他人的交往中能够被包容的底线。度过这个时期，很多孩子就会变得沉稳起来。如果一味地强制压抑孩子，或者总是严厉地苛责孩子，那只会让孩子无法控制自己的情绪，最终让情况变得更糟。家长一定要有策略地对待叛逆期的孩子，帮助孩子顺利地度过叛逆期。

别人的东西都是我的东西！

想要玩小伙伴的玩具，却不愿把自己的玩具给小伙伴玩。

26% 在地铁上、超市里到处乱跑或大声吵闹

25% 无法听从父母的批评和教育（严厉一点会不会更好呢？）

20% 不好好睡觉，生活规律乱七八糟

14% 抢夺、任意敲打，甚至用牙咬朋友的东西

7% 会突然大声发出奇怪的声音

我就不要！

坐在地上耍赖，怎么拉都拉不走。但只要一对他说“我们去买冰激凌吃吧”，就会立刻站起来，速度之快令人语塞。

48% 什么都要自己做，虽然耗费很长时间都未必能做好。做不好的时候很容易焦躁

41% 只要对他说『不可以』，就会大哭大闹

35% 吃饭时会来回走动，行为举止没有规矩

32% 喜欢从高处跳下来，或者突然之间跑出去，爱做危险的事情

31% 挑食，饭量小（很担心他会营养不良）

不要不要不要不要不要！就是不要！

推开大人的手说着“不要”，却立刻又要“抱抱”，这到底是什么情况？而且可爱的脸颊上滴落着大颗的眼泪，真是不按常理出牌啊！

男孩叛逆期必经的 4 大阶段

叛逆期初期 1 岁半

大脑迅速发育，开始发现“自我”的时期

孩子 1 岁多时就能学会走路和说话这两项技能，这个时期是大脑迅速发育的时期。孩子开始能够意识到“自我”的存在，渐渐地会拒绝按照父母的指示行事。这个时期被称为叛逆期初期。因为孩子语言能力和运动能力尚不成熟，还没有足够的能力去做自己想做的事情，所以需要父母要在身后默默地给予支持。

渐渐会在意其他同龄的小伙伴，矛盾也开始增多

这个时期，很多孩子到了陌生的地方或遇到陌生人很难熟络起来，只想黏着妈妈。但是他们会逐渐开始在意其他同龄的小伙伴，会和小伙伴抢夺东西。此时孩子还不懂得区分自己和别人的东西，大人要及时制止孩子抢夺别人东西的行为，看管好孩子。

2 岁 让人头疼的时期

运动 活动身体

能向前踢球；会用两只脚一起跳跃；可以双脚交替上楼梯；能够悬垂在单杠上等。

看起来毫无意义的跳跃、小跑等行为都是出于身体发育的需要

这个时期，孩子的很多行为都会让大人感到迷惑不解。其实这些看似毫无意义的行为动作，是为了促进孩子腿部、手臂上的肌肉和神经的发育而自发做出的身体行为。为了孩子更好地发育成长，为孩子创造出一个能自由活动的环境吧！

语言 表达心情

能说两个字的词语（“汪汪”“来了”等）；能够表达自己的感受，比如“漂亮”“好吃”；如果问他“手呢”，他会指向自己的手。

生活 生活技能

会自己吃饭；能够自己洗手、擦手；想要小便时会主动告诉大人。

有意识地在生活中锻炼孩子自己独立做事的习惯吧

在这个时期，孩子的手指和身体逐渐灵活起来。因为他想要自己做事的意识逐渐强烈，如果孩子能体会到“自己可以做好”的成就感，可以试着让他掌握一些生活技能，比如穿衣服、刷牙等。为孩子创造出能够让他自己独立做事的环境吧！

社会性 与他人的关系

有的孩子已经能够离开大人自己独立玩耍；会玩模仿类的游戏；自我主张意识开始变得强烈。

2 岁半 逐渐开始懂事

站立时能够转圈圈；可以单脚站立片刻；能够描摹画直线或圆形。

可以说出自己的名字；能分辨大小；能够分辨红色、蓝色、黄色等颜色；开始能够区分男孩和女孩。

词汇量大幅增加，语言表达能力迅速提高

这个时期，孩子的词汇量会猛然增多，能够达到 1000 个左右。他们会开始使用表示颜色、大小等有差异区分的词语，以及“一会儿”等时间相关的词语。认知方面的好奇心越发强烈，越来越爱问“为什么”。

可以自己穿鞋；能自己脱外套；会漱口等。

开始懂得什么是规则和规定

3 岁是孩子进入幼儿园的年龄，这个时期孩子会初次进入集体生活。虽然刚开始可能会有些紧张，但随着和小伙伴们一起开心地玩耍、做游戏、参加集体活动等，他们开始懂得什么是规则和规定。

别人和他吵架或打架后会来告状；能够模仿妈妈的各种行为；开始想要照顾比他小的孩子。

3 岁 叛逆期即将结束

能够双腿并拢并跳跃；会用剪刀剪纸；能画出四边形；会骑三轮车等。

能够用语言和同龄的小伙伴进行交流；有简单的数量概念，比如 1 个、2 个、3 个；能说出父母的名字等。

洗澡时，可以简单擦拭自己的脸及身体；有的孩子会自己擤鼻涕；开始会用筷子等。

会做的事情越来越多，多表扬孩子，就能增强他的自信心

这个时期，虽然孩子能够独立完成的事情越来越多了，但是很多时候还是希望得到大人的帮助和宠爱。为了让孩子体验更多“我做到了”的机会，请多让孩子帮忙做一些力所能及的事情吧。记得对孩子说声“谢谢”，可以增强他的自信心。

和小伙伴在一起玩耍会很开心；开始懂得征求许可，会问“我可以做……吗”；开始懂得排队等。

育儿专家这样说

如何帮助男孩顺利度过叛逆期

请不要因为在意旁人的看法而去批评孩子

柴田爱子 幼儿教育者、保育员、绘本作家

日本民办幼儿园“苹果树”的负责人。通过演讲、专栏写作、绘本等形式大力推广小朋友们每日编创的各种各样的舞台剧。其著作《吵架的心情》荣获第七届日本绘本大奖。

叛逆期的孩子，内心一半住着人类，一半住着小怪兽。很多家长认为这个时期必须对孩子进行严加管教，比如希望孩子能够懂得把玩具借给其他小朋友，或是在公共场合保持安静、听话等。

但是，这些行为对于 2~3 岁的孩子来说还是挺难的。当家长反复跟孩子说“借给他玩，可以吗”“可以的，对吧”的时候，虽然孩子能做到，但是他们只是把这些话当成一种符号去记忆而已。

叛逆期的孩子始终是以自我为中心的。如果想要别人的玩具就算是要动手打别人也要抢夺过来，而如果自己的玩具被别人抢走，也会动手打人或是哇哇大哭。因为这个时期的孩子是通过身体行为和哭声进行交流的。

看到孩子的这些行为，家长一定很为难吧。你会说“借给他吧”这样的话吗？我认为，家长也表现出为难的样子是最好的做法。此时家长可以说：“我知道你也想玩，但是只有一个，这可怎么办呢？”如果孩子觉得大人能够理解自己，就会把玩具让给别人，或是抢累了就直接放弃。

此时，请不要因为孩子能够把东西借给别人，就认为他是个乖孩子。因为在这个时期，“不想借给别人”“不能让给别人”这种只关注自己感受的做法，对于孩子来说是非常重要的。不懂得关注自己感受的孩子，是不会去在乎别人的感受的。只有在乎自己的感受，才能够同样去在乎别人的感受。

到了 4 岁以后，孩子才能真正懂得去在意别人的感受。虽然这个时期动手打人、抢夺东西等现象也会时有发生，但是当通过武力获胜的孩子看到喜欢的小伙伴脸上露出悲伤的表情时，心里也会难受起来。此时，家长请不要立刻教育孩子，不要让孩子按照大人所认为的正确的做法去做，这一点非常重要。

话虽如此，现如今孩子如果表现得调皮任性、行为粗暴，家长就会受到指责，被认为教子无方。而对于家长来说，如果孩子不乖不听话，就会觉得脸上无光。但是，在孩子叛逆期时，请抛开这种所谓的“脸面”，不要在意别人的眼光，和孩子在一起开心就好。这样，孩子就能很快顺利地度过叛逆期。

应该如何应对叛逆期的男孩？

1 不需要勉强孩子必须听大人的话

没有人愿意听从别人趾高气扬的命令，孩子也同样如此。在考虑到安全性和周围环境的基础上，大人可以放手让孩子去尝试，实在不想让孩子去做的话，试着“拜托”孩子吧。

2 不可以的时候，要坚定地对孩子说“不”

实在不可以时，要直接对孩子说“不”，无论他怎么哭闹，都要坚定立场。但是这种方法只有偶尔使用才能奏效。一般情况下，使用第 1 点的方法即可。

3 不要担心孩子会给别人添麻烦

当大人拿孩子没办法的时候，可以考虑接受周围人的帮助。比如，如果孩子实在哭闹得厉害，可以请周围的人帮忙哄孩子。

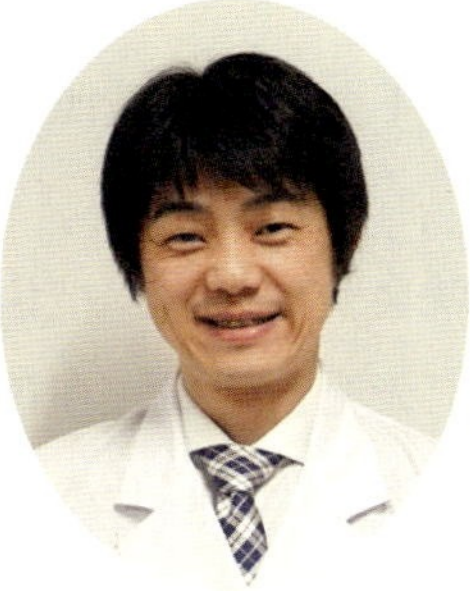

孩子“对什么都说不”是大脑发育的一个阶段

池谷裕二 东京大学 药学部教授

大脑研究者、药学博士。育有 2 个孩子。
主要从神经科学、药理学等专业角度对大脑的成长和老化进行研究。

父母其实不知道该如何教育孩子，孩子也不愿意听父母的话——当你听到这些话的时候，一定会大吃一惊吧?

关于叛逆期出现的原因，让我们一起从人类作为动物的最初形态开始分析吧。人类大概是在 1 万年前开始定居生活的，而在此之前的 200 万年内，人类一直过着一边狩猎一边游居的生活。在以狩猎为中心的生活中，父母并不是照顾孩子的重要参与者。父亲为了寻找猎物而外出打猎，母亲在哺乳期结束后，就会立刻怀孕准备生下一个孩子。而断奶后的孩子，就会交由祖父母或其哥哥、姐姐来照顾。让孩子早点离开父母，也是为了让父母能够创造一个可以继续繁衍后代的环境。

哺乳期中的婴儿很爱黏着妈妈，但是在断奶后，孩子对妈妈就不再只是撒娇、讨好了。对于孩子来说，与不照顾他的父母相比，和他共同生活在一起的人更重要。这种表现就可以被理解为是叛逆期。换言之，叛逆期是人类为了繁衍子孙后代而被刻在大脑中的一种行为模式，是人类与生俱来的天性。

此外，在孩子的大脑中会有这样一种意识“要听年龄大的小朋友的话”。如果想让孩子认真听父母的话，父母就要像孩子一样和他们一起玩耍，让孩子感到自己的父母是“能和自己一起玩耍的小伙伴”。而且对于正处在叛逆期中的孩子来说，父母的微笑足以让他打开心扉。

建议父母可以通过绘本或是模仿类的游戏，让孩子能够站在不同的立场上换位思考。比如，在给孩子读绘本的时候，试着问孩子“你认为这个小朋友现在是什么样的心情呢”或是在做模仿类的游戏时，让孩子试着扮演一下爸爸、妈妈、朋友等角色。

当孩子能够站在别人的立场上换位思考后，可能就不会再毫无缘由地说“不要”或是制造混乱。

虽然我和各位说了这么多道理，但是当面对自己的孩子时，我同样也会不知所措。叛逆期实在是太让人抓狂，但是要相信，叛逆期总有一天会结束的。请各位家长积极乐观地帮助孩子顺利度过叛逆期吧！

从脑科学的角度来看，让家长困扰的“叛逆”其实是孩子寻求接受、认同的行为。

如果孩子不听话，可以这样做！

1 如果大声哭闹，就中途下车

每天早晨都会带着孩子乘坐拥挤的地铁去幼儿园。如果他在地铁上哭闹，我就会立刻带他下去。而且一般我们也会提早出门，以防迟到。

2 利用身边触手可及的事物来转移他的注意力

外出时，如果孩子不愿意走路，可以和他一起捡路边的落叶、摇晃树叶或是扔向远处。当父母用心和孩子一起玩耍时，孩子的叛逆情绪就会少很多。

3 等孩子冷静下来后问他闹情绪的原因

问孩子“刚才怎么了”，给孩子创造一个自我反省以及用语言表达的机会，这样做对于培养孩子的逻辑思考能力、忍耐力、协调性等都大有裨益。

在叛逆期，避免和孩子正面冲突才是正确的处理方式

岩立京子　东京学艺大学教授

儿童心智发育和幼儿教育专家。育有一儿一女。
著有《教你如何管教孩子》等。
东京学艺大学附属幼儿园小金井园区前园长。

面对处于叛逆期中执拗任性的孩子，父母经常会感到抓狂，忍不住想要对孩子吼叫：“真不明白你为什么要这样！”尽管如此，还是请各位父母尽量避免和孩子产生正面冲突。也许有人会问：“对于那些不可以做的事情，不去告诫孩子的话，真的可以吗?”其实这个时期的孩子情绪很容易激动，他们很难听进去父母的话。父母一想到“和他说了多少遍他就是不听”，就会很生气，然后可能就会大声斥责、甚至动手打孩子。但是像这样通过威慑进行的管教是不会奏效的。

所谓管教，不是父母单方面进行的，而是在孩子自己能够认同、接受的基础上，内化成孩子内在的素养。孩子到了 3 岁以后，语言表达能力和理解能力逐渐发育成熟，开始能够体察别人的心情，这个时候开始管教才会有效。

当孩子情绪非常激动的时候，是没有任何办法能够让他立刻平静下来的。虽然家长可能也会变得非常焦躁，会对孩子吼道：“别再哭了！”但这样只会让孩子更加无法控制自己的情绪。此时家长要对孩子的负面情绪产生共鸣，“你不喜欢吧”“一定很伤心吧”，一边用语言安慰他一边让他感受到你也能感同身受。这个时期的孩子情绪爆发很猛烈，但持续时间并不会很长。如果孩子在大哭的同时还在观察周围的情形，家长就可以安慰孩子“心情不好是吧，要不吃个冰激凌怎么样”，从而分散他的注意力，调节一下情绪。这样做的话，孩子自然而然地就会懂得该如何控制自己激动的情绪。

当很多孩子在一起的时候，如果有一个小孩大声哭闹，就会发现有一些孩子会跟着一起哭，还有一些孩子完全无动于衷。很多孩子都会去模仿周围人的做法。如果一个孩子能够理解别人的悲伤，那么一定是这个孩子在悲伤的时候被别人理解过。

孩子处于这个时期，父母也许会很辛苦，但是随着孩子渐渐长大，现在对他来说无法理解的道理，总有一天能够真正地理解。但是等到那个时候，孩子就会开始有所顾虑，再也不会像叛逆期一样表现出真实纯粹的自我了。大概只有在叛逆期时，才能看到孩子尽情表露“真实的自我”吧。因此，请各位父母一定要用心、耐心地对待叛逆期的孩子。

应该这样避免正面冲突

1 先发制人

如果带孩子去需要他保持安静的地方，可以带 1~2 本绘本给孩子看；把大包装的零食收起来，每次只给他一次的分量；在他想说“不”之前，先说“你不愿意吧”。对待孩子，只有先发制人，才能一招制胜。

2 尽量理解孩子的心情

如果孩子想做某件事情，在没有危险，也不会伤害别人的情况下应尽量让他去做。可以这样告诉孩子：“只有这一次哦，别的小朋友都在忍耐着没做哦。”

3 转移孩子的注意力

在不能顺从孩子意愿的时候，转移注意力是非常重要的一个技巧。“看，有只小狗”“吃零食吧”等，只要能转移他的注意力就可以。

从“保护者”蜕变为“父母”

菅原裕子 NPO 法人 Heartful Communication 法人代表

在人才开发与培养方法的应用基础上，研发出了鼓励孩子活出自我的“Heartful Communication（热忱交流育儿法）”，是育儿能力开发法则的第一人。

刚出生的婴儿若没有大人的照顾，是无法生存的。此时，父母就是孩子的“保护者”。

从抬头，到爬行、站立等，婴儿从最初的什么都不会，渐渐地，今天学一点，明天学一点，会的东西越来越多。我认为在这个过程中，父母并不是要做一个面面俱到的保护者，而是在孩子需要的时候给予他支持与帮助，这才是父母的职责所在。

孩子开始有自我主张意识的叛逆期，恰好也是大人从“保护者”向“父母”蜕变的时期。对孩子的人生进行全方位的保护，虽然在某种意义上会有一定的成就感，但是随着孩子逐渐长大，父母必须要学会慢慢放手。如果孩子确实需要，那父母要尽可能地支持、帮助孩子。例如，当孩子不能安静地坐地铁时，有很多种解决办法。可以随身携带孩子喜欢的绘本，或是向周围的人解释并道歉“给大家添麻烦了”来创造一个对孩子大度包容的环境，又或者也可以对孩子说“你看，大家都很安静哦”，让孩子自己管束自己。

所谓的支持，并不是命令孩子“做这个”“做那个”，而是引导孩子能够独立思考、掌握正确的做事方法。在这个过程中，父母需要有足够的耐心，虽然可能也会有不被周围人理解，感到尴尬万分的时候。但是，想要孩子从什么都不会成长为独立成熟的大人，本就需要一个漫长的过程。父母一定要认识到，在这个过程中，想要一直保持正确、不被人在背后指责议论是相当困难的。尽可能地拜托其他家庭成员、朋友、育儿师等能够给予援手的人来支持自己吧。

接受所有的不如意，是为人父母的必修课。有的父母也许会因为自己才疏学浅而感到羞愧，但是只要父母能全心全意地爱孩子，让他每天都开心快乐就够了。孩子一定能够从这样的父母身上学会相信他人、爱护他人的真谛。

孩子叛逆期，父母该如何缓解自己的焦躁情绪？

1 和孩子好好沟通，避免情绪化

当孩子淘气不听话时，父母难免会控制不住自己情绪对孩子大声呵斥，但只要能够及时和孩子沟通，说明生气的原因，相信孩子也是可以理解的。但父母还是要尽量以平和的情绪和孩子相处。

2 向别人寻求帮助："请帮帮我吧！"

当感觉自己做得不够好、不是合格的父母、心情很糟糕的时候，请向别人寻求帮助吧。除了家人和朋友之外，也可以试着询问专业的育婴师或儿童教育专家。

3 欲速则不达，慢慢就会好了

让孩子去试错虽然可能会花费很长时间，但如果不让孩子试错，今后会更加麻烦。甚至到了青春期孩子可能会更加叛逆。因此在安全可控的范围内，请认真守护孩子的这份“想要自己做”的自我主张意识。

如何告诉男孩“这件事不可以做”

和劈头盖脸的批评相比，表扬会更有效

很多家长都会担心，如果现在不好好管教孩子，将来孩子会不会变成一个不讲道理的人。其实孩子在 3~4 岁时才开始懂得什么是规则，而此时恰好是孩子即将进入幼儿园开始集体生活的年龄。心灵的根基是培养孩子规则意识的基础，所以在孩子 3 岁之前优先培养他的心灵吧。

心灵的根基是在亲密的亲子关系中产生的。在孩子饿的时候给他喂食，在孩子感到害怕的时候抱紧他，看着他的时候温柔地微笑。这些温暖的举措都能促进孩子心灵的发育。3 岁之前的叛逆期正好是这个阶段。如果孩子在这个时期没有体会过被爱的感觉，那么今后对他进行任何管教都不会成功。

但是，孩子经常会想做一些被大人禁止做的事情，这个时候就可以直接对孩子说“不可以”。如果孩子在地铁里太吵闹，家长可以对他小声说“嘘……”，并且家长也要一直保持安静。如果他可以安静下来片刻，就好好地表扬他“你真棒”。

说到管教，很多家长都会想到批评孩子。然而其实很多时候，表扬孩子会更有效。因为当家长表扬孩子的时候，孩子就会明白“这样做是对的”。并不是批评孩子不要做什么，而是通过表扬来告诉孩子应该做什么。这才是告诉孩子“这件事不可以做”的最有效的办法。

孩子 3 岁之前，父母期望值太高是造成孩子叛逆的根本原因

无论提醒多少次，孩子还是反复做同样的事情

虽然有些孩子只要大人提醒一次不能做，他就不会再继续做，但这并不代表他是个“乖孩子”，很有可能是因为孩子对这件事情本身没有太大的兴趣。大人多次提醒但孩子还是反复去做，并不是孩子要故意惹怒大人，而是因为这个时期的孩子不懂得约束自己。

让他做的时候他也会做，但就是不愿意主动做

这个时期孩子去做的事情，多是一些“偶尔想做的事”“一时兴起想做的事”等。像收拾玩具这种比较有难度的事情，他不想做的时候就不会做。其实即便孩子到了 3 岁以后，也很难主动去做这类事情。

批评孩子不能做某事后，需要抱起来哄哄他吗？

批评孩子后，父母看到孩子失落的表情，可能就会忍不住想要抱抱他，但“批评孩子后就抱起来哄”并不是正确的处理办法。这时父母只要不唠叨，和平时一样对待他即可。

以下三种情况要明确地制止孩子

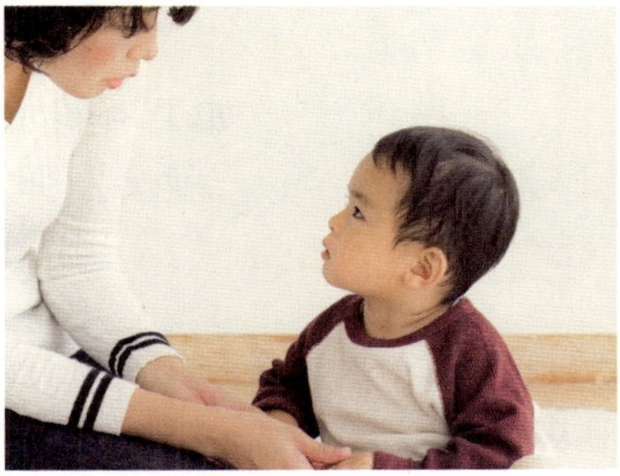

1 做危险的事情时

当孩子还不懂得判断什么是危险的事情时，父母要告诉他哪些是不可以做的事。比如，要告诉孩子，走在马路上不能松开大人的手，不能摸烫的东西，不能玩剪刀，不能拿着筷子玩等。但是对于孩子想要爬向高处这种挑战自我的行为，不要一味地去制止他，而是尽力地去支持、帮助他。

2 伤害他人时

无论是伤害别人的内心还是身体，都必须要告诉孩子绝对不可以做。如果孩子说"你去死"或是朝别人脸上扔沙子，家长应该马上制止这些粗鲁的言辞和行为，并且大声制止他。这个时期的孩子也会经常动手打人或是咬人，父母一定要时刻看管好孩子，一看到孩子想做这些事情时就立刻把他抱起来制止他，并且告诉他"有事就说出来，不能伤害别人"。

3 给别人添麻烦时

可以教他一些基本的社会常识，比如"在人多的地方不能到处乱跑""在医院里不能大声说话"等。如果孩子做不到，一定要严厉地告诫他"不可以这样"。根据具体情况，如有必要也可以直接带着孩子迅速离开现场。当孩子到了 3 岁左右，一定要认真地告诫孩子。

制止孩子不一定要大声斥责

要立刻告诫孩子

在需要告诫孩子的时候，要及时告诫他"不可以"。因为 2~3 岁的孩子很快就会忘记刚刚发生的事情。如果事后过了许久再去告诫孩子是没有用的。

真正阻止孩子

不要只站在远处告诉他不可以，而是要目光直视他，真正地去阻止他。必要的时候，也可以直接拦住他的身体。

用简洁的话语告诫孩子

"你怎么可以……呢""你应该这样这样，不应该那样那样"等，不要这样没完没了地批评他，或是啰里啰唆地絮叨。对于不能做的事，只需要简单地告诉孩子"不可以"就足够了。

应对男孩叛逆期的主要方法

如果不能如愿，就会发脾气

给孩子设置选项让他自己选择，并支持他的决定

对于爱发脾气的男孩，父母需要提前做好预防措施。对待孩子既不放任自流，也不强权压制，而是给他设置几个选项，让他从中选择，自己决定。当孩子做出选择后，可以对他说：“妈妈也觉得这个很好呢！”这样就会让他很有满足感。

孩子发脾气时，父母代替孩子说出他内心的想法非常重要。只要父母对孩子说“你很想做是吧”“你不喜欢是吧”，那么即便孩子暴跳如雷，也能够控制与收敛，努力调节自己激动的情绪。然后慢慢地，当他以后遇到类似的问题时，便会去模仿父母的话，清楚地表达自己的情绪与想法。

Q 不严厉斥责孩子的话，他会变得更加任性吗？

只有在需要严厉斥责的时候批评孩子才会更有效果

只需要在上一页中介绍的三种情况发生时严厉批评孩子，就足够了。如果经常斥责孩子，那孩子会很容易为了得到父母的宠爱，而反复做一些令人困扰的事情，比如发脾气或调皮捣蛋。接纳孩子的任性、保持微笑，并耐心应对，长此以往，就会发现孩子表现得越来越好。

非常调皮，
会做危险的事情

在孩子做危险的事情之前要警告并制止，做之后要严厉斥责

2 岁左右的男孩总是会做一些毫无意义的事情。只要稍不小心，就可能受到一些致命的伤害。比如，孩子在停车场里到处乱跑是非常危险的，一定要在孩子做之前就警告他“绝对不可以在这里乱跑”。如果发现孩子在乱跑，父母要赶紧从背后抱住孩子并制止他，然后告诫他“绝对不能这样做”。

但是如果孩子正在向高处爬，千万不要对他大吼“危险”，因为这样会分散他的注意力，他反而更容易受伤。此时父母可以把他抱下来，或是做好随时应对的准备，冷静地看着他自己爬下来。

Q 孩子做了危险的事情，一着急就动手打了他。这样可以吗？

一定不能体罚孩子，否则只会越打越不听话

刚开始的时候，轻轻打一下孩子，他也许会听从大人的话。但是，当他习惯了这种轻微的疼痛后，只有打得更厉害才能奏效。而且被打的孩子还会模仿大人，认为“用暴力解决问题很有用”，甚至自己也会动手打人。家长一定要记住，当你想伸手打孩子的时候，立刻紧紧地抱住他！

在公共场所
大声吵闹

一定要随身携带能转移注意力的物品，开始教孩子基本的社会公共规则吧

2~3 岁的孩子自制力还不太强，带他们去公共场所时，父母一定要随身携带能够转移孩子注意力的玩具或绘本。同时，也可以开始教孩子基本的社会公共规则。比如当孩子在大人的安排下长时间乘坐地铁，但他并不愿意时，父母不要命令孩子“给我安静下来”，而是“拜托”孩子，“请你帮妈妈一个忙，在地铁里不要大声吵闹可以吗”。如果孩子乖乖做到了，一定要对孩子说“谢谢你”。

但是如果本身家庭内部没有制订过规矩，孩子做事都是很随性的话，这种“拜托”的方法就不太适用了。因此要让孩子从日常小事中学会懂得约束自己、体谅他人。

Q 因为太在意他人的眼光，就先批评孩子，但批评完又很愧疚怎么办？

在公共场所，先向周围的人道歉吧

一定要避免为了向别人证明“我有好好管教孩子”而去责备孩子。在公共场合责备孩子的标准要和平时保持一致，因为在管教孩子时，一定要避免双重标准，保证规则标准始终如一是非常重要的。当孩子在公共场所发脾气时，一定要先向周围的人道歉，说声“对不起，打扰大家了”，然后再好好安抚孩子的情绪。

当孩子说“我要自己做”时，父母该不该放手

在孩子独立的问题上，“踩油门”比“踩刹车”更重要

“我要自己做！”这种强烈的念头在孩子的成长过程中是非常宝贵的。近年来，看父母脸色行事的“乖孩子”越来越多了，但是，如果等他们到了 20 岁依然什么事情都听妈妈的话，这样真的好吗？说不定到了那个时候父母也会很担忧，而且还会被孩子埋怨“是你亲手扼杀了我的独立意识”。

作为父母一定要时刻牢记，叛逆期就是支持孩子独立做事的时期。如果想要启动汽车就必须要踩油门。同样的，在叛逆期，如果想要启动孩子的“自我”，就必须要踩下“自我主张”这个油门。至于在感情上如何踩刹车，教孩子如何控制自己的情绪，父母可以多花一些时间慢慢教给孩子。

当然，父母在支持孩子独立做事时，必须遵循一个大前提，那就是一定要禁止孩子去做一些伤害他人或者危害自己的事情。比如，向其他小朋友扔石子、在停车场或马路边追逐打闹等。

另外，对于“明明不让做，但他还是要做”“让他去做，他却不做”的情况，试着用一颗包容的心去对待，因为无论你怎么去纠正他，或是让他听你讲道理，都只是在浪费时间。对于一些很难处理的情况，可以试着采用下一页中的应对策略。要一边观察孩子的反应，一边不断地调整。

这些做法并不意味着父母要骄纵孩子，任由孩子任性放肆。这样做只是为了培养孩子的自信心，给予孩子只有家庭才能够给予的支持。

袜子都卷到一起了。脚尖和脚后跟的位置也穿反了。哎呀，已经没时间了。

想要自己骑自行车的意愿很好。但是，根本就没有向前移动嘛！哎呀，要摔倒了！

桌子上、地板上，到处都是掉落的米粒。还想自己用筷子吃吗？

明明不可以做，他却很想要做

应对“淘气包”的策略

让他经历失败

父母故意不帮助他，让他自己经历失败是很有必要的。因为只有经历失败，孩子才会开始思考“不会做，但还想做，该怎么办呢”，父母要夸赞孩子的努力，鼓励他继续挑战自己。

提前告知

如果做某件事情有时间限制的时候，可以在最后 15 分钟的时候告诉孩子“很快就要到时间了”，然后再每隔 5 分钟，共分成三次告知他“马上就要到时间了哦”。最后一次一定要告诉他“只剩最后 5 分钟了”。

耐心陪伴孩子

有时可以在他能够接受的范围内一直陪伴着他。比如当他还总想着“再做一次”的时候，就可以提前告诉他“再做三次”就结束。这样的话，他就不会执着于“妈妈必须陪着我”，而是可以很从容地去做他想做的事情。

让孩子从力所能及的小事做起

父母可以在日常生活中从一点一滴开始锻炼孩子的独立能力。比如，帮孩子穿衣服的时候，妈妈可以提前将扣眼拉大，让孩子自己把扣子穿过去。哪怕孩子只完成了部分，也要表扬他。

父母代孩子向他人道歉

当孩子在外人面前闹脾气时，千万不要用打骂斥责的方式阻止他，因为父母发火也会给周围的人添麻烦。父母要先向周围的人道歉：“对不起，给您添麻烦了！”然后再去安抚孩子的情绪。

向孩子说明缘由

当孩子具备同理心时，如果父母向孩子提出替代方案“这里人太多了，我们去公园吧”，孩子也会同意的。或者如果妈妈确实很为难，可以利用自己的演技表演一番：“哎呀，我肚子好疼，我想赶紧回家！”

用身体去阻止孩子

当孩子有危险时，或者发现孩子的行为会伤害到他人的时候，迅速地用身体去阻止孩子吧。此时与其啰里啰唆地向孩子解释原因，不如简短地说声“绝对不行”更奏效。

和孩子一起练习

当孩子想做某件事情时，如果直接让他自己去做，场面可能会很混乱。家长可以在精力充裕的情况下，和孩子一起练习。要在轻松愉快的氛围中进行，不要过于严厉。

把孩子抱回家

在混乱拥挤的地铁检票口，就算孩子说“我要自己刷卡”也不能由着他的性子让他自己做。实在无法安抚他的情绪时，就只能把大声哭闹的孩子抱回家。

如何与叛逆期的男孩有效沟通

对于随时随地都会闹脾气的淘气包，需要迅速地采取应对措施。不过现实情况是，父母经常会刹那间头脑一片空白，不知所措。要多掌握一些不同的应对技巧，这样遇到问题时就能多一些应对方法。

不想再往前走了

边走边数到“10”吧！

孩子可以数一些简单的数字了。如果对他说“你边走边数数，数到10的时候，我就抱你”，他就会认真地开始数数，可以坚持走好几分钟。（3岁）

玩开火车的游戏让他自己走

让他跟在大人后面拉着衣角，说着“出发啦”，他就会像开火车一样向前走。只是偶尔他会发现自己忘记正在玩开火车的游戏。（2岁1个月）

不想换衣服

夸奖他“真帅”

拿出印有他特别喜欢的超级英雄的T恤，对他说“变身成××吧”，他就马上变得兴趣十足。还会在换完衣服后立刻摆出超级英雄的造型。（2岁8个月）

和妈妈比赛，干劲十足

当他正在玩耍不想换衣服时，会让他和我一起比赛，“快和妈妈比一比，看看谁更快”。因为我要先给他换衣服，所以他总会赢。（1岁10个月）

想要自己穿鞋子

给他买能够自己穿的鞋子

如果给孩子选择一双敞口较大、外面有拉链等方便穿脱的鞋子，2 岁的孩子也可以自己穿鞋，非常方便。（2 岁 9 个月）

在他自己穿时，我给他穿上另外一只

儿子在自己专心穿鞋子时，根本没注意到我给他穿好了另外一只。他肯定认为自己会穿鞋了，特别有成就感。（2 岁 3 个月）

在地铁里吵闹

让他看外面的风景

特别喜欢脱掉鞋子站在座位上或是站在车门旁看外面的风景。可能会大声吵闹，尽量带孩子去人比较少的车厢。（3 岁 1 个月）

抱着他做手指游戏

自从在托儿所里学会了手指游戏后就一直很喜欢玩，于是把他抱在怀里，一起小声地玩。（2 岁 8 个月）

声嘶力竭地大哭

迅速带他离开现场

如果是莫名其妙地大哭，就赶紧带他离开现场，去人少的地方。让他看汽车或是小动物来分散注意力。（1 岁 10 个月）

就算反抗也要哄他睡觉

如果孩子在路上大声哭闹，大多是因为他困了。因此就算他反抗，也会把他抱到怀里哄他睡觉。（2 岁 3 个月）

非要抱抱

通过问他问题来拖延时间

妈妈正在做家务不能立刻抱起孩子的时候，可以通过问他“想让我抱你去哪里呢”等问题来拖延时间，等做完家务后再抱他。（2岁5个月）

告诉他不能抱他的原因

会详细地告诉他不能抱他的原因，比如，“妈妈现在手很脏，如果现在抱你的话，就会把你的衣服弄脏哦。”（2岁）

哭闹着非要出去玩

即便下着雨，也会给他穿上雨衣带他出去！

如果一整天待在家里，孩子就会很不开心地大哭。就算是下着雨，只要出去外面他就不会再闹脾气，带他出去玩一会儿会很开心。（3岁1个月）

大声说话，分散他的注意力

一边打开窗户，一边问：“啊！你听，这是什么声音？是小狗吗？”孩子就会忘记哭闹。（1岁9个月）

偏食比较严重

让他离开一会儿再回到餐桌

以前都能大口大口地吃饭，可是现在大概是吃腻了吧，有些食物变得不愿意吃了。但是让他离开餐桌片刻等他忘记了这回事儿，他又会开始吃起来。（2岁6个月）

略微强迫地让他吃进去

对于那些还没有尝过就不愿意吃的食物，会直接放到他嘴巴里，他会发现“没想到还很好吃呢”，然后就会开始吃起来，这种情况时有发生。（2岁3个月）

在马路上到处乱跑

告诉他“如果越过这条线，就会有怪兽哦”

看到斑马线便告诉他“只要绿灯时才能通过，否则就会有怪兽来哦”。（2岁9个月）

利用牵引绳远离危险

他经常会突然间跑出去，让人措手不及，追不上他。在危险的地方一定会使用防走失的牵引绳。多亏有这个，孩子避开了好几次危险。（2岁6个月）

不要忽视男孩青春期前的第二个叛逆期

青春期前的叛逆期，男孩在探索中寻找自我

一般认为，孩子会经历三次叛逆期。第一次是2~3岁时的“幼儿叛逆期”（特征以及应对方式如前文所述），第二次是小学一年级至四年级这个阶段，即6~9岁左右出现的“儿童叛逆期”，第三次就是升入中学后直到成年前，即12~18岁左右的“青春叛逆期”。其中，第二个叛逆期也是父母不可忽视的。虽然此时孩子还离不开父母，但开始出现“我就是我”“不想听父母的话”这样的想法。

这个阶段，孩子大多会出现一些胡搅蛮缠、不讲道理的行为，无论父母如何与他讲道理或者沟通交流全都行不通。比如，他们会一边大声哭闹一边说着“讨厌”；把自己关在房间里不愿意出来；明明一直抱怨“不想去上兴趣班”，但是到了该上课的时间又哭着说“我要去上兴趣班”。孩子这样的态度好像是“故意为了为难父母而做出来的”，但事实上连孩子自己都不知道自己为什么会这样做，只是感觉自己想要探索出一个与父母不一样的自我。各位父母要多多理解并疼爱这个时期的孩子。

“反抗”是男孩走向独立的预备阶段

要做一个与父母不一样的自己

青春期是孩子走向独立，努力探索出与父母不一样的自我的时期。因此，孩子会刻意与父母拉开距离。这个时期，如果父母看到孩子表现出反抗的态度，就需要改变自己对孩子的方式和态度。

青春期前

虽然青春期的高峰期大概在初中二年级，但是从小学开始，男孩就会开始出现若干变化。这种变化不仅仅是身体上的变化，还包括思想上的变化，比如他们会开始拥有一些新的价值观，还会有想要重新塑造不同于以往的自己的想法。

小学三四年级是分水岭

虽然孩子反抗的态度在进入小学后立刻就会表现出来，但是3~4年级之前的反抗是都是毫无意义的。在此之后，他们才会真正地开始重塑自己。

男孩开始具备攻击性

一般情况下，男孩会更加强壮，更易怒，因此男孩也更容易有暴力倾向。如果父母在教育孩子时一气之下对孩子使用暴力，只会适得其反。

“不娇惯孩子”是错误的，这样只会让孩子在青春期受挫

孩子的反抗态度是他信赖父母的象征

相信一定会有父母担心，孩子反抗情绪这么强烈，会不会有问题。其实，只要孩子在学校、在朋友面前还是个“乖孩子”，就不用担心。孩子反抗父母，恰恰是因为孩子相信父母，相信“无论我怎么对待父母，父母对我的疼爱都不会有任何改变”。

可即便如此，孩子的反抗行为肯定会让父母生气。因为父母原本就会对孩子有很强的控制欲，孩子的反抗行为会刺激父母的这种控制欲，父母会感到很生气。

如果父母对孩子的态度过于严厉，不断地采取强硬措施来强迫孩子屈服，也许在小学阶段这种方法还能适用，但是到了初中、高中乃至以后，孩子心里积压的情绪就会爆发出来，开始反抗父母。孩子会越来越不信任父母，常常做出与父母的期望相差甚远、让父母失望的行为，比如施暴、品行不端、离家出走等。

反抗的强烈程度与父母的严厉程度成正比

如果这个阶段的亲子关系得不到改善，有的孩子就会为了反抗父母而自暴自弃，比如逃课、打架等，他们会用自己的行动来向父母证明“你们教育孩子的方法是错误的”。

在青春期前的这个阶段，当孩子表现出小小的反抗情绪的时候，也是非常关键的时候。告诉孩子“不要再做这种事情”固然重要，但父母是用温柔平和的态度对待孩子，还是用“必须听话”这种威严的态度对待孩子，孩子之后的反抗姿态是完全不同的。

无论是多么容易情绪激动的孩子，只要父母用温柔平和的态度对待他，他就不会再继续强烈地反抗。如果父母是用严厉的态度对待他，那么他的反抗情绪一定会更加强烈。孩子反抗的强烈程度与父母的严厉程度成正比关系。

男孩本身就容易有攻击性。父母，尤其是妈妈，一旦自己的情绪变得激动起来，就很容易失去冷静。有的父母甚至还会和孩子互相殴打，给双方身心都造成巨大的伤害，父母甚至会憎恨自己的孩子。当孩子有反抗情绪时，父母一定要保持冷静。

感到怒火攻心时，家长应该如何控制情绪？

要意识到自己正在生气

生气是必然的。当内心怒火难耐的时候，要能清楚地意识到“现在我正在生气”。这是保持冷静的第一步。

深呼吸，保持淡定

对自己说“现在我很不冷静，一定要淡定”，然后深呼吸，或者在心中默默从 1 数到 10，让内心恢复平静。

不要和孩子在同一个层次争论

一旦开始和孩子争论，父母就彻底输了。一定要对自己说“我是大人，不能和孩子在同一个层次争论”。

打破孩子反抗的节奏

“你在说什么？”千万不能这样言辞激动地回应孩子，而是要淡定地回应他。试着用一些能够维护他自尊心的说话方式，比如“如果是你的话，一定没问题”。

不要设法让孩子屈服

如果斥责孩子后，非要让孩子道歉，说出“对不起，是我错了”，那么孩子就会感觉“我再也不想这样了”，便不会轻易在父母面前表露出自我。即便是斥责了孩子，之后一定要对孩子表现出认同他、尊重他的态度。

男孩进入第二个叛逆期，父母该如何沟通

一定不能对孩子说“你必须要……”

不要用命令的口吻对孩子说话，当孩子做完后，要记得谢谢他

“你必须要……”这种表达方法是有问题的。用命令的口吻或是强硬的态度对待孩子，只有在幼儿时期之前才适用。

不要对孩子说“快去收拾东西”，而要说“可以帮我收拾一下东西吗”。试着改变说法,让孩子用“可以”或“不可以”进行回答。如果孩子回答说“不可以”，那就继续问他什么时候可以做，如果他回答说“不想做”的时候，可以对他说“是吗，那我可就很为难了”。这样的话，可能不一会儿他就会自己主动去收拾东西了。当孩子收拾完后，记得要对他说句“谢谢你哦”。但是如果他一直都不收拾，那就等他心情好的时候，再次问他“可以帮我收拾一下东西吗”。总而言之，一定要耐心地对待的孩子。

孩子在家会叫父母的名字

只要孩子平时待人谦逊有礼貌，就无须批评孩子

这种情况一般发生在孩子 3~6 岁之间，孩子会学着家里长辈的样子叫父母的名字，真的让人啼笑皆非。有的家庭非常传统，会觉得这样“没大没小”、不礼貌、不尊重人、甚至没教养。

但其实孩子直呼家长的名字很多时候是出于好玩，只要孩子平时待人谦逊有礼貌，就无须批评他。这也恰恰说明家庭的氛围是民主、平等的。而且，如果刻意去批评孩子，反而会强化孩子的这种行为。随着孩子的成长，他自然就会明白，也就不会再叫父母的名字了。

当被提醒时，他会说：“妈妈，你不也是这样吗？”

事实就是事实，不要为自己辩解

大人总是会为自己辩解“我这么做是有原因的”，对自己做得不好的事情不以为然。其实孩子这样说，也只不过是讲出了事实而已。长此以往，孩子就会开始拒绝父母：“和你没关系，不要管我。”

这个时期的孩子正处在自我独立的时期，他们也会学习自律，即约束自己的感情和欲望。他们会将父母的行为举止作为范本。对于父母来说，与其嘴上说太多，不如用实际行动给孩子树立榜样。请父母不要为自己做任何辩解，坚持“以身作则，严于律己”吧。

欺负妹妹或弟弟，应该批评还是沉默？

孩子之间的争吵，父母只需要默默看着

当孩子之间发生争吵时，父母最好不要插手。兄弟之间的关系很亲近，发生口角也是常有的事情。只要他们不拿东西打人，没有危险的行为，父母睁一只眼闭一只眼就行了。如果弟弟哭了，可以认真倾听他的委屈，并好好安慰他。但是，没有必要专门把哥哥叫过来批评哥哥。可以在之后试着找个机会，和哥哥好好聊一聊，也许就能弄清楚他们争吵的原因。

对于作业或者钢琴练习总是随便应付

试着去找他不愿意做的原因

首先，仔细观察一下孩子吧。如果他原本能够主动学习或是练习弹钢琴，那么他一定会主动地想起“必须要接着学”，然后又开始接着学习或是弹钢琴。此时父母如果一直没完没了地唠叨孩子，可能会适得其反。但是如果孩子从一开始就不愿意主动学习或是练习弹钢琴，父母一味地唠叨反而会剥夺孩子的自主性。此时，父母可以和孩子在一起推心置腹地谈谈心，告诉孩子为什么要学习或是练习钢琴。也许会发现孩子只是在兴趣爱好上发生了变化，比如和钢琴相比，他更喜欢体育运动等。

面对叛逆期的男孩，父母该如何调整自己的情绪

在养育男孩的过程中，父母肯定会遇到很多棘手的问题，特别是面对叛逆期的男孩，心情变糟糕是在所难免的。因此，父母一定要学会调整情绪、放松身心，这样才能感受到育儿的快乐。

不要轻信所谓的“正确育儿法”

所有的育儿经都会告诉父母“应该这样做”才是正确的育儿方法，但是这些育儿方法未必就适合自己和孩子，适当地参考一下就可以了。关键还是要看父母自己是怎么认为的，一切都以父母内心的判断为准。

和有“共鸣”的宝妈交朋友

和其他宝妈成为朋友的基础是“孩子年龄相仿”“经常在同一个地方带孩子玩”等，除此之外还要能够产生共鸣。比如，有相同的兴趣爱好、聊天投机等，若能交到这样的朋友，一定会感觉很安心。

不要刻意改变孩子，让孩子保持自我

父母是孩子的一面镜子，只要父母行为端正、心态乐观，孩子就会潜移默化地受到影响。不需要刻意让孩子改变什么或是学会什么，只要能陪伴在孩子身边就足矣。相信各位父母都非常喜欢自己的孩子，喜欢是不需要理由的，请让孩子保持自我、好好地做自己吧！

尽量不和别人说孩子和自己不好的地方

“我家的孩子连……都不会做”“我很担心这个问题”，如果对其他宝妈朋友这样说自己孩子的缺点，只会适得其反。因为你发泄出来的所有负面情绪，会全部再返回到你自己身上，只会让心情变得更糟糕。试着说一些开心、愉快的话题吧！

把孩子暂时交给别人照看，让自己放松片刻

暂时把孩子送到托儿所，或是拜托爷爷奶奶、外公外婆、朋友等，只要是能帮忙的，就去试着拜托帮忙照看一下孩子，让自己放松片刻吧！如果睡眠不足，很容易变得特别焦躁，但凡有一点自由时间，一定要好好睡上一觉。

觉得痛苦的时候，请主动拜托别人帮忙吧

很多妈妈都会觉得“不想给别人添麻烦”，从不会拜托别人帮忙。其实，如果真的去问别人“能不能帮我照看下孩子呢”，一般都会得到肯定的回答“非常乐意”“当然可以”等。所以，真正需要的时候，请主动对周围信赖的人说“帮帮我吧”。

学会放松，对自己不要过于严格

你对自己是不是要求太严格了呢？不要因为今天没能打扫卫生而失落，凡事往好的方面想，“今天喝了美味的茶，好好地放松了一下呢”。请给自己一些放松的时间，好好享受吧。

尽量轻松地应对那些容易让自己情绪暴躁的事情

每个孩子身上都会有一些特点，容易让父母情绪激动，比如“穿衣服时磨磨蹭蹭”“吃饭的速度超级慢”等。这个时候，一定要改变以往的应对方式，不要对孩子说“快一点”，而是说“迟到也没关系的，慢慢来”。这样说的话，心情自然会变得愉悦起来。

和别人聊聊天，释放一下压力

如果内心压抑了太多的情绪，一定要学会及时排遣。和别人聊天谈心，就是一个非常有效的方法。只要能用语言表达出内心积压的情绪和想法，心情就能豁然开朗。但是要选择有共同话题的聊天对象，而不是只能进行表面寒暄的人。

育儿专栏

3 位男孩妈妈的茶话会

A 妈妈：育有 4 个儿子（分别 16 岁、12 岁、10 岁、5 岁）和 1 个女儿（14 岁）
B 妈妈：育有 1 个儿子（5 岁）和 1 个女儿（2 岁）
C 妈妈：育有 1 个儿子（20 岁）和 1 个女儿（17 岁）

B 说起男孩，经常会听到有人说“养育男孩很辛苦”“不知道该怎么养男孩”。而说起女孩，大家往往会认为“温柔”“乖巧”“长大了能一起去购物”“父母老了以后能够得到照料”等。

C 我的确经常会和女儿一起去购物，只不过在结账时是 AA 制。

A 现在回头看婴儿期的孩子，基本是没有男女差异的。我女儿是在大儿子 2 岁时出生的。原本以为女孩会更温柔乖巧，但后来将 2 岁的儿子和刚出生的女儿进行比较时，发现其实婴儿期男孩女孩都一样。

B 都说男孩更容易生病，是真的吗?

A 我家大儿子以前经常发烧，反复得中耳炎，那时就认为“果然因为是男孩所以更容易生病”。但是后来的 4 个孩子体质都很好，身体也很健康，只有大儿子容易生病。

C 其实无论是体质还是性格，与每个孩子的个性、生活环境都有很大的关系。有安静沉稳的男孩，也有调皮任性的女孩。但是人们往往会有“养育男孩更辛苦”这种先入为主的观念，所以不管发生什么事情，都会把一切归咎于“因为是男孩”。

A 夜里哭闹、叛逆期很累人，这些并不是男孩的特点，而是婴幼儿的共同特点。但是等孩子长大后，无论他们多么调皮任性，在我眼里都是那么可爱。

B 虽说女孩很乖巧，但还是要严格管教的。

C 有儿子的妈妈们都会觉得“有儿子真好”，并不是因为以后可以老有所依，而是发自内心地觉得男孩很可爱。家有男孩的妈妈们，请尽情享受这份快乐吧!

PART 6

0~6 岁男孩

意外事故应对指南和常见病护理

孩子发生意外、受伤后该如何处理

造成男孩意外死亡的三大原因是交通事故、窒息、溺水

虽然大家都认为男孩更容易生病，但是从各统计数据来看，并没有充足的证据能够表明“男孩比女孩更容易生病”。不过需要另当别论的是，男孩发生意外事故的人数明显比女孩更多。

下图表示的是因意外事故造成男孩女孩死亡的人数统计。从图中可以看出，在所有年龄段，男孩的死亡人数都要高于女孩。

在诸多事故原因中，最常见的是交通事故。特别是在1~9岁时，男孩因交通事故而死亡的人数最高。其次是意外窒息。在因窒息而造成死亡的人数中，有65%是1岁以内的婴儿，其原因多为误食异物。第三个原因是意外溺水。出现溺水死亡的并不是在河流或是海里，而多发生在家中的浴缸或澡盆里。除此之外，摔倒、跌落和火灾也是造成孩子意外死亡的高发事故。

*2000~2009 年的统计。

*本表根据《日本医学会杂志》第 7 卷第 6 号第 469 页表 1 制成

因意外事故死亡的总人数

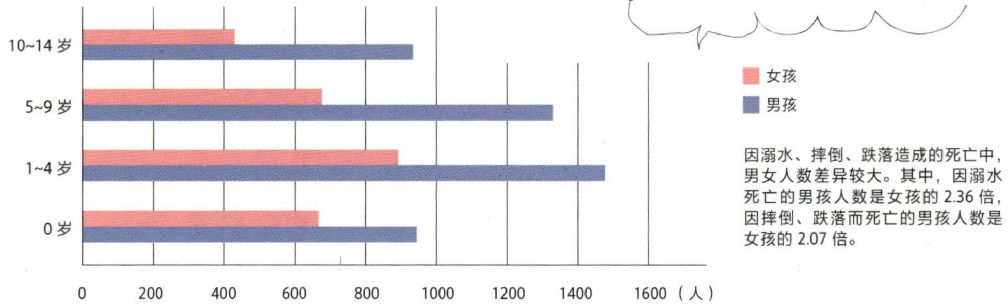

因溺水、摔倒、跌落造成的死亡中，男女人数差异较大。其中，因溺水死亡的男孩人数是女孩的 2.36 倍，因摔倒、跌落而死亡的男孩人数是女孩的 2.07 倍。

男孩意外死亡的高发事故

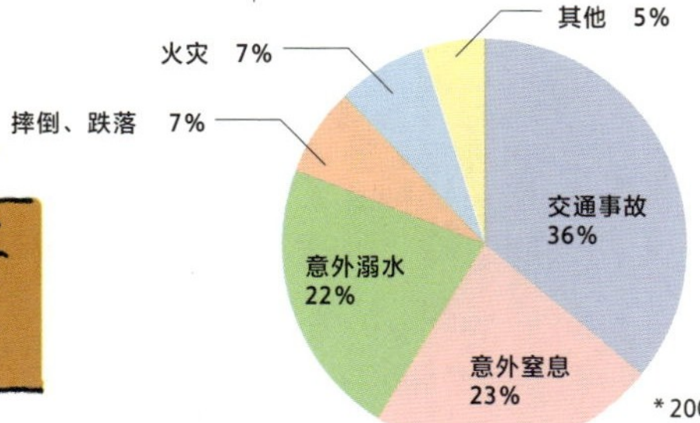

*2000~2009 年的统计。1~14 岁男孩。

*本表根据《日本医学会杂志》第 7 卷第 6 号第 469 页表 2 制成

应对指南
摔倒、跌落

磕到头部后，要观察 48 小时

若孩子摔倒或跌落，最让人担心的莫过于磕到头部导致后脑勺受伤或者骨折等较大的伤害。若孩子没有皮外伤，哭声正常，身体能像平时一样活动，则不用担心。但是，也有可能会出现因脑内毛细血管出血而压迫脑部的现象，因此在孩子摔倒或跌落后的 48 小时内一定要注意密切观察。一旦出现异常情况，一定要及时带孩子去医院。

头部出血

用清水清理伤口，并用干净的纱布按压在伤口上 5~10 分钟，直至止血。若出血较多，请立即带孩子去医院。

牙齿摔断或掉落

摔断或掉落下来的牙齿要避免干燥，可以用湿润的毛巾包裹好，或是泡在牛奶里，然后带去医院就诊。若能及时处理，则会有修复的可能。

流鼻血

抱着孩子，将其头部稍微向下，用手指按压鼻子 10 分钟左右。若还不能止血，可以在鼻子中塞入纸巾。

嘴里含有棒状物品时不能走动

当孩子嘴里含有牙刷、筷子、勺子等棒状物品时，一定不能到处走动，非常危险。

不要在阳台边放置桌椅等物品

孩子会走路后，看到什么都会想要往上爬。为了防止孩子摔落下去，千万不要在阳台边放置能让孩子爬高的物品。

Check & Care

□失去意识
□没有呼吸
□没有脉搏

YES → **进行心肺复苏的同时叫救护车**

性命攸关、争分夺秒的状态。心肺复苏的方法请参考第 181 页。

↓ NO

□出血严重
□身体乏力
□呕吐严重
□精神恍惚
□出现痉挛
□耳朵出血

YES → **赶紧送孩子去医院就诊**

很危险的状态。即便是半夜，也要立刻送孩子去医院就诊。

↓ NO

□一碰就会疼
□红肿
□淤青

YES → **采取应急处理后尽快就医**

虽然不会危及性命，但还是要尽早带孩子去医院。

↓ NO

□大声哭泣，没有明显的外伤。停止哭泣后，情绪正常

YES → **观察 48 小时**

观察期间出现

□严重红肿
□有疼痛感
□状态和反应异常
□精神不佳、食欲不振

YES → **尽早就医**

在 48 小时内若发现有任何异常，要赶紧带孩子去医院。

应对指南
误食

误食的异物不同，应对措施也不同

孩子误食时的应对措施取决于误食物品的种类、误食量、体内吸收量、身体吸收后是否有害等多种因素。若误食的是身体无法吸收的小玩具或饰品，则可以排泄出来，无须太担心。

如果误食的物品有很强的刺激性或毒性，那就必须采取紧急应对措施。但如果强制孩子吐出来，反而会损伤呼吸道，请参考右页的内容，根据情况采取正确的应对措施。

Check

1 误食了什么

稍不留心，就发现孩子的样子有些奇怪——虽然没有呼吸困难等明显的异常，但是如果父母感觉孩子有些奇怪，就需要考虑孩子是否误食，首先要确认孩子嘴里有没有异物。如果没有看到嘴巴里有异物，再继续确认孩子周围有没有少了什么东西。

2 误食了多少

应对措施不仅取决于误食的种类，还取决于误食的量。如果误食了长 2cm 以上的香烟，或是误饮了溶有尼古丁的水，一定要让孩子吐出来，然后立刻去医院。此外，如果只是少量误食，也有可能看不出有任何异常。

3 真的误食了吗

虽然父母感觉到“孩子有些奇怪”，但若观察许久也没有发现其他变化，孩子也和平时一样情绪正常，则可能孩子并未误食。原以为找不到的东西也许就在某个地方，所以请再次检查并确认一下家里的东西。

只需 30 分钟就能让食道溃烂？！一定要小心纽扣电池

若是误食了纽扣电池，有可能会黏着在食道内。黏着处溢出的电流液会使黏膜溃烂，让孩子不断地咳嗽。如果父母并不知道孩子误食纽扣电池，即便带孩子去医院就诊医生也只会当作普通感冒处理，不会想到要让孩子拍 X 光照片检查。若把纽扣电池夹在鱼肉肠中进行实验，不到 10 分钟鱼肉肠就会开始出现灼烧现象，在人体内也会发生同样的现象。因此，家长一定要妥善处理好旧电池。

孩子误食又薄又平的纽扣电池会很危险。

把电池夹在和胃黏膜相似的鱼肉肠中……

10 分钟后

30 分钟后

1 小时后

误饮了液体或误食了小型固体物品后的应对措施

没有呕吐现象

□主要成分为乙醇的物品
香水、生发水等

□挥发性较强的物品
指甲油、卸甲油、煤油、汽油等

□强酸性、强碱性物品
漂白剂、排水管道疏通剂、除菌剂、马桶浴缸清洁剂等

□电池、尖锐物品
纽扣电池、钉子、针、玻璃等

□毒性较强的物品
药品、香烟、蟑螂药、杀虫剂等

YES → **紧急就医**

刺激性强、毒性强的物品非常危险，一定要立刻就医。

有呕吐现象

□小型固体物或肥皂类
纽扣、固体肥皂、洗洁精、沐浴露、护发素等

□化妆品
化妆水、乳液、面霜、粉底、口红等

□其他
蚊香、纸类、酒类

YES → **采取应急处理后尽快就医**

虽然无须争分夺秒进行抢救，但还是要尽早带孩子去医院就医。

□没有误食
□将口中的异物取出来后便无异常

YES → **注意观察**

！最致命的就是香烟！

1 根香烟中的尼古丁含量可使 2 名婴儿致死。如果孩子误食了香烟，或是误饮了泡有香烟头的水，一定要让孩子吐出来，并立刻带孩子去医院就医。

喉咙被异物卡住后的应对措施

□呼吸困难
□突然剧烈咳嗽
□脸色变差

YES → 失去意识
呼吸变弱

YES → **进行心肺复苏的同时叫救护车**

性命攸关、争分夺秒的时刻。心肺复苏的方法请参考第 181 页。

↓ NO

取出喉咙中的异物

异物就在喉咙上部

让孩子平躺后张开嘴巴，将食指顺着脸部内侧插入嘴巴中，即可取出异物。

异物卡在喉咙深处

1 岁以内

让孩子俯卧在大人腿上，将一只手掌托住孩子的下巴，让孩子微微抬起头。将另一只手的手掌根在孩子肩胛骨中间的位置迅速拍打 5 次。

1 岁以上

将一只手托住孩子的下巴，让孩子趴在大人大腿上，身体微微倾斜。将另一只手的手掌根在孩子肩胛骨中间的位置迅速拍打 5 次。

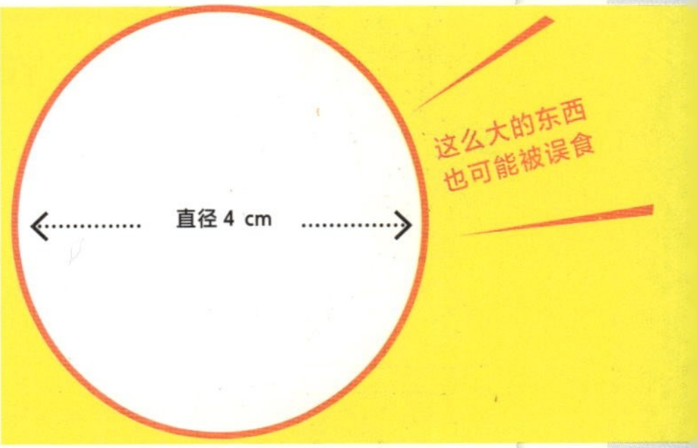

1 岁以内的婴儿特别容易误食异物，一定要特别小心。一般直径在 4 cm 以内的东西很可能被误食。其实这种大小的东西对于孩子来说是非常大的。

应对指南 溺水

对于婴儿来说，家中的浴缸非常危险

一说到溺水死亡，大家很容易想到发生在海边、河流、游泳池的事故。若是幼儿或儿童，确实需要提醒他们在这些地方要注意避免出现事故，但若是 1 岁以内的婴儿，溺水事故基本都是发生在家里的浴缸中。对于婴儿来说，即便水深只有 10 cm，也容易发生溺水事故。除了浴缸以外，厕所、洗衣机、宠物水槽等对于婴儿来说都非常危险。一旦发生事故，必须要争分夺秒地采取急救措施。

Check & Care

- □ 失去意识
- □ 停止呼吸
- □ 没有脉搏

YES → **进行心肺复苏的同时叫救护车**

性命攸关、争分夺秒的状态。心肺复苏的方法请参考第 181 页。

↓ NO

意识清醒，不断向外吐水

YES → **让孩子吐出水，待情绪平稳后，到医院就诊**

虽然无须争分夺秒进行抢救，但还是要尽早带孩子去医院。

↓ NO

□大声哭泣

YES → **注意保暖，随时观察**

若孩子的情绪很快恢复平静，则没有问题，不需要太担心。

15% 以上的婴儿都有摔倒进浴缸的经历。

孩子在室外玩水时，家长必须时刻看着孩子

带孩子到海边或河边玩水时，一定要注意时刻看管好孩子。即便孩子是在浅水区摔倒也有可能无法站立起来，从而导致溺水事故的发生。在室外玩水时，要给孩子穿上救生衣，千万不能让孩子离开自己的视线。

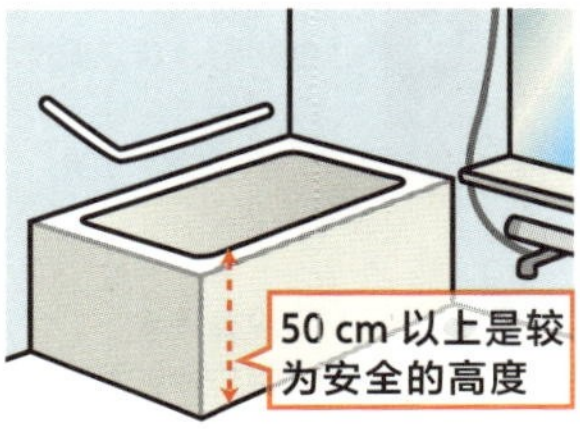

从地面到浴缸的顶端高度在 50 cm 以上，是较为安全的高度

若浴缸高度在 50 cm 以上，孩子掉进浴缸的危险性就会大大降低。当然，这只是较为安全，并非绝对安全。

对于婴幼儿来说

10 cm 也会溺水
绝对不可以让孩子单独留在有水的充气游泳池或浴缸里。

1 分钟也会溺水
去更衣室取个毛巾的工夫，孩子也会溺水。哪怕只有 1 分钟没注意看管，也有可能发生意外。

溺水过程很安静
溺水时不一定会有很大的动静。在孩子沉入水中的一刹那可能会因惊吓而变得非常安静，溺水事故的出现防不胜防。

应对指南

烫伤

要注意加热类电器的热蒸汽

孩子在出生后 5 个月内的烫伤，多为大人抱着孩子喝热水时飞溅出来的热水造成的。在这之后，多是因为孩子把地上、桌子上的热水打翻后洒落到自己身上造成的。此外，还有不少是因为电热水壶、厨房里较低的抽屉柜上放置的电饭锅等电器造成的烫伤。婴幼儿的皮肤很薄，一旦烫伤症状就会很严重，因此烫伤后一定要谨慎地采取急救措施。

Check & Care

□一只手臂全部烫伤
□一条腿全部烫伤
□全身大面积被烫伤

YES → **用湿毛巾冷敷，同时叫救护车**

必须立刻去医院。不要脱掉衣服，一直冷敷。

NO ↓

□烫伤面积仅为孩子手掌的大小
□面积不大，但烫伤程度较深（出现水肿、皮肤变成白色或黑色）
□低温烫伤

YES → **用流动的水冲洗冷却 20 分钟以上，然后去医院**

尽可能用冷水冲洗降温后再去医院。要冷却 20 分钟以上。

NO ↓

□皮肤发红的面积比 5 角硬币稍小

YES → **用流动的水冷却伤口，随时观察**

冷却 20 分钟以上。不要随便给孩子涂抹药物等。

电器造成的低温烫伤，渗透更深，很难治愈。

热水直接洒在衣服上造成的烫伤

当热水直接洒在衣服上时，如果直接脱掉衣服，有可能会将黏在衣服上的皮肤表皮撕掉，因此应直接用花洒往衣服上冲凉水进行冷却。

脸部和头部的烫伤

用花洒冲凉水进行冷却。对于不便用水冲洗的眼睛和耳朵等部位，可以使用湿毛巾或冰袋进行冷却，要注意频繁更换。

手部脚部的烫伤

用流动的水进行冷却。若烫伤面积较大，可以使用花洒。即使只是皮肤被热水袋、电热毯烫红，也要注意好好用冷水冷却。

触碰了热风取暖机

照片中是孩子触摸取暖机的外框后留下的烫痕。婴幼儿会经常触摸一些大人意想不到的东西，家长一定要认真彻底地做好防护措施。

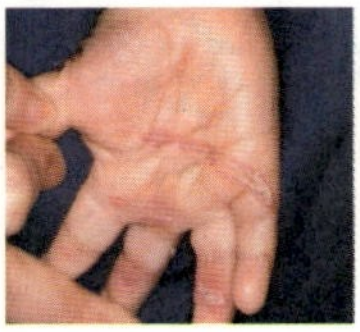

口中的烫伤

让孩子口中含着冰水或冰块进行冷却。在给孩子喂奶或辅食时，一定要确认温度适中后再喂给孩子。

应对指南
擦伤、割伤

一般采用无须消毒的湿润疗法

伤口渗出的体液内富含能够促进伤口愈合的成分。对于擦伤或割伤，最常见的治疗方法是“湿润疗法”，即在不消毒的情况下对伤口进行保湿的疗法。用流动的水冲洗擦伤的伤口后，贴上保湿型创可贴或胶布进行保护。若是刀伤，可先用力按压伤口进行止血，若伤口不大，3 分钟左右就能止血。然后再贴上保湿型创可贴即可。

手指被夹

将冰袋或用毛巾包裹的保冷袋放在伤口上冷敷 20 分钟以上。若肿块颜色发青，孩子手指痛到无法弯曲，则有可能是肌腱受伤或是骨折，需要立即带孩子去医院就诊。

被玻璃或钉子扎破

如果被玻璃刺入得很深，直接拔掉玻璃可能会造成大出血，因此建议不要拔掉直接带孩子去医院。但如果刺入的是钉子，为避免钉子上的细菌造成感染，要立刻拔出。拔掉后要用力按压伤口周围的位置将脏血挤出，然后包上干净的纱布带孩子去医院。

指甲脱落

孩子可能会疼得一直大哭，先用干净的流动的水仔细冲洗指甲脱落的位置。然后包扎上干净的纱布，用绷带缠紧后带孩子去儿科或外科就诊。

Check & Care

□伤口大
□伤口深
□出血多

YES → **按压止血的同时，带孩子去医院就诊**

将伤口抬高至心脏以上的位置，用干净的纱布用力按压 5~10 分钟。

NO → **清洗干净后，贴上保湿型的创可贴**

如果伤口小，可以在水龙头下冲洗，然后贴上保湿型的创可贴。

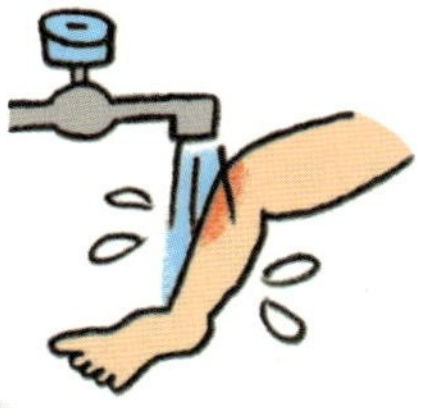

孩子跌倒、磕碰是家常便饭。

孩子发生严重事故时，该怎么办

等待救护车期间

1 **拨打 120 急救电话**

2 **沉着冷静地回答急救人员的问题**

在电话中，急救人员会询问一些重要信息，如事故的状况、患者的姓名、性别、年龄、当前所在地址、接应救护车的地点等。一定要沉着冷静、正确无误地做出回答。

3 **急救人员会在电话中告知需要采取的急救措施**

急救人员会在电话中告诉你，在救护车到达之前应该做的事和不应该做的事。因为一般人对急救知识了解得并不多，请不要自己随意采取任何措施。

4 **救护车到来前的准备**

一般来说，救护车在 20 分钟以内就能到达现场。要沉着冷静地等待救护车的到来。可提前准备好户口本、身份证、出生证明、医保卡等。若在 20 分钟内救护车仍未出现，可再次拨打 120。

5 **确认孩子是否还有意识**

将一只手放在孩子的额头上，另一只手轻掐或轻拍其脚掌心，给予一定的刺激。还可以大声地叫孩子的名字，观察孩子是否会发出声音，或眨动眼皮进行回应。

紧急时刻，要给孩子做人工呼吸！

若孩子失去意识，父母一定会很慌乱，在救护车到达之前，一定要对孩子的心脏进行按摩。若是曾经接受过急救培训或是懂得心肺复苏的方法，可以给孩子进行人工呼吸、采取急救措施，以保持其呼吸道畅通（通过调节下巴的位置来保证呼吸道不被阻塞）或人工呼吸（向呼吸道内送入空气）等，从而提高抢救率。

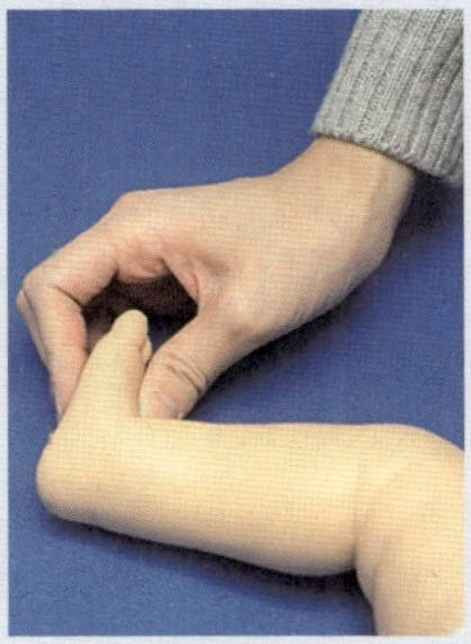

6 **当孩子失去意识时，需要做心肺复苏**

1 岁以内

将一只手的食指放在孩子的左侧或右侧的乳头上，中指和无名指弯曲后所在的位置即为按压的位置。

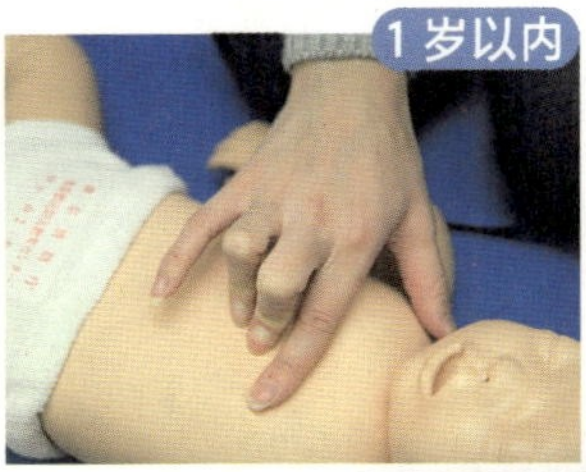

用一只手扶着孩子颈部和头部，并将另一只的中指和无名指竖起来，径直向下按压胸部。

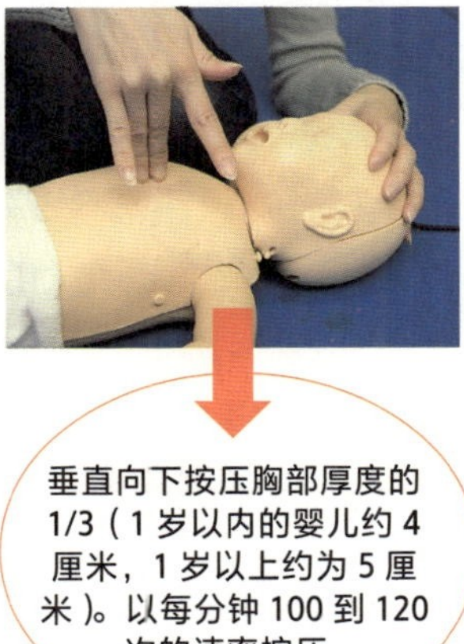

1 岁以上

1~8 岁使用单手掌按压，8 岁以上使用双手掌按压。单手按压时，将一只手的掌根放在患者胸部中央（胸骨下半段）。

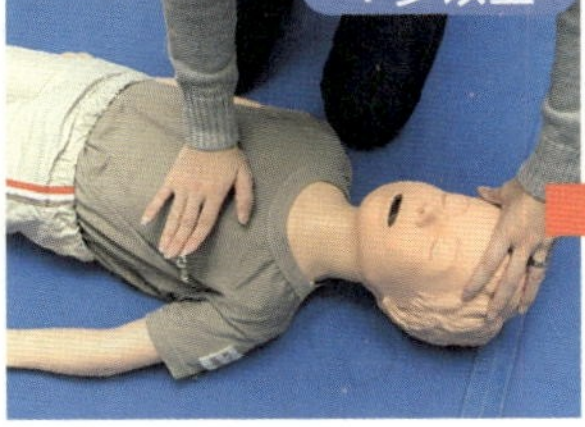

垂直向下按压胸部厚度的 1/3（1 岁以内的婴儿约 4 厘米，1 岁以上约为 5 厘米）。以每分钟 100 到 120 次的速率按压。

感冒

主要症状

- 发热（有时不发热）
- 流鼻涕、鼻腔堵塞、咳嗽、喉咙肿痛
- 精神不佳、没有食欲

引发感冒的病毒数量繁多，一年中可能多次复发

感冒是指从鼻子到咽喉的上呼吸道受病毒感染，从而引发炎症的所有疾病的总称。主要症状为咳嗽、流鼻涕和发热。

冬季是感冒的高发季节，因为很多病毒都十分耐寒，在气温较低时活性更强，而且冬季干燥的空气也增强了病毒的活性。但是，在高温湿润的夏季，也有一些病毒特别活跃，比如腺病毒、柯萨奇病毒、肠病毒等。这些病毒会引发手足口病、疱疹性咽峡炎、咽结膜热（游泳池热）等夏季感冒。由于致病病毒种类较多，有时病情会反反复复。

婴儿在出生时从妈妈身上获得了对抗各种疾病的抗体（发挥免疫力的武器），因此婴儿在出生后的数月内很少患病。然而，这些抗体会随着婴儿不断长大而逐渐减少，随着抗体的减少，婴儿也会开始变得容易感冒。若是家中有其他兄弟姐妹去上托儿所被其他小朋友感染，即便是出生不到 1 个月的婴儿也可能会感冒。

感冒的症状一般来说比较轻，在数日内就能治愈。但是，一旦出现中耳炎、鼻窦炎等并发症，或是炎症扩散到气管、肺部后出现重症病情，那就有可能需要住院接受治疗。

一般的经历过程

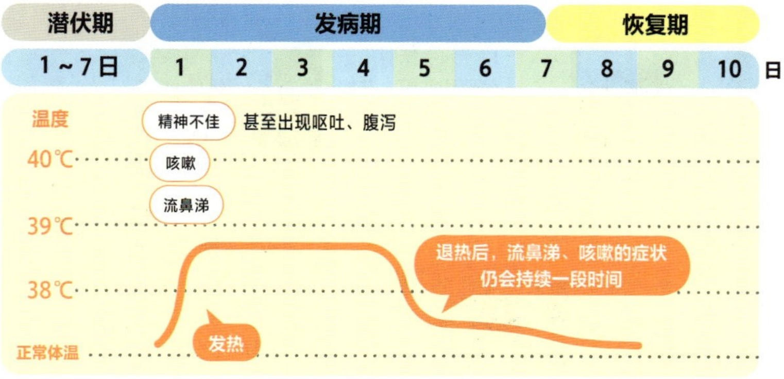

大约需要 1 周才能恢复

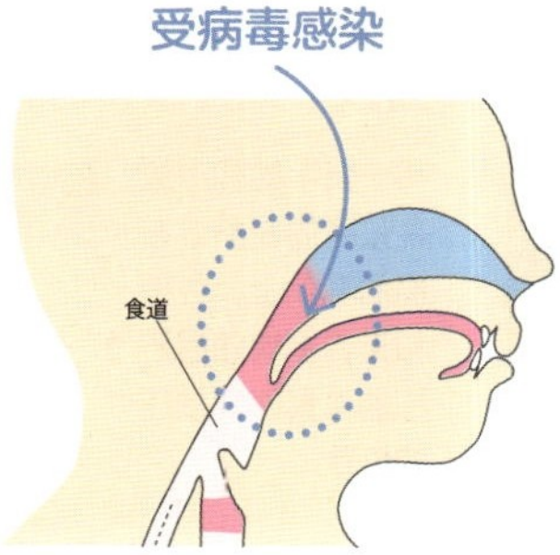

感冒没有特效药，静养最重要

去医院就诊时，医生开具的药物只能缓解感冒症状，因为并没有什么药物能够治愈感冒本身，大人能做的就是为孩子创造一个舒适的环境，帮助他们减少体力消耗。如果症状仅为较轻的咳嗽和流鼻涕，就不用做特别的治疗，等待身体自愈即可。

通过饮品来补充水分

发热时，因呼气、出汗等会导致体内的水分流失，为防止孩子脱水，要尽可能地多给孩子补充一些水分。除了母乳和奶粉，温开水、大麦茶、婴幼儿电解质饮料等都可以。如果孩子有食欲，可以像平时那样喂辅食。如果没有食欲则无须勉强，只吃一些吃得下的食物即可。

Q 捂汗退热是正确的吗?

A 发热的时候，给孩子穿太多会让热量闷在体内，可能会引发脱水。在发热初期，会出现恶寒、手脚冰冷的现象，如果看到孩子脸色苍白、畏寒怕冷，请注意给孩子保暖。待体温不再上升后，可以给孩子减少一件衣服，避免穿得太多。

Q 冬季寒冷、夏季睡觉着凉是造成感冒的原因吗?

A 寒冷或睡觉着凉并不是造成感冒的直接原因。但是当身体受凉时，人的免疫力会下降。当天气寒冷或者睡觉着凉而使身体受凉时，孩子很容易感冒。

常见病护理

流行性感冒

- 突发高热
- 流鼻涕、鼻腔堵塞、咳嗽
- 精神不佳、食欲不振、四肢乏力

每年流行的病毒都会发生变异

流行性感冒病毒的传染性极强，一旦开始流行就会迅速传播开来。此外，流行性感冒可以分为甲型和乙型两大类。每年流行的病毒都会发生变异，因此有可能会多次患流行性感冒。

流行性感冒的特点是，除了咳嗽、流鼻涕等类似感冒的症状外，还会引发比感冒更严重的高热，还会并发支气管炎和肺炎，常会出现重症化的情况。同时，也可能会出现头痛、关节痛、肌肉痛等。流行性感冒有时还会出现突然高热、反复发热的情况。婴幼儿和老年人一旦患上流行性感冒，很容易出现重症或并发症。

感冒和流行性感冒的区别

致病病毒不同
造成感冒和流感的病毒完全不同。流感病毒的特征是传染性非常强。

症状的轻重不同
一旦患上流感，和感冒相比，发热的温度更高，头痛、关节痛等全身症状更加明显。

流感能够通过检查确诊
只需要用棉签蘸取少量口腔黏膜进行化验，就能够定是否为流感。如果确诊，医院会开具专门抗流感病毒的药物。

一般的经历过程

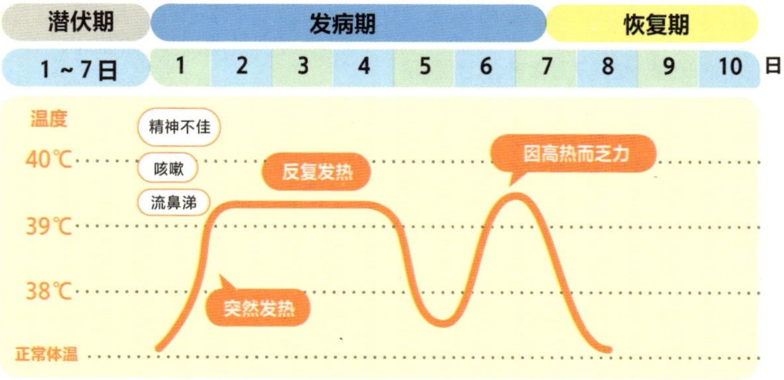

最重要的是静养

一旦患上流感，最重要的是静养，要尽量让孩子静养 1 周。而且退热后也不建议立即带孩子外出，一定要注意观察，等孩子身体完全恢复。

多让孩子喝水以补充水分

患上流感后会出现高热，要多给孩子喝水以补充水分，以免孩子脱水，喝水的关键是少量多次。若发现孩子小便的量和次数减少，嘴唇干燥等，则有可能是脱水，一定要立即带孩子去医院。

流感预防的关键：常洗手、生活规律、避免带孩子去人群密集的地方

无论哪种感冒，最有效的日常预防方法都是常洗手。擦手毛巾应每天更换，确保清洁。另外，有规律的生活能提高免疫力，不容易得感冒。其次，应避免不必要的外出，尽量不要带孩子去人群密集的场所也十分重要。

Q 听说即便接种了流感疫苗也会得流感?

A 每年预防流感的疫苗是在预测来年可能会流行的流感病毒基础之上制造出来的。事实上，每年流行的流感病毒都在发生变异，因此还是很有可能被感染上当年的疫苗中所不包含的流感病毒。

Q 孩子可以服用奥司他韦等抗病毒药物吗?

A 奥司他韦是一种用于治疗流感的抗病毒药，有可能会出现异常反应等副作用，适用于 10 岁以上的患者。不满 1 岁的婴儿患者，目前还没有推荐使用的剂量，若必须服用，请遵医嘱。

病毒性胃肠炎

主要症状
- 发热
- 突然开始呕吐、腹泻
- 大量排出水样大便

传染性强，可能全家都会被感染

因感染病毒而引起的急性胃肠炎，又被称为“胃肠感冒”。能引发胃肠炎的病毒有很多，在婴幼儿容易感染的病毒中，轮状病毒和诺如病毒最为常见。从初秋到次年初春主要是诺如病毒的高发期，冬季主要是轮状病毒的高发期。

引起胃肠炎的病毒传染性极强，经常会在托儿所或幼儿园中广泛传播，有时孩子还会将此病传染给父母。

病毒性胃肠炎的主要症状表现为剧烈的呕吐、腹泻、发热等。除此之外，大便呈水样状，1 天内排便 10 次以上。孩子会因腹痛而精神不佳，没有食欲。

如果是诺如病毒所致的胃肠炎，严重的腹泻和发热通常会持续 1~2 天，之后会慢慢缓解。而如果是轮状病毒所致的胃肠炎，会出现反复腹泻和呕吐的症状。腹泻排出的大便一般会呈白色或奶油色，但大便颜色不发生变化的情况也很常见。轮状病毒胃肠炎的症状比诺如病毒胃肠炎更严重，腹泻可能会持续 1 周左右。

一般的经历过程

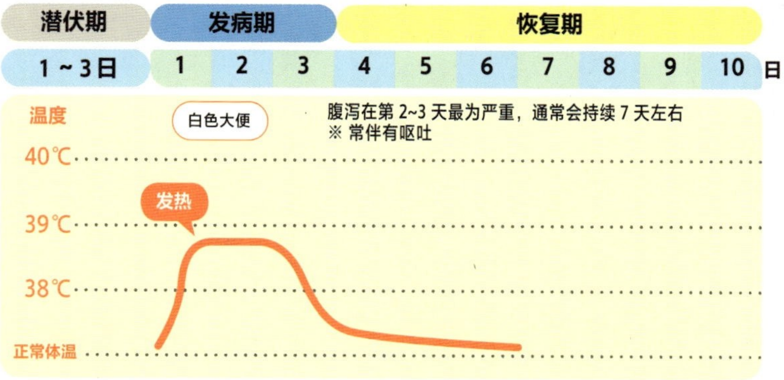

轮状病毒胃肠炎的大便

呕吐严重时要控制饮食

在出现症状后的几个小时或半日内，孩子会出现严重呕吐。当孩子想吐的时候，如果强迫他进食，反而会让孩子呕吐得更厉害。在孩子呕吐缓解之前，要尽量控制孩子的饮食。

通过经口补液盐来补充水分

如果孩子一直持续剧烈的腹泻和呕吐，体内的水分和电解质会大量流失，为避免出现脱水症，可以让孩子服用含有电解质的经口补液盐。在呕吐期间，请避免给孩子喂水。待呕吐停止后，要优先补充水分。在此基础上，如果孩子看起来有食欲，可喂一些小米粥等脂肪含量较少的碳水化合物。也可将胡萝卜、白萝卜煮烂，喂给孩子吃。

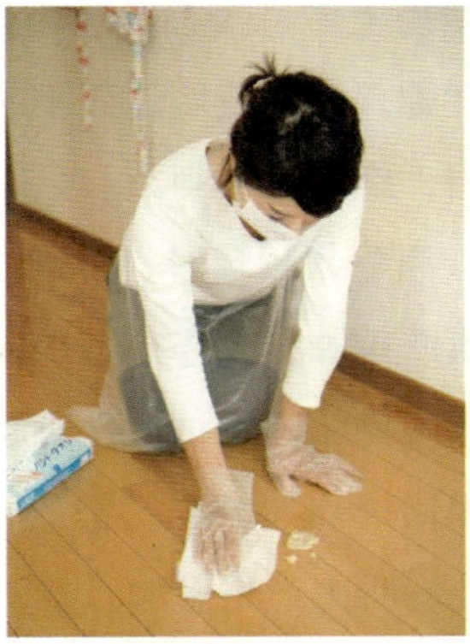

若是吐在了地板上，要用稀释 50 倍的次氯酸钠溶液擦拭地板。

Q 有需要特别注意的症状吗？

A 需要注意的是因呕吐、腹泻造成的脱水。当体内的水分大幅减少后，尤其是婴幼儿，很容易脱水。当发现异常时，一定要及时带孩子到医院就诊。

Q 吃止泻药会不会好一些？

A 腹泻是身体为了排出病毒而作出的防御反应，最好不要随便给孩子吃止泻药。但是可以遵医嘱服用一些消化药来减轻肠胃的负担。

中耳炎

主要症状

- 突发高热
- 精神不佳、四肢乏力
- 摇头、频繁地摸耳朵、耳痛
- 耳朵排出黄色脓性分泌物

中耳炎的病因不是从耳朵而是从鼻子侵入的病毒和细菌

中耳炎是因鼓膜的“中耳”部分发炎引起的疾病。其病因是感冒的病毒或肺炎球菌等细菌。往往会被认为是耳朵感染细菌后引起的中耳炎，其实不然。当患上感冒后，喉咙或鼻腔的黏膜变得脆弱，病原体就会从连接喉咙和耳朵的咽鼓管进入，从而入侵中耳，引发炎症。

患上中耳炎后，会发热至38℃左右。因出现炎症，中耳部位会堆积脓液，使得鼓膜红肿。当积液压迫鼓膜时，会引发疼痛。严重时，鼓膜破裂，中耳部位堆积的积液会溢出，疼痛感加剧。

当症状较轻时，可通过服用抗菌药或吸除鼻涕的方式进行治疗。当因积液过多使得鼓膜严重肿胀或疼痛感加剧的时候，应带孩子去耳鼻喉科进行鼓膜切开术的治疗，即切开鼓膜排脓。这种治疗听起来很吓人，其实是用极小的柳叶刀在鼓膜上开个小口。脓液排出后疼痛感会立马消失，症状也会得到缓解，从而加快痊愈。鼓膜几天后就能自愈，不会对听力产生影响。

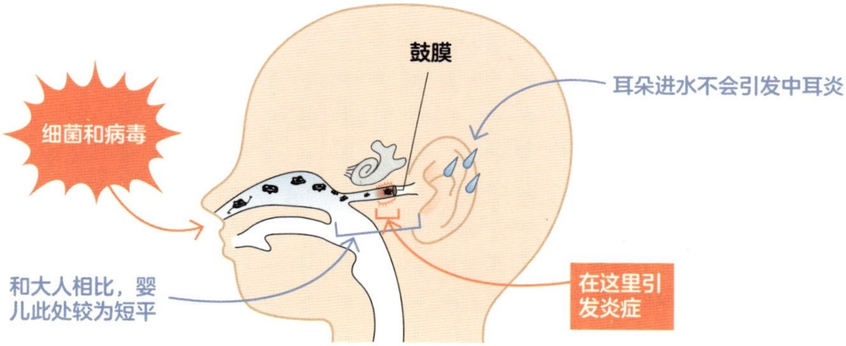

遵医嘱服药，可去医院吸除鼻涕

一般来说，为了杀灭中耳炎的致病菌，医生会开一些抗菌药物，需要服用 5~7 天。开始服药后，病情通常会快速出现好转，但原则上一定要遵照医生的要求吃完全部药品。即便症状有所缓解，致病菌也有可能残存。如果不彻底消灭病菌，很可能会导致病情反复，或留下抗药性强的病菌。因此擅自停药是非常危险的。

当孩子疼痛感强烈时，可以用冰毛巾冷敷耳朵。及时清理孩子的鼻涕也是中耳炎护理的要点之一。如果无法在家吸除鼻涕，请及时去医院处理。

Q 孩子经常游泳会更容易得中耳炎吗？

A 若是身体健康，则无须担心。但若是孩子流鼻涕，即便是少量的，鼻腔和喉咙也很可能会有炎症。一旦被泳池水中的细菌感染，就很容易患上中耳炎。

Q 感冒会引发中耳炎吗？

A 感冒后，鼻腔内会出现含有细菌、病毒的鼻涕。婴幼儿在打喷嚏、咳嗽的时候，鼻涕很容易通过咽鼓管进入中耳部位，婴幼儿感冒后常会患中耳炎。

Q 什么是鼓膜切开术？

A 鼓膜切开术是用专门的柳叶刀将鼓膜切开一个小口的手术。只有在炎症非常严重时才会需要做此手术，即使不打麻醉针，鼓膜剧烈的疼痛感也会让孩子感觉不到鼓膜被切开时的疼痛。

常见病护理

便秘

主要症状

- 每周排便少于 2 次
- 超过 5 天没有排便
- 排便引发疼痛、哭闹
- 排便致使肛门破裂

便秘的首要原因是生活作息不规律

便秘是指大便积聚在肠道内无法排出的状态。当大便到达直肠后，刺激便会传至大脑，从而产生便意。但若因某种原因一直无法排出大便，那堆积的大便就会使直肠膨胀，新产生的大便也很难排出。

排便的规律人各有异，因此排便次数少未必就是便秘。没有每天排便也不一定是便秘。如果两天排便一次，但排便非常轻松，情绪较好，有食欲，有精神，那不妨认为两天一次就是这个孩子的排便频率，可以再多观察一下情况。

当便秘出现常态化，直肠长期处于膨胀状态，就很难恢复原状。如果连续 3 天没有排便，就必须要尽快排出直肠内堆积的大便。

造成便秘的首要原因是生活作息不规律。排便规律很大程度上会受到生活规律的影响，因此为了让孩子养成每天能在固定时间排便的习惯，生活作息一定要规律。除此之外，精神压力也会使肠道功能变差，造成便秘。如果大人的情绪很焦躁，孩子也会随之感到压力。大人也要养成规律的生活作息习惯，避免产生精神压力。

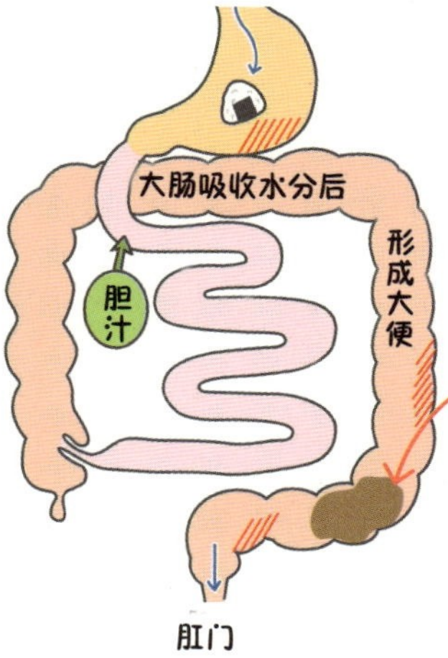

当大便积聚在直肠时，此处会向大脑发送“大便准备完毕”的信号。大脑接收到指令后就会排便。食物漫长的体内之旅到此结束。

判断便秘的标准

次数

平均 1 天不到 1 次（出生 6 个月以后）

状态

- 腹胀
- 大便比平时黏
- 排便时，表情痛苦、面部发红
- 排便时肛门裂开
- 没有食欲、伴随呕吐

调整饮食习惯，强化肠道功能

虽然没有什么特效食物能够消除便秘，但还是要多食用富含膳食纤维和能够促进肠道蠕动的食物。除了红薯、香蕉、海藻、纳豆等食物之外，市售的低聚糖或麦芽糖也能帮助排便。

通过运动刺激肠道

为了促进肠道的蠕动，可以让孩子进行适当的运动。对于还不会走路的婴儿，可以握住婴儿双脚慢慢地前后轻轻拉动，或者以肚脐为中心按顺时针方向轻轻按摩孩子的腹部。

通过棉签通便或者外用通便药排出堆积的大便

如果实在无法大便，婴儿可以用棉签通便法（参考 P204），幼儿可以用外用通便药来促进大便尽早排出。可能有家长会担心孩子会产生药物依赖，一旦不用药就无法自主排便。事实上外用通便药不会让人产生依赖，请不要过分担心。

Q 父母便秘，孩子也容易便秘吗?

A 的确有这种可能。因为孩子会遗传父母的肠道长度或是肠道功能等身体特征。如果父母容易便秘，那么全家应该从日常生活着手，更加重视调整生活节奏，注意饮食等。

Q 便秘需要到医院就诊吗?

A 便秘持续的时间越长，排便就会越困难。如果孩子连续 3 天都没有排便，不要犹豫，带孩子去医院就诊吧。尽早地排出大便，能让孩子牢牢记住“排出大便，一身轻松”的感觉，这一点至关重要。

常见病护理

痱子、脓疱疮

主要症状

- 颈部、脖子、前胸等长出的红色疙瘩为痱子
- 蚊虫叮咬后感染细菌长出小水疱

积聚的汗液会引发皮肤炎症

当身体大量出汗时，皮肤会被汗液浸润，毛孔也会被堵塞。当汗液无法排出时，就会滞留在皮肤上，从而引发炎症出现水疱或丘疹，即痱子。痱子常出现在额头、颈部、腋下、四肢关节等容易出汗的地方。婴幼儿的汗腺数量与成人相同，身体虽小但同样会出很多汗，会更容易长痱子。

被挠破的皮肤感染细菌后会长脓疱疮

孩子将有痱子等皮肤瘙痒的地方挠破后，很容易感染金黄色葡萄球菌等细菌，这样就会引发脓疱疮。刚开始瘙痒的水疱可能只有一两个，但水疱很容易被挠破，水疱中传染性极强的细菌一旦接触到其他位置的皮肤，就会一发不可收拾，全身都会长满脓疱疮。

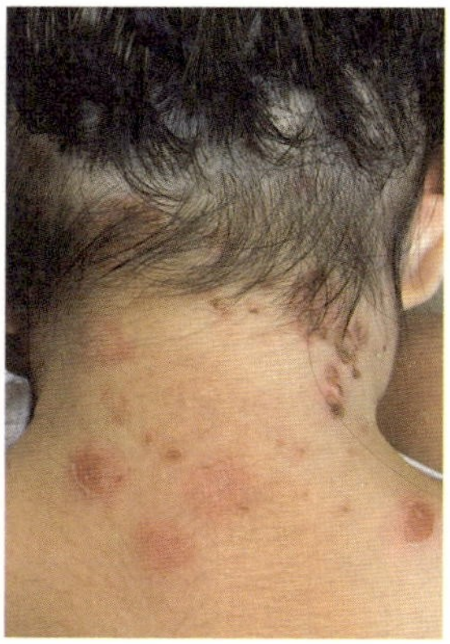

脓疱疮。皮肤会不断冒出水疱，并形成疮痂。瘙痒感强烈。

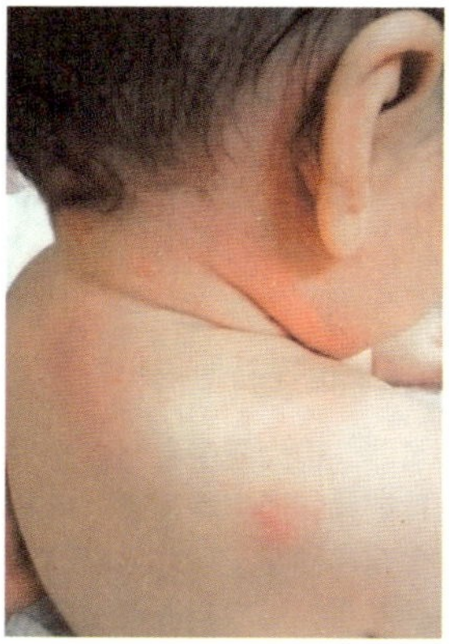

从颈部到肩膀长出的痱子。其他容易出汗的位置也会长痱子。

经常擦汗，保持皮肤清洁

如果皮肤残留汗液，汗液会刺激皮肤从而引发皮肤问题。不仅要把身体上的汗液擦掉，还要用湿毛巾认真将皮肤擦拭干净。冬天时，如果给孩子穿得太多很容易出汗，要多加注意。

无论冬夏，都要注意给皮肤保湿

只要保持皮肤湿润就能提高皮肤的屏障功能，保护皮肤不受刺激和感染。无论冬夏，洗完澡后都要给孩子全身涂抹护肤品。在干燥的冬季，也可以利用加湿器增加空气的湿度。

减少刺激，预防皮肤问题

孩子的皮肤较薄，轻微的刺激也会引发皮肤问题。平时一定要注意避免给皮肤带来刺激，比如给孩子穿纯棉的衣服；在给孩子清洗脸部和脖颈时，注意不要太用力；避免用粗糙的毛巾用力擦拭孩子的皮肤等。

Q 可以使用市售的非处方药吗?

A 如果是婴幼儿或儿童专用的产品，是没问题的。但如果要给孩子使用成人用的药，必须要咨询药剂师。如果用了几天市售药后症状并无缓解或出现恶化，请尽早就医。

Q 长痱子的部位可以用肥皂清洗吗?

A 可以。当身体出现痱子时，保持皮肤清洁是非常重要的。可以使用婴幼儿专用的低刺激肥皂，充分打出泡沫再清洗。每天 1 次，在洗澡时用肥皂好好清洗干净吧。

流行性腮腺炎

主要症状

- 从耳朵下方到下巴下方出现肿块
- 食欲锐减，可能发热至 38~39℃

由腮腺炎病毒引起的感染，脸颊、耳朵下方出现水肿

流行性腮腺炎是由腮腺炎病毒引起的感染。一般幼儿和小学生比较容易患病，婴儿在出生 6 个月后很容易感染此病。约有 30% 的患者是无症状感染，即没有明显的症状。一旦感染此病毒后就会终生免疫，不会再被感染。

流行性腮腺炎的潜伏期为 2~3 周，过了潜伏期后就会开始出现症状，比如从耳朵下方到下巴出现肿痛现象，而且肿块较硬。肿痛现象可能发生在一侧，也可能是在两侧。症状一般会持续 1 周左右，在前 1~2 天最为严重。只要活动下巴就会特别痛，所以食欲会锐减。可能发热至 38~39℃，但 2~3 天就会退热。

该病毒的传染力很强，在下巴出现肿痛的前几天以及出现肿痛后的前 5 天最容易传染。一旦孩子罹患此病，这段时间一定不能让孩子去学校。

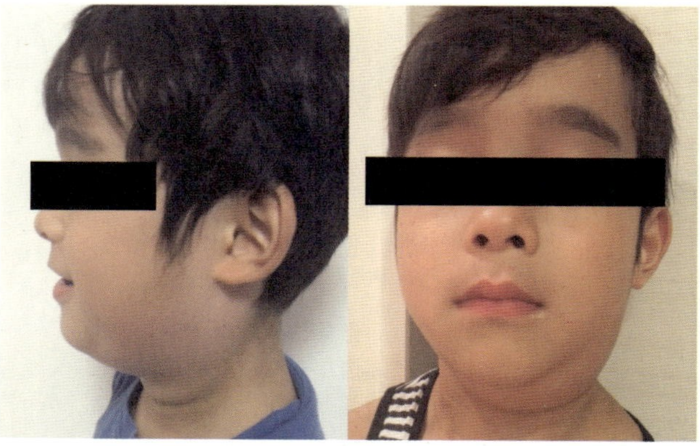

左侧下巴的下方出现水肿。伴有发热，症状持续 3 天左右后消失。

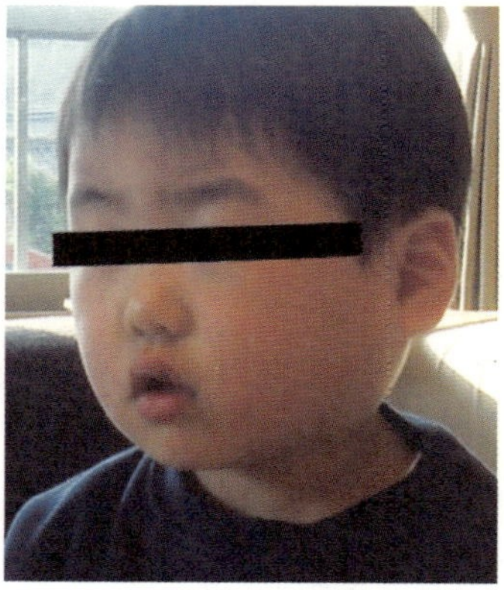

从耳朵下方到脸颊、下巴出现红肿，就像是戴了面具一样。

男孩在青春期罹患此病容易引发睾丸炎

若男孩在进入青春期后感染腮腺炎的话，可能会引发睾丸炎。虽然腮腺炎的症状持续一周左右就会消退，但是有 20%~30% 的睾丸炎会并发精子细胞坏死，从而造成不育。建议在婴幼儿期给孩子接种疫苗，形成免疫力。

并发症或后遗症很严重，可通过接种疫苗预防此病

一般来说，儿童罹患此病后症状较轻，但是并发症会很严重。约有 4%~8% 的感染者会引发无菌性脑膜炎、脑炎等。此外，若病毒感染至内耳可能会引发听力受损，情况严重的甚至终生无法治愈。为预防此类并发症或后遗症，建议及时给孩子接种疫苗。

预防流行性腮腺炎的疫苗为麻腮风三联疫苗，属于一类疫苗，分别在 8 月龄和 18 月龄免费接种两剂。尤其对于正在托儿所进行集体生活的孩子，或是即将要进入幼儿园的孩子来说，感染的概率很高，建议按时接种疫苗。

先天性肥厚性幽门狭窄

胃出口的肌肉变厚，呕吐逐渐加重

肥厚性幽门狭窄是指连接胃和十二指肠的幽门肌厚肥，从而使得输出道内侧变得狭窄的疾病。孩子在吃母乳或奶粉时，十二指肠无法正常工作，从而形成奶水逆流、吐奶的现象。形成此病的原因尚不明确，但目前认为与先天性幽门环肌肥厚，或激素影响有关。患者绝大多数是男孩。

男女患病比例为

4～5人：1人

肥厚性幽门狭窄常见于男婴，尤其是一胎的男婴。男性患者数为女性患者数的4~5倍。

婴幼儿的胃与大人不同，形状如同小酒壶一般，很容易吐奶。在喂奶后，若是孩子稍有吐奶现象，但心情愉悦，体重正常增长，就不用特别担心。但是，如果孩子每天吐奶的次数从1~2次开始逐渐增加，而且每次吃奶后都会如同喷水一样吐奶，则有可能患有先天性肥厚性幽门狭窄。孩子总是吃不饱，就会频繁地想要吃奶，但是只要一吃奶就会呕吐，体重一直没有增加，甚至有的会比刚出生时的体重还要低。

一般情况下需要通过手术切除肥厚的肌肉

该病的症状会在孩子出生后的 2~3 周开始显现出来。医院会通过超声波检查进行诊断，然后进行手术切除肥厚的幽门环肌，使输出道变宽。顺利的话，术后第二天就可以正常进食，大概需要住院观察 5 天。一般手术后很少会再复发，且几乎没有并发症。

若是不做手术进行保守治疗，可以通过肠内置留的软管，放入缓解肌肉紧张的药。不过该治疗方法需要长期住院或是出院后仍需多次就医，而且治疗效果也因人而异，对于婴幼儿来说负担太重，家长可以根据医生的建议，选择最合适的治疗方式。

患有此病时，即便孩子不吃奶也会呕吐，有引发脱水的风险。当孩子出现尿量减少、皮肤长疮等症状时，请立即带孩子去医院就医。

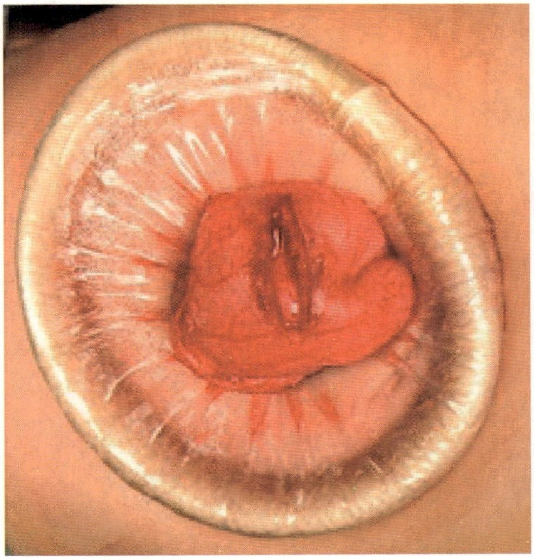

※ 将肌肉纤维切开，从肚脐处取出幽门的手术。

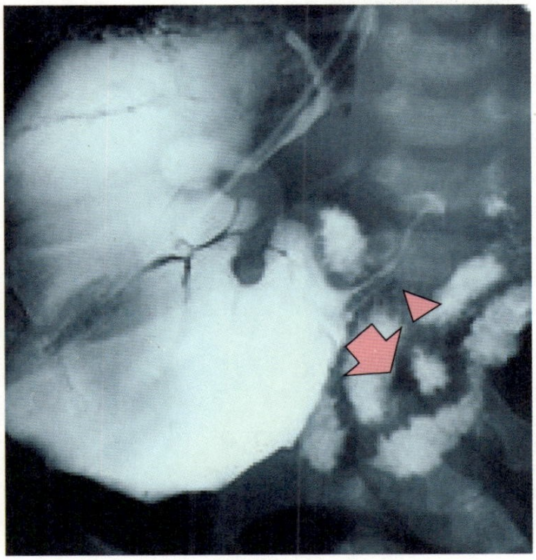

从消化道造影图片中可以看到，幽门（红色箭头处）狭窄，幽门外侧（三角形标记处）是造影剂扩散显现的位置。

胃出口的幽门环肌肥厚，食物无法从胃部下降到十二指肠，于是经由食道逆流，从而造成呕吐。

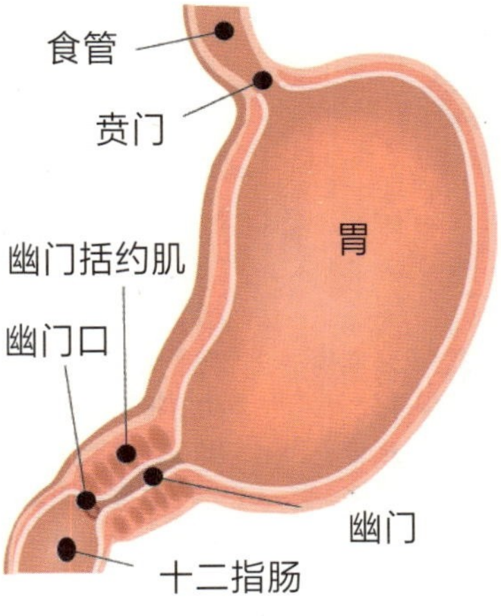

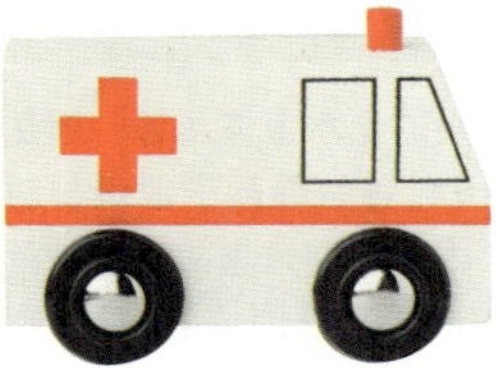

家庭护理图鉴

正确地给孩子测量体温

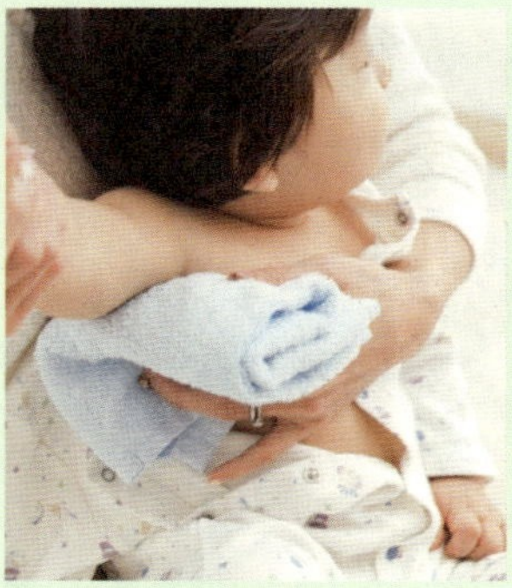

测量腋下体温时，先把腋下的汗擦干

孩子发热时，建议采用腋下测量方式测量体温。注意，当孩子腋下有汗时测出的体温不准确。可以用干毛巾将腋下的汗擦拭干净后，再测量。

将体温计前端插入腋窝

将腋下棒状电子体温计从腋窝下方斜压着插入，让前端的温度传感器抵住腋窝的正中央。

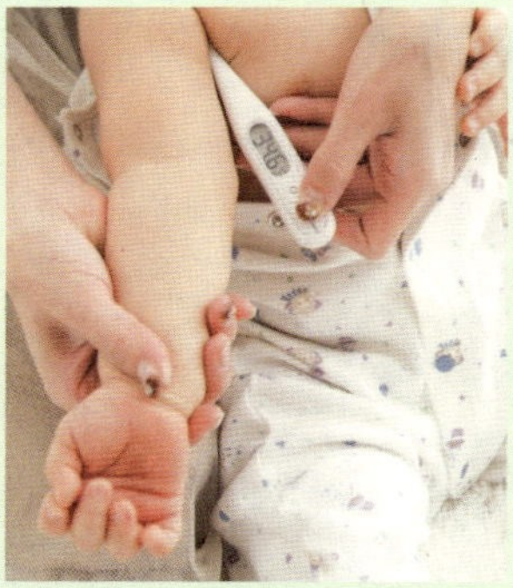

将孩子的手心朝上，大臂紧紧夹住温度计

夹紧腋下。将孩子的手心朝上，以便更好地夹紧腋下。

了解不同的体温计的特点

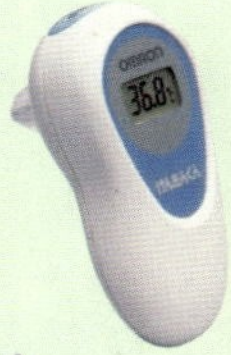

耳温枪

耳朵温度较高时无法准确测出体温。数值偏差较大，需要多测量几次。相较于腋下体温计，价格较高。

额温枪

测量比较方便，但对准额头的不同位置，可能会测出不同的温度，很容易受外部温度的影响。请紧贴额头进行测量。

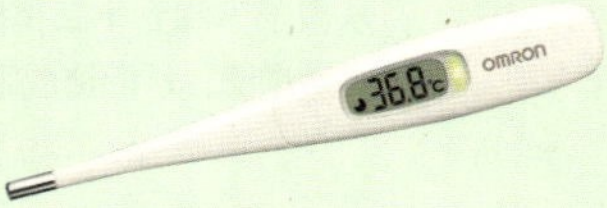

腋下棒状电子体温计

只需 20~30 秒即可测得体温，非常适合在家使用。

虽然测量最为准确的是水银体温计，但是测量时间需要 5~10 分钟，而孩子很难长时间保持固定姿势。因此这种只需数十秒钟就能预测出结果的预测式（预测体温显示数字）腋下电子体温计更适合家庭使用。

孩子发热时该如何穿衣

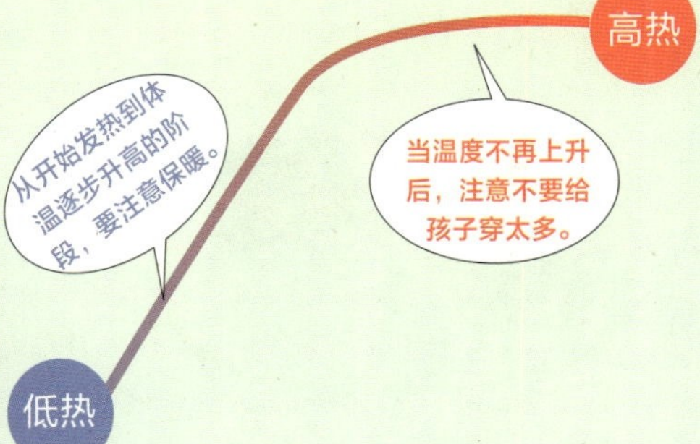

虽然没有必要刻意少穿，但是为了不让热度闷在体内，注意不要给孩子穿得太多。“捂汗退热”是错误的做法。

孩子体温升高时，末梢血管收缩，手脚会变冷，孩子看起来会有些畏寒。此时要注意给孩子保暖。

无须强迫让孩子使用退热贴或冰枕

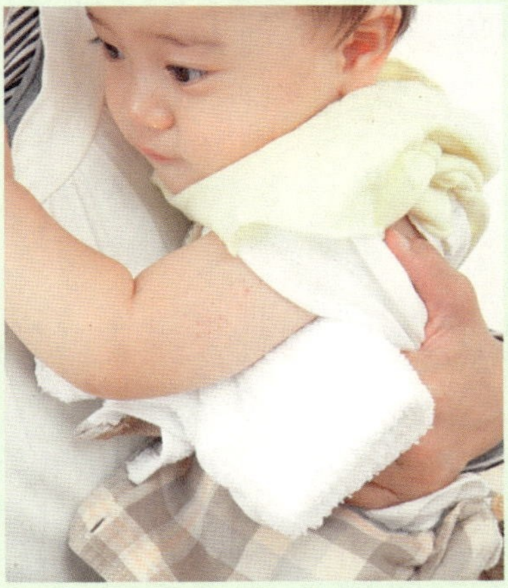

给腋下、大腿根等大血管通过的部位降温会让孩子感觉舒服些，如果孩子不反抗，可用毛巾包裹冰枕对上述部位进行降温。

退热贴可将皮肤表面温度降低，能让孩子感觉舒服一点，但其实没有退热效果。如果孩子不反抗，可以使用，不过没必要强制让孩子使用。

孩子发热时的水分补充

尽量多喂孩子母乳或奶粉

如果孩子能和平时一样喝足够的母乳或奶粉，那么即便有点发热，在大多数情况下也无须担心补水问题。孩子能喝多少就喂多少。

食物中也含有水分

人类能从食物中摄取大量水分。如果孩子有胃口，不妨按照平时的饭量喂食。如果食欲不佳，那孩子吃得下什么就喂什么。

多喝白开水或大麦茶水

当孩子只有发热，没有其他症状时，可以只用白开水或大麦茶补充水分。尚在哺乳期的婴儿如果喝了足够的母乳或奶粉，就无须强行喂食其他饮品。

只要让孩子充分摄入以上食物和饮品就没问题

出现腹泻、呕吐或大量出汗时

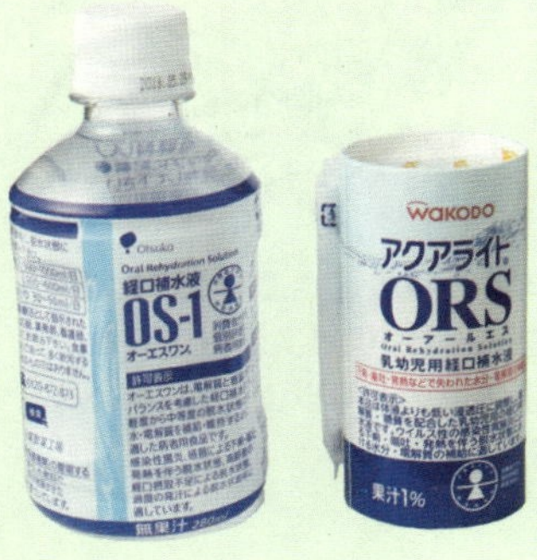

用婴幼儿电解质饮料或经口补液盐（ORS）预防脱水

如果孩子不能和平常一样摄入母乳、奶粉、白开水、大麦茶，也没有进食，或出现了腹泻、呕吐、大量出汗等症状，应注意预防脱水。电解质饮料不要购买成人产品再加水稀释，请务必选择婴幼儿专用的产品。

孩子恶心反胃时的水分补充

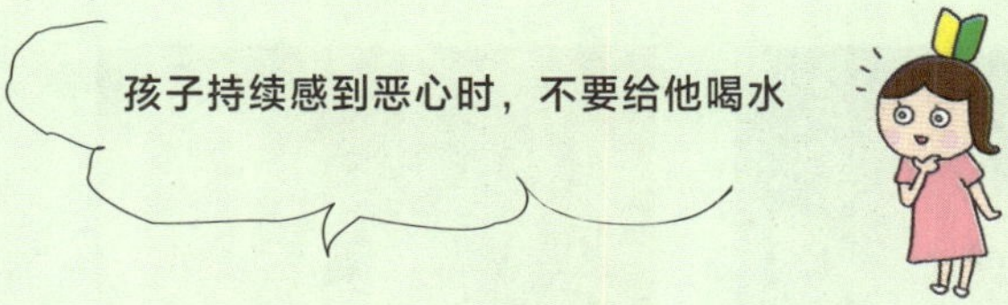

孩子呕吐后情绪正常

保持口部清洁

有时，残留呕吐物的气味会加剧恶心等不适感。请用温水浸湿纱布，拧干后将孩子嘴部及周围擦拭干净。

防止呕吐物堵塞喉咙，请让孩子侧卧

当孩子出现频繁呕吐的情况时，仰卧可能会使呕吐物堵住喉咙，引发窒息，十分危险，请让孩子保持侧卧。

少量、多次给孩子补充水分

少量多次补充水分，先喂一勺水

一下子给孩子喝太多的水，孩子可能会再次感到恶心。可以等孩子停止呕吐后，每5~10分钟用勺子给他喂1勺水。

孩子不再呕吐后

给孩子用小茶杯少量补充水分

用勺子给孩子喂几次水后，如果孩子都未呕吐，可用小茶杯等小容器让孩子喝水。注意少量多次补充水分，不要一次性喂太多。

孩子恢复正常后注意补充水分

如果孩子30分钟内能喝下100 ml就可以暂时放心了

如果孩子没有呕吐，并在30分钟内能喝下100 ml左右的水，就可按平常的方式给孩子喂白开水或大麦茶了。注意橙汁等柑橘类饮料会诱发恶心感，请避免喂食。

孩子流鼻涕时，该如何处理

使用超柔纸巾，多次擦拭

请使用对皮肤刺激较小的超柔纸巾勤擦鼻下。若用纱布擦拭，清洗不当容易残留细菌。建议选用随擦随弃的一次性用品。

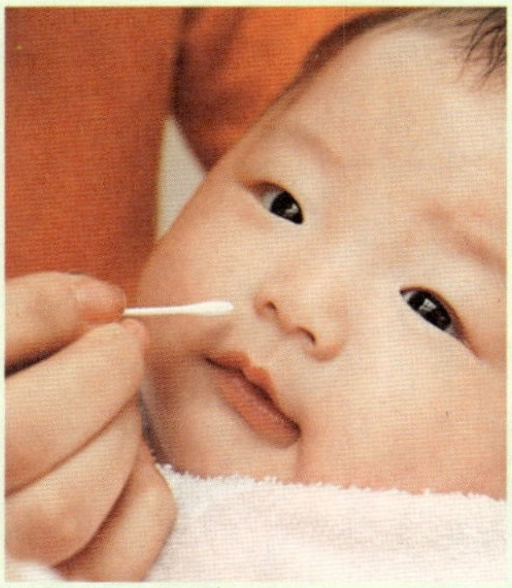

洗完澡后清洁鼻腔

刚洗完澡后，鼻垢会变得很软。对于还不会自己擤鼻涕的孩子，大人可以用婴儿专用棉签，小心细致地伸入孩子鼻孔转圈清洁，注意动作要轻柔，不要太过深入。

用专用器具吸除

使用市售的吸鼻产品时，请勿用力吸，应少量多次吸除。家长在吸除鼻涕后请漱口。现在市面上也有家用的电动吸鼻产品。

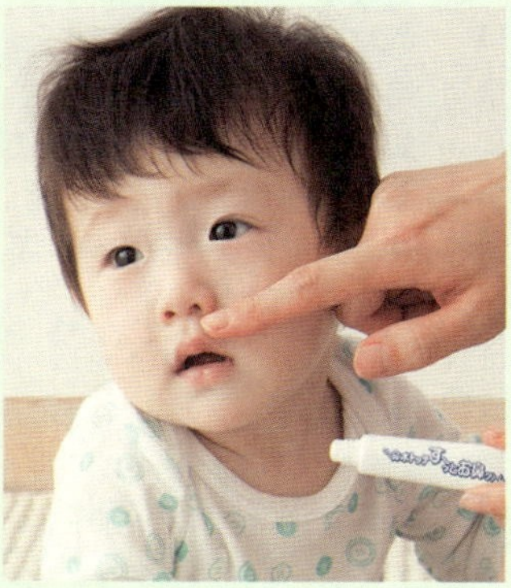

涂护肤品，防止鼻下皴裂

孩子鼻子下面的皮肤很容易因为鼻涕和擦鼻涕引发的刺激而皴裂。可以涂一些凡士林或护肤油，保护皮肤。

去耳鼻喉科让医生帮忙吸除

鼻涕一般可在家中勤擦，如果严重堵塞，孩子表情痛苦，可去耳鼻喉科咨询医生，让医生帮忙吸除。鼻涕在吸除后可能很快又有了，但短时间内孩子会感觉舒畅一些，也有助于孩子喝奶、进食。

让孩子学会擤鼻涕

婴幼儿不会擤鼻涕。有的孩子 3 岁后能学会，但大多数孩子到了 3 岁依然无法做到。父母可以在帮孩子洗澡时，教孩子按住一侧鼻孔“哼”地喷一口气，并让他们在日常生活中多加练习。

孩子咳嗽有痰时，如何缓解不适

轻拍孩子背部，帮助孩子排出痰液

当孩子咳嗽不适时，请轻拍其背部进行缓解。这样有助于松动附着在气管壁上的痰液，以便孩子更容易咳出痰液。

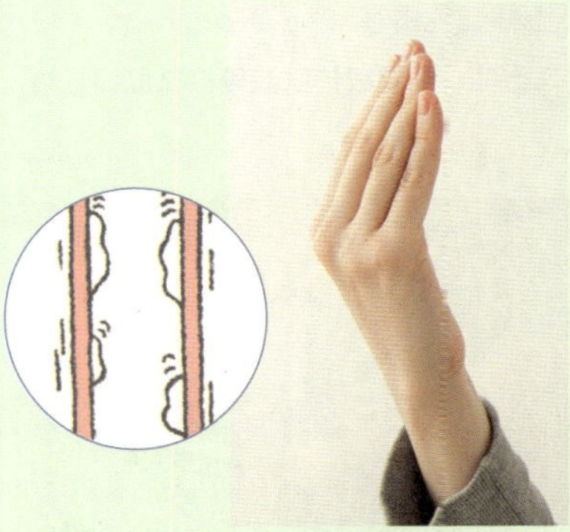

轻拍孩子后背时，手要拢成小碗状，这样更容易传导震动，帮助孩子顺利排出痰液。

当孩子仰卧时，垫高上半身会更舒服

在咳嗽期间，若是睡觉时平躺身体，很可能会咳得更厉害。可以放一个薄枕头，让孩子睡觉时上半身可以略微抬高，从而使呼吸更加顺畅。

孩子便秘时使用棉签通便

用棉签蘸取凡士林或乳霜等

用棉签头蘸取凡士林、乳霜或护肤油等擦拭肛门，增加润滑度。

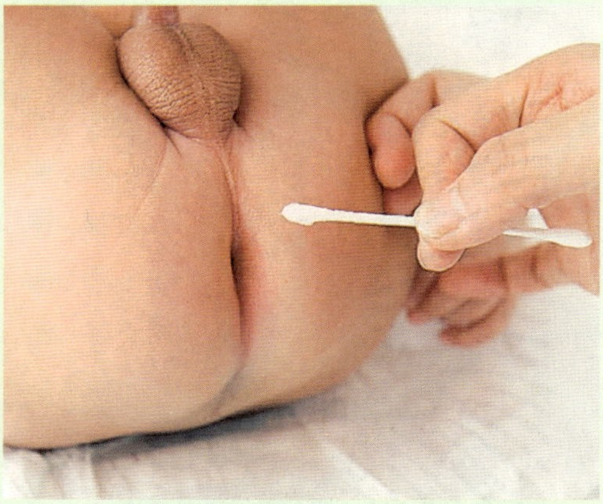

将棉签前端部分插入肛门内部

轻轻将棉签头插入孩子的肛门，孩子双腿蹬动等动作较大时，请勿勉强操作。

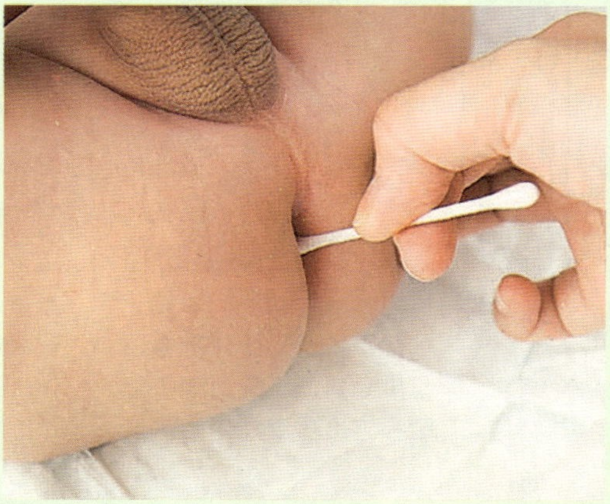

将棉签头向下

待棉签头插入肛门后，将棉签头轻轻向下（向背部一侧）压，就可以顺滑地插入了。

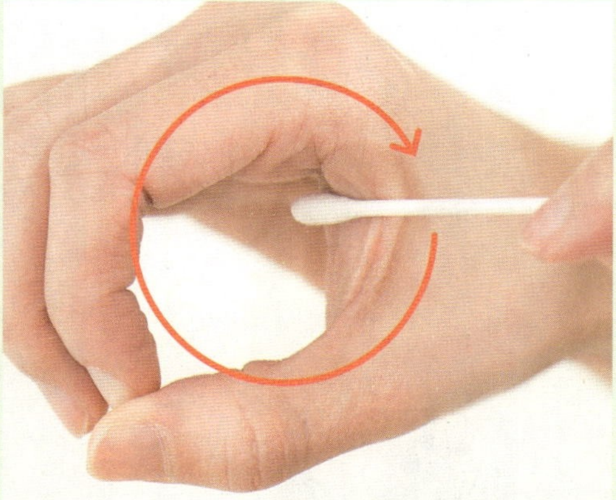

转动棉签按摩肛门壁

不是将棉签插入即可，而是要顺着肛门内壁用棉签轻轻转圈按摩，以此刺激神经，引发便意。

如果婴儿专用棉签太细，请使用普通成人用的棉签。插入深度以隐约能看到棉球为宜。

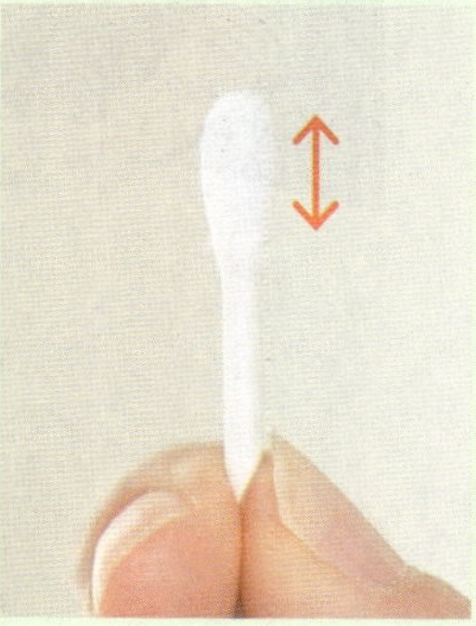

孩子护肤品的用量

涂抹成人两个手掌大的范围

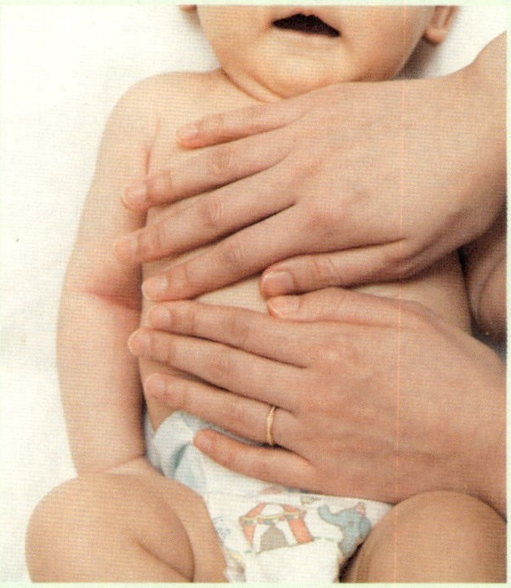

照片为 3 个月月龄的婴儿，成人的两个手掌几乎能覆盖婴儿整个上半身。等孩子月龄慢慢变大，手掌也就慢慢遮不住上半身了。

爽肤水等护肤品

涂抹爽肤水、乳液等护肤品时，1 枚 5 角硬币大小（直径约 20.5 mm）的量可涂满成人两个手掌大的范围。

类固醇制剂

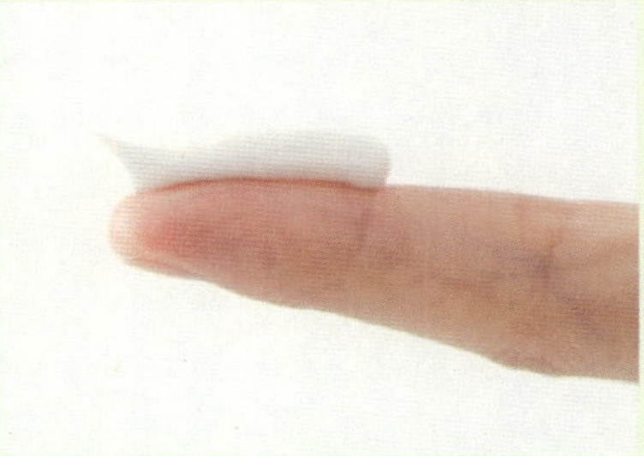

挤出成人食指第一关节长的量，可以涂满成人两个手掌大的范围。注意药量太少则无法产生明显效果。

图书在版编目（CIP）数据

0～6岁男孩养育大全 / (日) 渡边丰子编著；张超南译. -- 南昌：江西科学技术出版社, 2022.3(2022.9重印)
ISBN 978-7-5390-7390-3

Ⅰ. ①0… Ⅱ. ①渡… ②张… Ⅲ. ①男性—儿童教育—家庭教育 Ⅳ. ①G781

中国版本图书馆CIP数据核字(2020)第109791号

国际互联网（Internet）地址：http://www.jxkjcbs.com
选题序号：ZK2020149　　图书代码：B20179-102
版权登记号：14-2020-0172
责任编辑 魏栋伟
项目创意/设计制作 快读慢活
特约编辑 周晓晗
纠错热线 010-84766347

0~6岁男孩养育大全

(日) 渡边丰子 编著
张超南 译

出版发行	江西科学技术出版社
社　址	南昌市蓼洲街2号附1号 邮编 330009 电话:(0791) 86623491 86639342(传真)
印　刷	天津联城印刷有限公司
经　销	各地新华书店
开　本	710mm × 1000mm 1/16
印　张	14
字　数	230千字
印　数	8001-13000册
版　次	2022年3月第1版 2022年9月第2次印刷
书　号	ISBN 978-7-5390-7390-3
定　价	65.00元

快读·慢活®

从出生到少女，到女人，再到成为妈妈，养育下一代，女性在每一个重要时期都需要知识、勇气与独立思考的能力。

“快读·慢活®”致力于陪伴女性终身成长，帮助新一代中国女性成长为更好的自己。从生活到职场，从美容护肤、运动健康到育儿、家庭教育、婚姻等各个维度，为中国女性提供全方位的知识支持，让生活更有趣，让育儿更轻松，让家庭生活更美好。